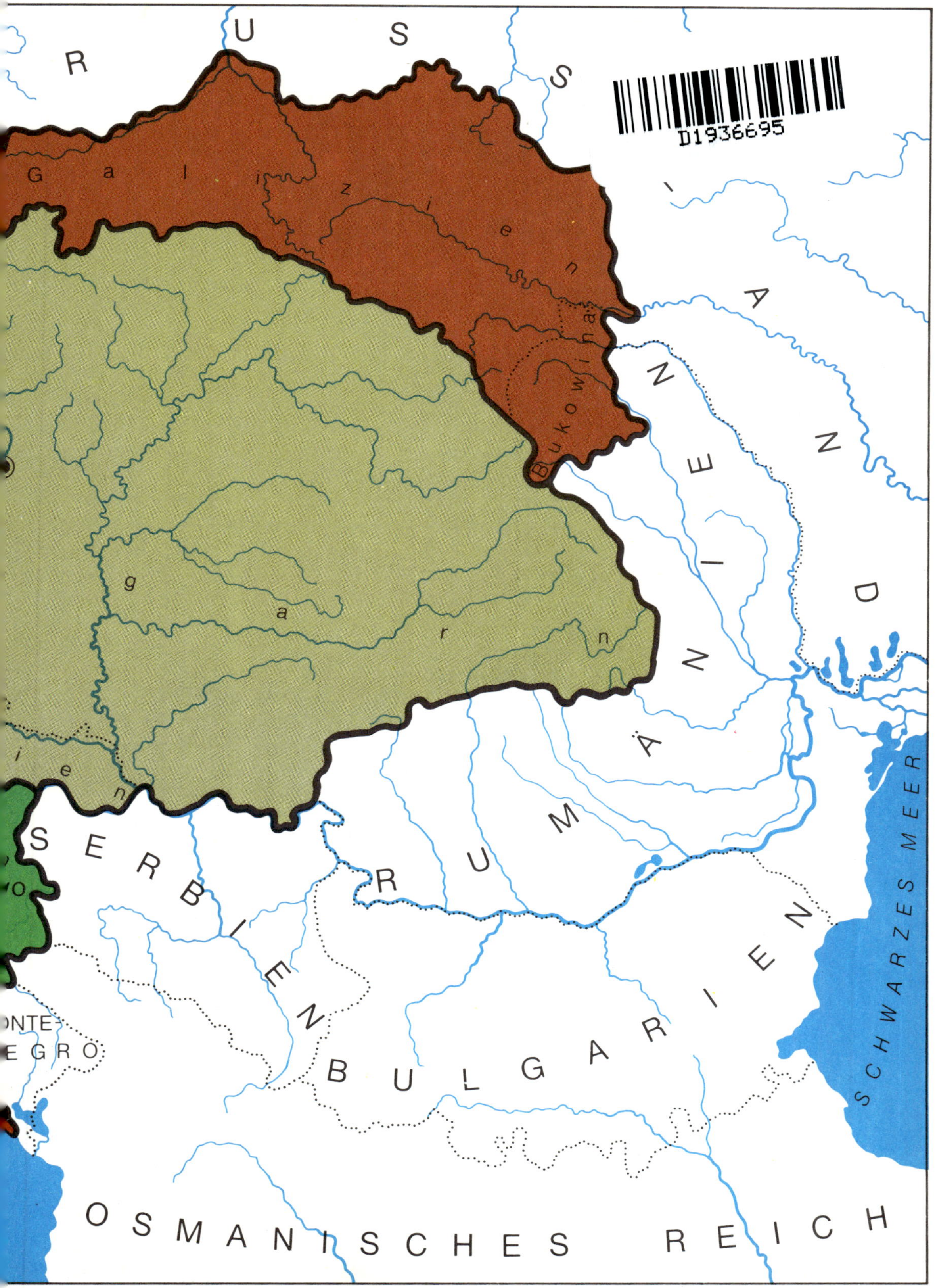
R U S S
A N D
G a l i z i e n
Bukowina
g a r n
i e n
S E R B I E N
R U M Ä N I E N
B U L G A R I E N
ONTE-
E G R O
SCHWARZES MEER
O S M A N I S C H E S R E I C H

Der österreichisch-ungarische Dualismus 1867–1918

József Galántai

Der österreichisch-ungarische Dualismus

1867–1918

CORVINA
ÖSTERREICHISCHER
BUNDESVERLAG

Titel der Originalausgabe: A Habsburg-monarchia alkonya
Kossuth, Budapest 1985
Aus dem Ungarischen von Holger Fischer
Fachlektorin: Kathrin Sitzler
Umschlagentwurf: Éva Illyés

ISBN 963 13 2929 1 Corvina Kiadó, Budapest
ISBN 3-215-06738-2 Österreichischer Bundesverlag, Wien

Inhalt

Vorwort

Als großes Donaureich, das zahlreiche kleinere Völker und auch Volksgruppen umfaßte, bestand die Habsburgermonarchie fast vierhundert Jahre, von 1526 bis 1918. Im Strudel der historischen Ereignisse, seit fast einem dreiviertel Jahrhundert untergegangen, ist sie doch als historische Erscheinung auch heute noch ein lebendiges und zugleich ein umstrittenes Thema.

Das vorliegende Buch behandelt das letzte halbe Jahrhundert dieser häufig diskutierten Reichsgeschichte und damit auch die Probleme einer Entwicklung, die im Ergebnis der 1848 begonnenen und 1867 abgeschlossenen bürgerlichen Revolution zu einer dualistischen Struktur geführt und das Reich auf eine konstitutionelle Grundlage gestellt hatte.

Das vierhundertjährige Donaureich – und innerhalb dieses das multinationale Ungarn – weist in diesem letzten halben Jahrhundert nicht nur eine beachtliche wirtschaftliche und kulturelle Entfaltung auf, sondern legt auch Zeugnis einer integrativen Fähigkeit ab. Dennoch führte dieses halbe Jahrhundert nicht zu einer dauerhaften Erneuerung, sondern zum Niedergang, zur Auflösung der Habsburgermonarchie.

Diesen großen historischen Widerspruch möchte unsere Studie dem Leser näherbringen. Dabei geht es in erster Linie nicht darum, über einzelne Repräsentanten und gesellschaftliche Kräfte dieser Epoche ein Urteil zu fällen, sondern darum, die Probleme des Reiches aufzuzeigen und zu deren Verständnis beizutragen.

Von der Revolution zum Ausgleich

Die bürgerliche Umgestaltung Mitteleuropas, vollzogen entweder als revolutionärer Durchbruch von 1848 oder in der Form späterer Kompromisse, bildet einen solch kohärenten Prozeß im gesamten mitteleuropäischen Raum, daß die Untersuchung und das Verständnis einzelner Momente nur in diesem größeren Zusammenhang möglich sind. Die dualistische konstitutionelle Umgestaltung der Habsburgermonarchie zur Mitte des 19. Jahrhunderts ist eines der Schlußmomente der mitteleuropäischen bürgerlichen Revolution. Sie muß deshalb in den Prozeß und die Zusammenhänge der *Gesamtheit* der mitteleuropäischen bürgerlichen Umgestaltung gestellt werden.

DIE VORAUSSETZUNGEN DER MITTELEUROPÄISCHEN BÜRGERLICHEN UMGESTALTUNG

Ein halbes Jahrhundert nach der Großen Französischen Revolution wurde der mittlere Teil Europas zum Schauplatz großer, die gesamteuropäische Entwicklung bestimmender historischer Veränderungen. Auf dem Gebiet, das sich von Frankreich und den Niederlanden nach Osten bis zum zaristischen Rußland und dem Osmanischen Reich erstreckte, hat als Ergebnis unterschiedlich heftiger gesellschaftlicher Kämpfe und nationaler Bewegungen die bürgerliche Ordnung auch hier das sozioökonomische System des Feudalismus abgelöst.

Die mitteleuropäische bürgerliche Revolution, deren bedeutendste Ereignisse in die Jahre 1848/1849 fielen, kann nicht auf ein, zwei Jahre von zwar entscheidender Bedeutung beschränkt werden, ebensowenig wie die frühere Englische oder die Französische Revolution. Vielmehr umfaßte der Zeitraum, während dessen sie heranreifte, die Jahrzehnte vor der Mitte des Jahrhunderts und ihr Abschluß die sechziger Jahre.

Als charakteristische Voraussetzung für die sich über mehrere Jahrzehnte erstreckende mitteleuropäische bürgerliche Umgestaltung kann die westliche und östliche „Nachbarschaft“ bzw. deren Einfluß auf die Kämpfe in diesem Raum betrachtet werden.

In der Mitte des 19. Jahrhunderts gärte es auch in Westeuropa selbst, mehr noch, durch die gesellschaftlichen Kämpfe in Frankreich und durch die Blüte der englischen Wirtschaft wurde auch die mitteleuropäische Revolution in Gang gesetzt und in ihrem Verlauf wesentlich bestimmt. Die bürgerliche Umgestaltung war in Westeuropa allerdings früher abgeschlossen. Dort kämpfte nicht mehr der bürgerliche Stand gegen den Feudalismus wie noch in Mitteleuropa, sondern der Konflikt fand schon innerhalb der Kräfte der bürgerlichen Gesellschaft statt.

In Osteuropa dagegen herrschte der Feudalismus noch ungebrochen. Im Zarenreich, das nahezu ganz Osteuropa umfaßte, sowie im Osmanischen Reich, das den Balkan beherrschte, waren die Bedingungen für eine bürgerliche Revolution noch nicht herangereift; einem Übergreifen der Revolution stellte sich hier die starke Bastion des osteuropäischen Feudalismus entgegen, die selbst auf den Gesamtverlauf der Revolution noch Einfluß nahm. Bestenfalls konnte die Revolution die westlichsten, für eine bürgerliche Umgestaltung am ehesten reifen Länder des Zaren- bzw. des Osmanenreiches erfassen: das sogenannte Kongreßpolen, die Länder, die über Autonomie verfügten, nämlich die Walachei, die Moldau und Serbien; die osteuropäischen Bastionen der Feudalordnung jedoch konnte die Revolution nicht sprengen.

In einem großen Teil Mitteleuropas, besonders in den deutschen und italienischen Staaten, spielte das Bürgertum in den vierziger Jahren des 19. Jahrhunderts bereits eine beträchtliche wirtschaftliche Rolle. In den städtischen Zentren war die wirtschaftliche und die politische Rolle auch der mittleren und kleinbürgerlichen Schichten bedeutsam. In einem großen Teil Mitteleuropas, besonders in den östlichen Gebieten, war außerdem ein Teil des grundbesitzenden Adels zu Warenproduzenten geworden. Ohne sich in seinen Lebensbedingungen völlig vom Feudalismus gelöst zu haben, gehörte er zu den Kräften, welche die bürgerliche Umgestaltung vertraten. Teile dieses Adels, z. B. die polnischen und die ungarischen mittleren Grundbesitzer, wurden infolge der Schwäche des Gewerbe und Handel treibenden Bürgertums zur führenden Kraft sowohl der bürgerlichen Umgestaltung wie auch des Kampfes gegen die Fremdherrschaft. In der bürgerlichen Umgestaltung nahm der warenproduzierende Adel in bestimmten Gebieten, so in Ungarn, eine führende, anderswo, z. B. in Preußen, hingegen eine minder wichtige Rolle ein. Infolge der wirtschaftlichen Faktoren, die letztlich seine gesellschaftliche Lage bedingten, war er jedoch überall – in Ungarn, in Preußen und in Polen – nur an einer partiellen Beseitigung des Feudalismus interessiert, hätte er doch mit der konsequenten Beseitigung des Feudalismus auch sich selbst als feudalistische grundbesitzende Klasse liquidieren müssen.

Die städtische Arbeiterschaft blieb in Mitteleuropa, mit Ausnahme einiger deutscher Städte, sowohl zahlenmäßig als auch im Organisationsgrad ziemlich hinter der englischen und französischen zurück. Zugleich standen ihre politisch fortschrittlichsten Gruppen ihrem politischen Bewußtsein und ihren Erfahrungen nach mit jenen auf gleichem Niveau und bildeten eine wichtige Basis für den Kampf gegen den Feudalismus.

Der Zerfall des Feudalismus in den Dörfern führte, obgleich fortgeschritten, noch nicht zu einer scharfen Polarisierung innerhalb der Leibeigenen. So konnte die mächtige Masse des Bauerntums eine geschlossene Basis für den antifeudalen Kampf abgeben.

Das Scheitern der großen Kämpfe der mitteleuropäischen bürgerlichen Revolution von 1848 und die letztendliche Bewältigung ihrer Aufgaben in Form von

Kompromissen erklärt sich nicht daraus, daß hier – im Vergleich zu den westeuropäischen Revolutionen – das Kräfteverhältnis zwischen dem antifeudalen und dem feudalen Lager von Beginn an für letzteres günstiger war. Die durchschlagende Kraft des ersten Ansturms der Revolution vom März 1848 macht überzeugend deutlich, daß die antifeudalen Kräfte, zumindest wenn sie genauso konsequent wie in der französischen bürgerlichen Revolution gegen den Feudalismus auftraten, den Feudalismus genauso beseitigen konnten wie in Westeuropa, zumindest in den entwickelteren deutschen Gebieten. Der Verlauf der Revolution wurde in erster Linie durch die Bewegung einiger Gruppen des antifeudalen Lagers bestimmt, die von den Erfahrungen der westlichen bürgerlichen Revolutionen abwich. Die offenkundig gewordene innere Spaltung der bürgerlichen Gesellschaft trieb das mitteleuropäische Bürgertum bereits nach den ersten Erfolgen der Revolution in die Richtung eines Kompromisses mit den feudalen monarchistischen Kräften. Der warenproduzierende, grundbesitzende Adel wiederum vertrat angesichts seiner gesellschaftlichen Lage von vornherein die Kompromißlösung. Diese Politik der liberalen Kräfte war einer der wichtigsten Gründe dafür, daß die mitteleuropäische bürgerliche Revolution, abweichend von der westeuropäischen, den Weg des Kompromisses beschritt.

In der Reihe der Voraussetzungen der mitteleuropäischen bürgerlichen Umgestaltung bedürfen auch die spezifischen Probleme der nationalen Frage besonderer Beachtung.

Die Französische Revolution Ende des 18. Jahrhunderts schuf in bereits etabliertem staatlichem Rahmen als Schlußakkord eines langen wirtschaftlichen, gesellschaftlichen, politischen und ethnischen Prozesses die französische Nation und verteidigte sowohl die Revolution als auch die nationale Unabhängigkeit gegen jede Intervention.

Die nationale „Aufgabe" der bürgerlichen Umgestaltung in Mitteleuropa bestand u. a. darin, den Prozeß der Nationsbildung bei den einzelnen Völkern zu vollenden und die politisch-staatlichen Voraussetzungen für deren freie Entwicklung zu schaffen. Aber die Revolution konnte kaum zu Ende geführt werden, ohne den jeweils vorgegebenen staatlichen Rahmen zu sprengen, d. h. so, daß die vorrevolutionäre mitteleuropäische Staatenordnung hätte weiterbestehen und sich mit bürgerlichem Inhalt füllen können.

Die beiden großen deutschen Staaten, Preußen und Österreich, und eine Reihe kleinerer Staaten waren im sogeannten Deutschen Bund nur lose zusammengefaßt. Ähnlich war die Lage auch in Italien, wo ein beträchtlicher Teil zudem noch zur Habsburgermonarchie gehörte. Zwischen den italienischen Ländern hatte sich nicht einmal eine dem Deutschen Bund vergleichbare Beziehung entwickelt. Andere Völker – Polen, Rumänen, Serben – waren auf die Gebiete verschiedener Staaten verteilt, nämlich die Großmächte: Habsburgermonarchie, Preußen, Rußland, Osmanisches Reich, so daß ihre Formierung zu Nationen durch die gegebenen Staatsgrenzen behindert wurde. Aber Aufgabe dieser Revolution war nicht nur die nationale Einigung der politisch zersplitterten Völker. Die Lösung der nationalen Frage stand auch bei den Magyaren, Tschechen, Slowaken und Kroaten an, die als gesamtes Volk zwar in einem Staat lebten, also in nationaler Einheit, nicht aber in nationaler Unabhängigkeit. Eine solche Lösung hätte die staatliche Neugliederung dieses Raumes erfordert. Darüber hinaus gab es noch weitere, von der Französischen Revolution abweichende, charakteristische Momente der nationalen Problematik.

Im französischen Königreich war nicht nur der staatliche Rahmen zur Bildung der französischen Nation gegeben, sondern auch das Moment, daß dieser Staat sowohl hinsichtlich der geographischen Lage als auch der Einwohnerzahl wie des Kräfteverhältnisses zu den benachbarten Mächten für eine bürgerliche Entwicklung geeignet war. In jenem Raum aber, in dem die bürgerliche Revolution Mitte des 19. Jahrhunderts stattfand bzw. den die Revolution maximal erfassen konnte, hatten lediglich die Deutschen und die Italiener jene „Quantität" erreicht und verfügten über solche territoriale Gegebenheiten, die eine hinreichende Voraussetzung für einen selbständigen Nationalstaat in der Mitte des 19. Jahrhunderts boten. Bei den Völkern des östlichen Mitteleuropa waren solche Voraussetzungen nicht oder nur im Ausnahmefall vorhanden.

Die Bildung selbständiger Nationalstaaten mit geringer Bevölkerungszahl und in einem geographisch offenen Raum wäre unter dem Aspekt kapitalistischer Wirtschafts- und Gesellschaftsentwicklung ungünstig gewesen. Zudem bestanden angrenzend an diesen Raum mächtige Reiche fort, die sich auch noch weiter entwickelten: das russische und das deutsche. In der Nähe dieser Riesen konnten sich Zwerge kaum lange tummeln. Ein gemeinsamer Staat mehrerer Nationen war in dem national bunt gescheckten östlichen und südöstlichen Raum Mitteleuropas in der Mitte des 19. Jahrhunderts ein historisches Erfordernis sowohl hinsichtlich der sozioökonomischen Anforderungen der kapitalistischen Entwicklung als auch der Position zwischen den benachbarten Großmächten.

DER REVOLUTIONÄRE STURM UND DER GEGENREVOLUTIONÄRE RÜCKSCHLAG IN DER HABSBURGERMONARCHIE

Die charakteristischen gesellschaftlichen und nationalen Probleme der mitteleuropäischen bürgerlichen Umgestaltung hatten sich besonders in der Habsburgermonarchie verdichtet. Die Revolution setzte die nationale Einigung der deutschen bzw. italienischen Staaten und Staatsteile auf die Tagesordnung, gleichzeitig warf sie die Existenzfrage der national bunt zusammengesetzten Habsburgermonarchie auf. Der Habsburgerstaat besaß keinen deutschnationalen Schwerpunkt. Auch nach den Angaben von Czoernig, der die Volkszählung von 1851, welche das Deutschtum bevorzugte, zur Grundlage genommen hatte, blieb das deutsche Element im Reich mit seinen insgesamt 36 Millionen Einwohnern unter 8 Millionen (22%), und auch davon siedelte nur rund die Hälfte in einem Block auf dem Gebiet der Erblande. Die Zahl der Italiener betrug 5,5 Millionen, die der Magyaren beinahe 5 Millionen. Weiter lebten 3 Millionen Tschechen, 3 Millionen Ukrainer und Russen, 2,5 Millionen Rumänen, 2 Millionen Polen, 1,7 Millionen Slowaken, 1,4 Millionen Serben, 1,3 Millionen Kroaten und 1,1 Millionen Slowenen im Habsburgerreich.[1] Obgleich Czoernigs Daten nicht völlig zuverlässig sind, zeigen sie doch anschaulich die Verhältnisse. Die deutschen, italienischen und polnischen Einigungsbestrebungen berührten die Grundlagen der Monarchie ebenso wie während der Revolution die magyarische Nationalbewegung. Die Verwirklichung der deutschen, italienischen und polnischen nationalen Einheit und die Verselbständigung Ungarns hätten die Auflösung der alten Habsburgermonarchie bedeutet. Bedeutsame Faktoren waren andererseits im Sinne der Aufrechterhaltung der Habsburgermonarchie wirksam, so die feudalen Kräfte und deren Mittelpunkt, der Hof. In der europäischen Politik stellte das feudale Rußland der Romanows die wichtigste Stütze für die Dynastie der Habsburger und für die Aufrechterhaltung der Habsburgermonarchie dar. Aber sie wurde auch gestärkt durch die Politik des bürgerlichen Englands, das den Habsburgerstaat zur Zeit der mitteleuropäischen Revolution – vielleicht nur mit Ausnahme des Frühjahrs 1848 – im wesentlichen unterstützte. Die britische Auffassung wird aus der Erklärung Palmerstons im englischen Unterhaus am 21. Juli 1849 deutlich: „Österreich ist das wichtigste Element im europäischen Mächtegleichgewicht. Österreich liegt im Mittelpunkt Europas, eine Schutzwehr gegen Übergriffe auf der einen und gegen Invasion auf der anderen Seite. Die politische Unabhängigkeit und die Freiheit Europas beruhen nach meiner Meinung auf der Erhaltung und Unversehrtheit Österreichs als einer europäischen Großmacht.“[2]

Wenngleich auch von der europäischen Großmachtpolitik abhängig, so hing die Frage der Auflösung oder des Fortbestandes der Habsburgermonarchie doch grundlegend vom inneren Verlauf der mitteleuropäischen bürgerlichen Umgestaltung ab. Vor allem von der deutschen Revolution, die über die deutschösterreichische Bewegung auch eines der wichtigsten Momente des revolutionären Umbruchs innerhalb der Habsburgermonarchie darstellte.

Einer der entscheidenden Faktoren der in der Habsburgermonarchie ablaufenden Umgestaltung und zugleich der gesamten deutschen Revolution war das im mitteleuropäischen Sinn als entwickelt geltende deutsche Bürgertum in den Städten des Habsburgerreiches, darüber hinaus ein zahlenmäßig starkes Kleinbürgertum sowie die Arbeiterschaft. Die Wiener Märzrevolution war ihr gemeinsames Werk, ihr Zusammenwirken konnte aber kaum von längerer Dauer sein. Josef Redlich charakterisiert treffend das deutsche Bürgertum Österreichs: „Überhaupt ist es für den Liberalismus des deutsch-österreichischen Bürgerstandes jener Zeit charakteristisch, daß ihre Führer in dem Augenblicke, da ihnen eigentlich unerwartet die Macht im Staate zufiel, sich niemals darauf besonnen haben, daß der bürgerliche Liberalismus, der doch zuletzt in der französischen Revolution und ihren geistigen und psychischen Grundkräften wurzelte, immer nur dort sich behaupten und fortentwickeln konnte, wo er bereit war, sich mit der breiten Masse des Volkes durch Aufnahme wenigstens einer gewissen bürgerlich-demokratischen Ideologie in Verbindung zu setzen.“[3] Sogleich zeigte sich auch hier nach dem Märzsieg eine allgemeine Gesetzmäßigkeit der mitteleuropäischen bürgerlichen Revolution: Erschrocken über den eigenen Sieg, an dessen Erringung der vierte Stand den entscheidenden Anteil hatte, suchte das Bürgertum, um sich gegen die Arbeiter und die ihnen nahestehenden bewaffneten Studenten abzusichern, einen Kompromiß mit den feudalen Kräften. Sein Bestreben brach sich damals aber noch an deren restaurativen Absichten. So gelang es, das antifeudale Bündnis, das sich schon aufzulösen begonnen hatte, in den Wiener Maibewegungen noch einmal zu erneuern.

Da aber zu jener Zeit der Hof – wenn auch aus taktischen Gründen – zu geringfügigen Zugeständnissen bereit war, betrachtete das deutschösterreichische Bürgertum die Revolution als beendet und bemühte sich um die Ausarbeitung einer konstitutionellen Ordnung, die den monarchischen Institutionen beträchtlichen Raum ließen. Würde es den radikalen und demokratischen Kräften – nunmehr großenteils schon im Gegensatz zur Bourgeoisie stehend – wohl gelingen, die Revolution weiter voranzutreiben? Und welchen Weg würde die österreichische Revolution einschlagen: den Weg des Kompromisses zwischen der höfischen Reaktion, die durch die Niederschlagung der Prager Revolution und den Triumph über die Italiener neuen Auftrieb erhalten hatte, und der Bourgeoisie, die vor den Radikalen zurückschreckte, oder den Weg der endgültigen Beseitigung des Feudalismus? Diese Frage entschied sich in der neuerlichen Erhebung in Wien: Die Niederlage des Wiener Oktoberaufstandes bedeutete von der deutschen Revolution her betrachtet die Wende von der siegreichen Phase der Revolution zur Periode der Niederlagen.

Eine Kommission des konstituierenden Reichstages, der vom im Aufruhr befindlichen Wien in das mährische Kremsier verlegt worden war, erarbeitete Anfang 1849 einen die Erblande umfassenden, auf eine liberale konstitutionelle Monarchie abzielenden Entwurf – „die Kremsierer Verfassung"[4]; unmittelbar hierauf löste jedoch ein kaiserlicher Befehl die verfassunggebende Versammlung auf.

Der neue Herrscher, Franz Joseph, erließ nun mit dem Patent von Olmütz die nie in Kraft getretene Gesamtreichsverfassung und erbat die Hilfe des Zaren, um Ungarn niederzuwerfen. Seine Gesandten zogen am 5. April auch aus der Frankfurter Nationalversammlung aus und wiesen die dort entstandene Konzeption zurück, wonach sich Österreich nur mit seinen zum Bund gehörenden Ländern der deutschen Einheit hätte anschließen können. Franz Joseph vertrat nunmehr offen die Einverleibung der italienischen und ungarischen Länder in das Gesamtreich.

Der Habsburger Gegenrevolution trotzte nun nur noch Ungarn. Nichtsdestoweniger sollte das Scheitern des Wiener Aufstandes im Oktober aber auch für die ungarische Unabhängigkeit grundlegende Bedeutung erlangen. Die führenden Politiker und Generäle der ungarischen Revolution und des Freiheitskampfes hätten dem revolutionären Wien sofort zu Hilfe eilen müssen, schon aus ureigenstem politischen Interesse. Daß sie dennoch zögerten und schließlich nur verspätet handelten, manifestiert den charakteristischen Widerspruch in der Haltung des ungarischen grundbesitzenden Adels, der die Revolution anführte. Diese Frage leitet jedoch bereits zur Untersuchung des zweiten Zentrums der Revolution innerhalb des Habsburgerreiches über.

Neben den deutschösterreichischen antifeudalen Klassen war nämlich die zweite entscheidende Kraft der bürgerlichen Revolution in der Habsburgermonarchie die ungarische Gesellschaft, die sich in einem fortgeschrittenen Stand der Auflösung der feudalen Verhältnisse befand. Der liberale mittlere Adel, der in Ungarn an der Spitze der Revolution stand, war von Anbeginn an daran interessiert, Feudalismus und Kapitalismus miteinander zu vereinbaren. Das Interesse an einem Kompromiß zeigte sich vor allem beim zentralen Problem des Überganges vom Feudalismus zum Kapitalismus, d. h. in der Behandlung der Leibeigenenfrage, aber es machte sich auch in der Auffassung über die nationalen Aufgaben der bürgerlichen Umgestaltung geltend.

Der mittlere Adel war nicht an einer vollständigen Trennung von Österreich interessiert. Für ihn war es fraglich, ob inmitten der gegebenen internationalen Verhältnisse, in Nachbarschaft zum zaristischen Rußland die Unabhängigkeit Ungarns tatsächlich möglich sein könnte. Mußte nicht angenommen werden, daß Ungarn nach einer Trennung von Österreich in eine noch schwerere Abhängigkeit geraten würde? Neben den außenpolitischen Zusammenhängen mußte auch bedacht werden, daß Österreich für die ungarische grundbesitzende Klasse den wichtigsten Markt darstellte. Zu einer Durchsetzung der nationalen Interessen auf einem Kompromißwege mit Österreich führten auch andere Faktoren. Die magyarischen Liberalen erhoben einen Hegemonieanspruch gegenüber den nichtungarischen Völkern, die die Mehrheit der Bevölkerung Ungarns bildeten. Eine Überbetonung der Interessen des ungarischen Nationalismus gegenüber Österreich hätte auch die Nationalbewegungen dieser Völker mobilisiert. Es galt also in Betracht zu ziehen, daß, je schärfer der Kampf des magyarischen liberalen Adels gegen Österreich werden würde, die Basis innerhalb der ungarischen Gesellschaft, die er erforderte, desto größer und stärker sein mußte. Die Kompromißlösung sowohl in den gesellschaftlichen als auch in den nationalen Fragen ergab sich also aus den Interessen der adligen Klasse. Freilich erfolgte dieser Übergang nicht unbedingt und völlig in der Weise, wie sie dem grundbesitzenden Adel am ehesten entsprach.

Die Aprilgesetze – ein Ergebnis der Märzrevolution – hatten die Forderungen des liberalen mittleren Adels im wesentlichen erfüllt, mehr noch, waren in einigen Punkten sogar darüber hinausgegangen. Die Aprilgesetze garantierten Ungarn verhältnismäßig große Selbständigkeit, erkannten aber – auf der Grundlage der staatsrechtlichen Beziehungen, die aus der Person des Herrschers resultierten – die Einheit des Gesamtreiches an.[5] Ein großer Teil des liberalen mittleren Adels wäre auch mit einer geringeren Selbständigkeit Ungarns zufrieden gewesen, wie die Verhandlungen zwischen April und September zeigen. Im September 1848, nach dem Prager und dann dem italienischen Sieg, als die höfische Reaktion die ungarischen Nationalitäten, die nicht zuletzt auf Grund der engsichtigen ungarischen Regierungspolitik abgestoßen waren, bereits hinter sich wissen und sich insbesondere auch der Unterstützung durch die Kroaten sicher sein konnte, fühlte sie sich stark genug, die im April gemachten nationalen Zugeständnisse wieder rückgängig zu machen. Und zwar nicht nur jene, die die magyarische liberale führende Schicht für noch verhandlungsfähig erachtete, sondern auch jene, an denen sie auf jeden Fall festhielt. In dieser Situation wählte der grundbesitzende Adel nicht die Unterwerfung – die ungarische Revolution beschritt den Weg des nationalen Radikalismus.

Der Wiener Oktoberaufstand und der Sieg der Ungarn über Jelačić deuteten auf eine Weiterentwicklung der Revolution hin. Aber der revolutionäre Aufschwung trat nicht ein: Die Kräfte der Habsburger Reaktion erstickten zuerst den Wiener Aufstand in Blut, dann mit Unterstützung des Zaren auch den auf sich allein gestellten ungarischen Freiheitskampf.

Für das Scheitern der Revolutionen von 1848/1849 spielte über die wirtschaftlichen, gesellschaftlichen und politischen Umstände hinaus, die im Verlauf der mitteleuropäischen bürgerlichen Revolution allgemein zum Tragen kamen, in der Habsburgermonarchie noch ein spezifischer Faktor eine Rolle: Die nationalen Bewegungen der Völker des Reiches isolierten sich voneinander, ja gerieten in eine tragische Konfrontation, die von den feudal-monarchistischen Kräften ausgenutzt wurde.

Die Revolutionen von 1848 erlitten – so schien es – eine totale Niederlage. Nicht nur in jenem Sinne, daß sie nicht, wie die früheren westeuropäischen Revolutionen, den Feudalismus radikal und konsequent beseitigen konnten. Vorderhand hatte auch die kompromißbereite Richtung eine Niederlage erlitten. Überall behielt die feudal-monarchistische Reaktion die Oberhand. Allerdings konnte auch sie die Errungenschaften der Revolutionen nicht völlig rückgängig machen. Aber selbst wenn sie der bürgerlichen Entwicklung vor allem infolge wirtschaftlicher Erfordernisse in beschränktem Ausmaß den Weg öffnete, restaurierte sie doch auf politischem und ideologischem Gebiet den Feudalismus in vollem Ausmaß und verschloß sich jedweden nationalen Forderungen. In gewisser Hinsicht stellte also auch dieses System einen Kompromiß zwischen feudalen und bürgerlichen Verhältnissen dar.

In der Habsburgermonarchie erfolgte ein besonders schwerer Rückschlag. Aber die Revolution, die im politischen Sinne gescheitert war, d. h. die Machtverhältnisse vorläufig nicht hatte verändern können, hatte auch hier die alten gesellschaftlichen Verhältnisse derartig zerrüttet – vor allem mit der unwiderruflichen Aufhebung der Leibeigenschaft –, daß selbst die wiedererstarkten feudalen Kräfte nicht in der Lage waren, sie in unveränderter Form wiederherzustellen. Außerdem hatte die Revolution die bürgerlichen Schichten derartig in Bewegung gebracht, daß sie – obgleich infolge der Niederlage vorübergehend wieder ruhig geworden – auf Dauer nicht mehr in das absolutistische System gezwängt werden konnten. Schon der Absolutismus der fünfziger Jahre, der auf politischem, nationalem und geistigem Gebiet erdrückender war als der vor 1848, konnte nicht gänzlich umhin, sich an den 1848 eingeleiteten Schritten zu orientieren. Dieses System restaurierte die vorrevolutionären Verhältnisse, z. B. in Kirchenangelegenheiten; teilweise vollstreckte es aber auch das „Testament“ der Revolution, z. B. in der Frage der Aufhebung der Leibeigenschaft und in der partiellen Berücksichtigung der Interessen der kapitalistischen Wirtschaftsentwicklung, und brachte auf gewissen Gebieten eine spezifische Mischung von beidem hervor, z. B. in der Ausgestaltung des neuen Justizsystems.

Der zentralisierte und absolutistische Staat der fünfziger Jahre, der die bisherige Ländergliederung zugunsten einer germanisierten Reichseinheit aufzuheben trachtete, war strikt bürokratisch. Die Staatsgewalt vertrat auch die Interessen der österreichischen Großbourgeoisie und die der Großgrundbesitzer des gesamten Reiches, in institutionalisierter Form jedoch konnten diese Klassen an der Machtausübung nicht teilnehmen. In der ersten Hälfte der fünfziger Jahre, unter dem lähmenden Eindruck der Niederlage der Revolution und den damaligen internationalen Verhältnissen, schien es, als könnte dieses System aufrechterhalten werden, wurde aber seiner schmalen sozialen Basis wegen schon von jener kleineren Rezession im Jahre 1857 erschüttert. Als sich dann auch die außenpolitische Lage des Reiches verschlechterte – 1859 hatte es eine militärische Niederlage durch die französisch-italienische Koalition erlitten und die Lombardei verloren –, geriet das absolutistische System in eine Krise.

Sollte die Krise des Absolutismus „von oben“ und unter Beschränkung auf möglichst geringfügige Veränderungen gelöst werden, gab es für die Machthaber zwei Möglichkeiten: die Einführung eines Konstitutionalismus, der sich auf die bereits institutionalisierte Macht der Aristokratie der Länder gründete und die historische Gliederung des Reiches berücksichtigte, oder aber die Ausarbeitung einer zentralistischen Verfassung mit Partizipation der österreichischen Bourgeoisie an der Macht. Diese beiden Tendenzen bzw. Richtungen wurden von den Zeitgenossen mit dem Gegensatzpaar „Föderalismus – Zentralismus“ bezeichnet. In Wirklichkeit war die Aristokratie der Länder nur in dem Sinne föderalistisch, als sie danach strebte, durch die Sicherung der eigenen führenden Rolle die Ländergliederung gegenüber dem bürokratischen Zentralismus aufrechtzuerhalten bzw. zu restaurieren, was nicht der Durchsetzung des nationalen Prinzips in einer föderalistischen Struktur gleichkam.

Franz Joseph hatte zur Zeit der Verfassungskrisen der sechziger Jahre die Ereignisse maßgeblich mitgestaltet. Einige frühere Autoren meinten, der Einfluß des Herrschers habe die Entwicklung zum Konstitutionalismus gefördert, und so geriet Franz Joseph in ihren Darstellungen in eine Reihe mit den wirklich bedeutenden Habsburgerkaisern des 18. Jahrhunderts. Einige Vertreter der älteren österreichischen Geschichtsschreibung, z. B. Redlich, betonten indessen eher die konservative Einstellung des Kaisers.[6] Ähnlich verweist auch die neuere österreichische Geschichtsschreibung, hier vertreten durch Fritz Fellner, darauf hin, daß der Kaiser den Übergang zum Konstitutionalismus eher bremste: „Kaiser Franz Joseph war keineswegs leicht dazu zu bringen gewesen, eine Verfassung in irgendeiner, selbst noch so konservativen Form zu bewilligen. Er war allen konstitutionellen Bestrebungen... im Innersten abgeneigt. Ein Eingehen auf liberale Forderungen schien dem Kaiser, wie er im Ministerrat einmal selbst sagte, gleichbedeutend mit dem Heraufbeschwören einer Revolution ... Es war nur gegen seinen schärfsten persönlichen Widerstand, daß Schritt für Schritt die Umbildung des Reiches in einen konstitutionellen Staat durchgeführt werden konnte.“[7]

Die ersten Schritte in Richtung eines konstitutionellen Umbaus des absolutistischen Systems spiegelten das Schwanken zwischen den beiden Möglichkeiten wider. Daß die „föderalistische“ Richtung Oberhand gewann, wurde deutlich durch die im März 1860 erfolgte Erweiterung des noch 1851 mittels eines kaiserlichen Patents eingerichteten und mit konsultativer Befugnis ausgestatteten Reichsrates, bzw. durch dessen Tätigkeit vom Juni bis zum September 1860.[8] Von den ungarischen Aristokraten wurden unter anderen die Grafen György Apponyi und Antal Szécsen in den Reichsrat aufgenommen. Dieses Gremium arbeitete mit Unterstützung der Regierung und auf Initiative der ungarischen Aristokraten das im Oktober erlassene Diplom aus, mit dem der Übergang zum Konstitutionalismus in einer Weise vollzogen werden sollte, wie sie den Aristokratien der Länder genehm war.

Die Schöpfer des Diploms vertrauten darauf, mit gemäßigten konstitutionellen Zugeständnissen die in den fünfziger Jahren abgewiegelten und nun erneut bedrohlich auftretenden nationalen und sozialen Spannungen beseitigen zu können und in der Lage zu sein, die heikle ungarische Frage zu lösen. Das Diplom entsprach aber nicht den Erwartungen. „Als Kompromiß zwischen den divergierenden feudalen, liberalen und den persönlichen absolutistischen Anschauungen des Kaisers konnte es schließlich keine dieser Richtungen befriedigen."[9] So scheint sein Erlaß, anstatt die Spannungen zu mildern und aufzulösen, in seiner unmittelbaren Auswirkung eher zu deren explosivem Ausbruch geführt zu haben.

DAS ZENTRALISTISCHE SCHMERLING-SYSTEM

Entgegen den Erwartungen schwächte die Wirkung des Oktoberdiploms eher die Positionen der „föderalistischen" Aristokraten. Schon zwei Monate nach seinem Erlaß begann in der Wiener Politik ein anderer Wind zu wehen.

Das politische Auftreten des neuen Mannes, Ritter Anton von Schmerling, hatte die Öffentlichkeit schon ein Jahrzehnt früher aufhorchen lassen. Während der Revolution von 1848/49 hatte er sich als Abgeordneter Österreichs in der Frankfurter Nationalversammlung als entschiedener Anhänger der deutschen Einheit unter der Führung der Habsburger gezeigt. Danach wurde er Mitglied des Kabinetts Schwarzenberg, trat aber 1851, als sich die absolutistischen Züge der Regierung verstärkten, von seinem Posten als Justizminister zurück. Schmerling galt zu Beginn der sechziger Jahre als Anhänger der großdeutschen Konzeption unter österreichischer Hegemonie, wie sie nicht nur von den Habsburgern, sondern auch von den deutschösterreichischen Liberalen vertreten wurde. Schmerling genoß hier wie dort Vertrauen, ein Umstand, den er unter anderem seinem „eigentümlich ständisch-liberalen Weltbild" zu verdanken hatte.[10]

Schmerling trat im Dezember 1860 an die Stelle von Gołuchowski und führte, ohne daß er das Oktoberdiplom außer Kraft gesetzt hätte, eine Richtungsänderung im Übergang zum Konstitutionalismus durch, den er dann im Zeichen des deutschösterreichischen Zentralismus vollzog. Der wichtigste Schritt in diese Richtung war das vom Herrscher erlassene, in der *Wiener Zeitung* am 27. Februar 1861 veröffentlichte, in sieben Punkte gefaßte Patent und das diesem als Anlage eins beigefügte „Grundgesetz über die Reichsvertretung": im damaligen Sprachgebrauch die „Februarverfassung".[11]

Die Verfassung von 1861 legte die Grundlagen für jenes System, das – später zwar beträchtlich modifiziert, insbesondere durch die Verfassung vom Dezember 1867 – im Gebiet westlich der Leitha im wesentlichen bis 1918 bestand. Aber dieses System, das auf das gesamte Reich ausgedehnt werden sollte, erwies sich für die Lösung der ungarischen Frage als ungeeignet.

Das Februarpatent war, wenn es auch in der Entwicklung des österreichischen Konstitutionalismus einen Fortschritt bedeutete, vom Standpunkt der ungarischen nationalen Forderungen aus betrachtet, selbst im Vergleich zum Oktoberdiplom retrograd. „Le Diplome s'inspirait surtout de l'intérêt et des voeux de la Hongrie, la Patente de ceux des provinces allemandes-slaves."* Das Patent rief in ganz

* „Das Diplom war vom Interesse und von den Wünschen Ungarns bestimmt, das Patent von denen der deutschslawischen Länder."[12]

Ungarn stürmischen Aufruhr hervor und bestimmte die Atmosphäre der Wahlen zum Landtag.

Wien verlangte vom ungarischen Landtag, der im Frühjahr 1861 zusammentrat, die bedingungslose Annahme des Oktoberdiploms und des Februarpatents. Durch die starre Politik des Hofes wurden auch die zum Kompromiß bereiten Liberalen dazu getrieben, unbeugsam auf den Aprilgesetzen von 1848 und der Rechtskontinuität zu beharren.

Der Landtag lehnte das Oktoberdiplom und das Februarpatent ab. Es blieb ihm gerade noch Zeit, im Interesse einer Verständigung mit Kroatien und einer Ordnung der Nationalitätenfrage in Ungarn initiative Schritte zu unternehmen. Mehr blieb ihm nicht zu tun, da er im August 1861 aufgelöst wurde. Das am 5. November 1861 in Kraft getretene „Provisorium" stellte in Ungarn im wesentlichen die absolutistische Verwaltung der fünfziger Jahre wieder her.

Auf nicht geringe Schwierigkeiten stieß Schmerling auch im noch bestehenden Reichsrat. „Die Charte des deutschen Zentralismus", wie Richard Charmatz das Februarpatent genannt hat, „stellte den Konstitutionalismus in Österreich auf keine feste Grundlage. Wie täuschend auch ihr Äußeres war, sie hat den Absolutismus beengt und verhüllt, nicht aber in seinen letzten Erscheinungsformen ausgerottet."[13] Und hierin lag bereits der Keim der Gegensätze zwischen Schmerling und den österreichischen Liberalen, der „Verfassungspartei", die ihn anfangs noch unterstützten.

Es ist beachtenswert, daß selbst Historiker, die Schmerlings Verfassung insgesamt würdigen, deren schmale Basis zur Sprache bringen. Hugo Hantsch z. B. betrachtete sie als Kompromiß der österreichischen zentralistischen Bürokratie mit dem liberalen Großbürgertum.[14]

Eingeschränkter Konstitutionalismus im einen Teil des Reiches und Absolutismus im anderen – dies alles war eine Quelle derartiger Widersprüche, daß das System auf Dauer nicht aufrechtzuerhalten war. Schmerling versuchte die Schwierigkeiten mit der Anwendung des Prinzips „divide et impera" dort zu lösen, wo die Zusammensetzung der Bevölkerung eine Möglichkeit dazu bot. Er wandte diese Methode mit Erfolg in Siebenbürgen an. Der 1863 gebildete Siebenbürgische Landtag, in dem die rumänischen und sächsischen Abgeordneten in der Mehrheit waren, nahm die Februarverfassung an und entsandte Abgeordnete in den Reichsrat. Schmerlings zweifelhafter Sieg in Siebenbürgen wurde durch das Fiasko konterkariert, daß sich zur gleichen Zeit die tschechischen, später auch die polnischen Abgeordneten aus dem Reichsrat zurückzogen.

Gegenüber dem Absolutismus der fünfziger Jahre waren die ungarischen konservativen Aristokraten geschlossen für die Wiederherstellung des Zustandes von 1847 eingetreten. Auch gegen das zentralistische System von 1861 wandte sich fast das gesamte konservative Lager. In ihrer Politik spielte nun der Versuch eine große Rolle, die gemäßigteren Elemente des liberalen mittleren Adels zu gewinnen und so aus der Isolierung der aristokratischen Kreise herauszukommen. Ihre Vorstellungen spiegelte der Ausgleichsplan wider, den György Graf Apponyi Ende 1862, Anfang 1863 unter Mitwirkung von Majláth, Sennyey und Ürményi und unter Verwendung der früheren Aufzeichnungen von Dessewffy ausgearbeitet und in Form eines Memorandums dem Herrscher vorgelegt hatte. Apponyis Kompromißplan ging davon aus, die ungarischen Gesetze von 1848 mit der Pragmatischen Sanktion in Einklang zu bringen, die den gemeinsamen Besitzstand Ungarns und der Erblande vorschrieb. Grundlage der Beziehung zwischen den beiden Teilen des Reiches ist hiernach der „gleichberechtigte Dualismus", in dem beide Teile über ein eigenes Parlament und eine gesonderte Regierung verfügen. Für die Erledigung der aus der Pragmatischen Sanktion resultierenden „gemeinsamen Angelegenheiten" – Militär, Auswärtiges, Handel und Finanzen – müssen gemeinsame parlamentarische und exekutive Organe gebildet werden: die „Delegation", deren Mitglieder in gleicher Zahl von den beiden Legislativkörperschaften entsandt werden, und die entsprechenden Ministerien.[15] Dieser Plan wurde seinerzeit von Wien entschieden abgelehnt.

Gleichwohl gelang es den Vertretern der konservativen Richtung, enge Beziehungen zu den Liberalen aufzubauen, die die Unterstützung der öffentlichen Meinung genossen. Zu ihrem Erfolg trug zweifellos ihr politisches Geschick, vor allem aber der Umstand bei, daß sich zu Beginn der sechziger Jahre auch die Lage des mittleren Adels gewandelt hatte.

Die Güter der mittleren Grundbesitzer waren vom Kapitalmangel schwer getroffen, und die Grundbesitzer erhielten von den zentralen Banken kaum Kredite. Auch die von Schmerling dem Land auferlegte hohe Steuerlast erschwerte die Lage des mittleren Adels. Infolge der einseitigen, tendenziösen Wirtschaftspolitik wurde es für die Klasse der mittleren Grundbesitzer zur Existenzfrage, die Staatsgewalt in Ungarn möglichst bald in die Hand zu bekommen oder aber wenigstens einen solchen Einfluß auszuüben, daß auch ihre Interessen von der Regierung vertreten werden würden.

Der Wunsch des grundbesitzenden Adels nach einem Ausgleich wurde durch die Angst vor den Bestrebungen der Nationalitäten noch verstärkt. In den fünfziger Jahren stand nicht zu befürchten, daß der passive Widerstand gegen Wien dazu führen würde, daß die ungarländischen Nationalitäten gegen die Magyaren ausgespielt werden könnten, jetzt hingegen drohte diese Gefahr ernsthaft.

Gegen den Absolutismus der fünfziger Jahre war der grundbesitzende Adel noch zu passivem Widerstand in der Lage, gegen die Wirtschafts- und Nationalitätenpolitik Schmerlings in den sechziger Jahren jedoch kaum mehr, zumindest nicht dauerhaft.

Das Lager der Liberalen verschloß sich nicht strikt den Vermittlungsbestrebungen der Konservativen. Dabei war nicht die Bereitschaft zu Zugeständnissen im Interesse eines Kompromisses der neue Zug in ihrem Verhalten, sondern der immer drängendere Wunsch nach einer Einigung.

Besonders József Eötvös drängte beharrlich auf ein auch den Konservativen entgegenwirkendes Auftreten, und vornehmlich war es Deák, der die Politik des Abwartens vertrat.

Anfangs dachte Eötvös an einen Ausgleich eventuell mit Schmerling. Obwohl er seinen in den fünfziger Jahren gegen den Zentralismus eingenommenen Standpunkt aufgab, vertrat auch er den Dualismus, erachtete ihn aber für vereinbar mit dem Gesamtreichsparlament. Mit seiner Auffassung blieb Eötvös jedoch allein. Die ungarischen Liberalen, die sich nach 1861 zunehmend mit dem Gedanken der gemeinsamen Angelegenheiten angefreundet hatten, wollten deren Behandlung nicht – auch nicht auf paritätischer Grundlage – einem gemeinsamen Parlament übertragen.[16]

Im Jahr 1864 sah sich Schmerling mit ständig wachsenden Schwierigkeiten konfrontiert. Nach dem gemeinsamen Krieg gegen Dänemark hatten sich die Gegensätze zwischen Preußen und Österreich erneut verschärft. Der bewaffnete Konflikt schien unmittelbar bevorzustehen. Nicht nur vom Hof, wo man dem „liberalen" Schmerling immer mißtraut hatte, auch vom eigentlichen Lager des Staatsministers, von den Kreisen des österreichischen liberalen Bürgertums, wo man den Liberalismus der Verfassung schlechthin für zu gering und die Zugeständnisse an den Absolutismus für zu groß hielt, wurde die innere Unsicherheit, die mangelnde Akzeptanz des Schmerlingschen Systems immer schärfer kritisiert. Die zunehmende Erkenntnis der Aussichtslosigkeit des Kurses von Schmerling führte innerhalb der liberalen Verfassungspartei zu einer Stärkung der Autonomistengruppe. Die Autonomisten hatten schon 1861 einer Einigung mit den Ungarn große Bedeutung beigemessen, jetzt waren sie sogar bereit, das Dualismus-Prinzip zu akzeptieren.[17]

Dies alles machte Schmerling aber nicht nachgiebiger. Im Gegenteil, jetzt, da er sogar im eigenen Lager auf Opposition gestoßen war, kam er zum Schluß, der Zeitpunkt für eine entscheidende Handlung sei gekommen. Wie die österreichischen Autonomisten betrachtete auch Schmerling das ungarische Problem als die zentrale Frage, sah aber die Lösung nicht in der Umorganisation des Reiches auf dualistischer Grundlage, sondern in der notfalls auch gewaltsamen Eingliederung Ungarns in das Februarsystem. In der Haushaltsdebatte am 31. März 1865 wiederholte er in seiner Antwort auf die oppositionellen Angriffe: „Was dem ungarischen Landtage gegenüber geschehen kann, darüber habe ich mich ebenfalls bereits wiederholt ausgesprochen. Es kann dem ungarischen Landtage gegenüber gar keine andere Politik geben, als die, ihn dahin zu bringen, daß die Reichsverfassung anerkannt werde."[18]

Die immer schärfere österreichische Kritik an seiner Ungarnpolitik wehrte Schmerling mit dem Argument ab, das Ziel der Konsolidierung des Reiches sei nur mit seinen Methoden zu erreichen, da die Ungarn starr an den 1848er Gesetzen festhielten und keine andere Lösung akzeptierten. In dieser Situation erschien Deáks denkwürdiger Osterartikel in der Zeitung *Pesti Napló,* dann die unter der Bezeichung Maiprogramm bekannt gewordenen, von ihm diktierten Artikel in der Wiener *Debatte,* in denen Deák einen konkreten Vorschlag zu einer Kompromißlösung des österreichisch-ungarischen Verhältnisses entwickelte.

Es waren nicht Deáks Artikel, mit denen die Wende im österreichisch-ungarischen Verhältnis einsetzte. Die Wende war – wie Deák richtig erkannte und worauf er sofort reagierte – vor allem in der Wiener Politik eingetreten. Hierauf verweist auch Hugo Hantsch: Schmerlings System erwies „sich bald als kein geeignetes Werkzeug, um dem Staat besonders in der großen schwebenden deutschen Frage den nötigen Rückhalt zu schaffen. Die herannahende Krise veranlaßte den Kaiser, Verhandlungen mit den Ungarn in die Wege zu leiten..."[19]

Der Osterartikel erschien am 16. April 1865 im *Pesti Napló* ohne Unterschrift, dennoch war jedermann klar, wer sein Verfasser war. Hiermit begann ein neuer Abschnitt in der ungarischen liberalen Politik. Deren „offizielle" Richtung war bis dahin von der Plattform von 1861 bestimmt gewesen, d. h. vom strikten Beharren auf den Aprilgesetzen von 1848. Nun brachte der anerkannte Führer des liberalen Lagers die Bereitschaft zur Modifizierung der 1848er Gesetze unmißverständlich zum Ausdruck: „Wir werden jederzeit bereit sein, unsere Gesetze auf dem vom Gesetz vorgeschriebenen Wege mit der Sicherheit des festen Bestandes des Reiches in Einklang zu bringen." Darüber hinaus wies Deák aber auch unmißverständlich darauf hin, daß die Vorbedingung für einen Ausgleich die Entlassung Schmerlings und die Absage an seine Politik sein müsse.[20] Der Osterartikel wird häufig als Bruch in der Politik Deáks bewertet. In Wirklichkeit hat Deák den Kompromiß nicht nur von 1865 bis 1867 angestrebt, sondern während der gesamten Periode der bürgerlichen Umgestaltung; nur war er sich dessen sehr wohl bewußt, daß der Wille nur einer Seite keine hinreichende Voraussetzung für einen Ausgleich bot. Nach den Märzrevolutionen war der Wiener Hof zum Kompromiß, zur Annahme der Aprilgesetze gezwungen gewesen. Nach dem Sommer 1848 jedoch zeigte er keinerlei solche Bereitschaft mehr. In dieser Situation beharrte Deák auf den 1848er Gesetzen, bzw. später auf den 1861er Adressen. Als sich aber in Wien erneut Anzeichen für ein Zugeständnis zeigten, drückte auch Deák seine Bereitschaft zum Kompromiß sofort öffentlich aus. Mehr noch, in seinen Maiartikeln in der *Debatte* skizzierte er das Ausgleichsprogramm und den Weg zu dessen Verwirklichung. Zweifellos war dies eine politische Wende, aber eine Wende entsprechend der geänderten Lage. Einen Bruch konnten hierin nur jene sehen, die Deáks bisherige Politik nicht verstanden hatten.

Im diametralen Gegensatz zum Zentralismus Schmerlings legte das Maiprogramm den Dualismus als wichtigstes Grundprinzip fest. Danach gründet das Verhältnis Ungarns zu den Erblanden auf völliger Gleichberechtigung. Beide Staatsteile verfügen über getrennte Landtage und Regierungen, deren Verbindung beschränkt sich auf die gemeinschaftliche Erledigung der gemeinsamen Angelegenheiten, zu welchem Zwecke „jeder dieser beiden Faktoren eine mit den nötigen Vollmachten versehene Deputation abordnet und diese beiden Deputationen sich mit einander und der Krone über die gemeinschaftlichen Angelegenheiten verständigen". Den Kreis der gemeinsamen Angelegenheiten bestimmte Deák in diesem Artikel möglichst weit: Etat des Herrschers, Außenpolitik und Militär sowie deren Finanzierung; Festlegung der allgemeinen Prinzipien der Zoll- und Handelsgesetzgebung.

Das Maiprogramm führte als Vorbedingung für die Ausgleichsverhandlungen zwischen dem Hof und dem ungarischen Landtag die Ernennung eines verantwortlichen ungarischen Ministeriums und die Anerkennung der Einheit der Länder der ungarischen Krone entsprechend den Aprilgesetzen auf. Erst danach sollte die Frage des Landtags an die Reihe kommen. „Der Landtag wird auf Grund der 48er Gesetze einberufen. und nach dem Wahlgesetze vom selben Jahre gewählt. In der Thronrede legt der Monarch die Wünsche dar, welche er hinsichtlich der neuen Ordnung der Monarchie hegt. Der Landtag antwortet hierauf in seiner Adresse, und es entspinnt sich der Dietaltraktat in gewohnter Weise."[21]

Deáks Ausgleichsplan wurde zuerst in der *Debatte,* dem Wiener Blatt der Konservativen, veröffentlicht. Darüber hinaus wird die Verwischung der Grenzen zwischen liberaler und konservativer Politik auch darin deutlich, daß das Programm in vieler Hinsicht mit den in Apponyis Memorandum enthaltenen Vorstellungen übereinstimmte.

Der Osterartikel stieß in der ungarischen öffentlichen Meinung auf allgemeine Zustimmung. Die Modifizierung der 1848er Gesetze, ihre Harmonisierung „mit der unerschütterlichen Existenz des Reiches“ als Grundlage des Kompromisses wurde im wesentlichen vom gesamten liberalen Lager Ungarns gutgeheißen.

Bei weitem nicht so einmütig war die Reaktion der liberalen Führer und der öffentlichen Meinung auf das Maiprogramm. Über Deáks Vorschlag zum Ablauf des Einigungsverfahrens, d. h. zunächst Ernennung des verantwortlichen Ministeriums und Wiederherstellung der Integrität der ungarischen Krone, dann Einberufung des Landtages auf der Grundlage der 1848er Gesetze und des „Dietaltraktats“, herrschte ebenso allgemeine Übereinstimmung wie über die Wahrung des dynastischen Prinzips und der strikten staatsrechtlichen Gleichberechtigung. Was jedoch den Umfang der gemeinsamen Angelegenheiten und die Art ihrer Behandlung betraf, wurde Deáks Standpunkt nicht einmal von seiner unmittelbaren Umgebung restlos akzeptiert.

Die Gesten des Herrschers in Reaktion auf den Osterartikel bzw. auf das Maiprogramm zeigten, daß Deák den Zeitpunkt seines Auftretens gut gewählt hatte. Am 30. April besuchte Franz Joseph ohne Begleitung von Leibgarde und Militär das Pferderennen in Preßburg. Dann machte er der Ungarischen Akademie der Wissenschaften eine Schenkung. Vom 6. bis 9. Juni besuchte er die Ausstellung des Wirtschafts-Landesverbandes in Pest. Ende Juli reichte Schmerling seinen Rücktritt ein, das Kabinett Belcredi wurde gebildet.

Die neue Regierung wechselte, ohne daß ihre Ziele deutlich geklärt worden wären, von der Politik des Oktroyierens der Februarverfassung zur Politik der Bereitschaft zur Einigung mit den Ungarn. Sie baute vor allem auf die ungarischen Konservativen. Nach Friedjung „[war jetzt] Graf Esterházy... Herr der Lage... Das neue Kabinett, mit dem Grafen Belcredi als Ministerpräsidenten, war ganz seine Schöpfung.“[22] Wien legte die ungarische Regierung in die Hände der gegen Schmerling opponierenden konservativen Aristokraten und beachtete dabei geschickt, daß die führenden Positionen von Politikern eingenommen wurden, die in Verbindung zu den Liberalen standen. Majláth und Sennyey waren seinerzeit nach dem Oktoberdiplom in hohe Staatspositionen gelangt, als der Zentralismus die Oberhand gewann, wurden sie abgelöst. Beide hatten an der Ausarbeitung des Apponyi-Memorandums teilgenommen.

Ähnliche Personalwechsel fanden in der Verwaltung der Komitate statt. Die Regierung suchte Männer an die Spitze der Komitate zu stellen, die geeignet waren, den Komitatsadel zu gewinnen und eine günstige Atmosphäre zu schaffen. Im August und September 1865, also unmittelbar nach dem Amtsantritt der Belcredi-Regierung, wurden 24 Obergespane ernannt, d. h. ungefähr die Hälfte aller Obergespane wurde abgelöst.[23]

DIE EINIGUNGSVERSUCHE UND DER PREUSSISCH-ÖSTERREICHISCHE KRIEG

Nach dem Amtsantritt des Kabinetts Belcredi pulsierte das politische Leben in Ungarn wieder lebhafter. Es war offensichtlich, daß die Belcredi-Regierung, im Gegensatz zu Schmerling, den Kompromiß suchte, und zwar einen Kompromiß auf der Grundlage der Pragmatischen Sanktion und unter Anerkennung der Integrität der ungarischen Krone. Wieweit sie aber vom Zentralismus der Februarverfassung abrücken und die Prinzipien des Oktoberdiploms oder etwas anderes vertreten würde, blieb zunächst im dunkeln. Die Einberufung der Landtage und damit auch des ungarischen Landtages zum November und die Sistierung des Reichsvertretungsgesetzes am 20. September zeigten nur, daß Wien vom starren Festhalten an der Fabruarverfassung abwich, nicht aber, wieweit es auf dem Oktoberdiplom beharrte und auf welcher Grundlage es die Einigung mit den Ungarn zu verwirklichen gedachte.

Auch die deutschösterreichischen Liberalen standen der Politik der neuen Regierung reserviert gegenüber. Die Sistierung der Februarverfassung bedeutete für sie, daß der im Sommer 1865 seine dritte Sitzungsperiode beendende Reichsrat, in dem sie doch die Mehrheit besaßen, einstweilen nicht tagen könne. Gleichzeitig wurden zwar die Landtage einberufen, in denen die Liberalen aber keineswegs überall mehrheitlich vertreten waren. Sie fürchteten daher um ihr Gewicht im Prozeß der Ausbildung der neuen Reichsstruktur. Besonders machte sie die Möglichkeit besorgt, die Belcredi-Regierung könne die Tschechen begünstigen und so eine neue Struktur des Reiches schaffen, bei der das deutsche Element in den Ländern der böhmischen Krone in eine untergeordnete Position abgedrängt würde. Um eine politische Verschiebung in Richtung eines „Föderalismus“ der Länder zu verhindern, suchten sie nun ausdrücklich mit den Führern der ungarischen Liberalen in Berührung zu kommen und die Politik aufeinander abzustimmen.

Wenn auch im Herbst 1865 vieles unklar war, eines wurde deutlich: Wien wünschte mit dem für Dezember einberufenen ungarischen Landtag als einem Organ zu verhandeln, das auch Siebenbürgen und Kroatien repräsentierte. Damit war eine der von Deák genannten Voraussetzungen für die Ausgleichsverhandlungen, die Anerkennung der Einheit der ungarischen Krone, erfüllt. Zur zweiten Voraussetzung, der Ernennung eines verantwortlichen ungarischen Ministeriums, hatte sich Wien nicht geäußert.

Nachdem am 17. September die Einberufung des ungarischen Landtages zum 10. Dezember erfolgt und am 20. September der Erlaß des Herrschers zur Sistierung der Februarverfassung erschienen war, rückten in Ungarn Ende November, Anfang Dezember die Vorbereitungen für die Abgeordnetenwahlen mehr und mehr in den Mittelpunkt des politischen Lebens.

Als der Landtag am 14. Dezember 1865 eröffnet wurde, stellten die Konservativen nur mehr eine verschwindende Minderheit. Im liberalen Lager folgte die große Mehrheit Deák. Der Landtag wurde damals zum echten Zentrum des politischen Lebens in Ungarn – nicht nur mangels einer verantwortlichen Regierung und Organen einer Komitatsselbstverwaltung und auch nicht nur dadurch, daß er unter den Bedingungen einer strengen Pressezensur wohl das einzige relativ freie Forum und Mittel der Politikgestaltung war, sondern in erster Linie dadurch, daß er als Erbe der Landtage der 1830er und 1840er Jahre sowie des Landtages von 1861 großes Ansehen in allen Schichten der Bevölkerung genoß. Außer den tatsächlich im Landtag vertretenen gesellschaftlichen Schichten wandten sich auch die von den politischen Rechten Ausgeschlossenen an den Landtag; von ihm erwarteten sie die Lösung jener dringlichen Probleme, die dem Land aus seiner abhängigen Lage und seinen feudalen Reststrukturen erwuchsen. Die nichtmagyarischen Nationen, die die Bevölkerungsmehrheit Ungarns bildeten, die die Realität des Habsburger Absolutismus erlitten hatten und von dessen früheren Versprechungen enttäuscht worden waren, erwarteten sich ihrerseits vom Landtag eine entsprechende Regelung der Nationalitätenfrage, wenngleich ihre Abgeordneten dort auch insgesamt nur eine kleine Minderheit bildeten.

Die Thronrede des Herrschers zur Eröffnung des Landtags umriß das Ausgleichsprogramm der Regierung. Die Thronrede erhob, ähnlich wie das Maiprogramm Deáks, die Pragmatische Sanktion zum Ausgangspunkt und leitete daraus die Existenz gemeinsamer Reichsangelegenheiten und deren gemeinsame Behandlung ab. Der Kreis der gemeinsamen Angelegenheiten war jedoch mit dem im Oktoberdiplom genannten, ihre Behandlungsweise mit den in der Februarverfassung niedergelegten Prinzipien identisch. Hier also wichen das Wiener und Deáks Programm grundlegend voneinander ab. Obgleich die Thronrede die Gültigkeit des Oktoberdiploms und des Februarpatents reklamierte, eröffnete sie für den Landtag die Möglichkeit, andere Vorschläge hinsichtlich des Umfangs und der Behandlung der gemeinsamen Angelegenheiten zu unterbreiten. Dies war ein augenfälliger Wandel im Vergleich zu 1861 – damals forderte Wien vom Landtag die bedingungslose Akzeptierung der Februarverfassung.

Wien hatte also von den beiden im Maiprogramm genannten Vorbedingungen der Ausgleichsverhandlungen nur die Wiederherstellung der Einheit der ungarischen Krone erfüllt, nicht aber die Ernennung eines verantwortlichen Ministeriums. In der als juristische Deutelei erscheinenden Diskussion um die Frage der „Reihenfolge", ob nämlich die Wiederherstellung der 1848er Gesetze durch den Herrscher – und dementsprechend die Ernennung der verantwortlichen Regierung – den Modifizierungen durch den Landtag vorangehe oder aber, ob es nur nach dem Ausgleichsvertrag zum tatsächlichen Inkrafttreten der nunmehr modifizierten 1848er Gesetze kommen würde, wurde in Wirklichkeit thematisiert, in wessen Händen sich während der Ausgleichsverhandlungen die Regierungsgewalt in Ungarn befinden sollte: in denen des nur dem Herrscher verantwortlichen Wiener Kabinetts und der dazugehörigen Kanzlei und des Statthaltereirates oder aber in den Händen einer dem ungarischen Landtag verantwortlichen Regierung. Friedjung bemerkte richtig: „Beide Teile, die Regierung wie die nationale Partei, wußten, wie wichtig es sei, im Besitze der Macht zu sein, während man über den Frieden verhandelte. Über diese mehr als formelle Frage kam man vorerst nicht hinaus."[24]

Die Diskussion des Landtages über den Entwurf der Antwortadresse dauerte vom 15. bis zum 23. Februar. Im Mittelpunkt der Diskussion stand die von der liberalen Richtung einheitlich unterstützte Forderung nach tatsächlicher Anerkennung der 1848er Gesetze, d. h. nach sofortiger Ernennung einer dem Parlament verantwortlichen Regierung. Die nahezu einhellige Betonung dieser Forderung, in der die Konfrontation mit der Wiener Politik zum Ausdruck kam, rief fast Reminiszenzen an den Landtag von 1861 hervor. Aber die Ähnlichkeit lag eher nur im Atmosphärischen. Jetzt brachte nämlich nahezu jeder, der die tatsächliche Wiederherstellung der 1848er Gesetze forderte, auch mehr oder weniger detailliert seine konkreten Vorstellungen über den Ausgleich zum Ausdruck. Dies zeigte, daß die Kompromißformel vom Frühjahr 1865, die Bejahung des Ausgleichs auf dualistischer Grundlage, bereits Allgemeingut der ungarischen politischen öffentlichen Meinung geworden war.

Es ist beachtenswert, daß die Redner die Notwendigkeit des Ausgleichs, des Kompromisses, in erster Linie damit begründeten, daß Ungarn nicht genügend stark sei, um seine berechtigten Ansprüche vollständig durchzusetzen. Später werden wir sehen, wie sich die Argumentation für den Ausgleich in der zweiten Hälfte 1866 wandelte.

So wie die Thronrede vom Dezember die Hoffnungen auf eine schnelle Verwirklichung des Ausgleichs in Ungarn abkühlte, verursachte die Antwortadresse Enttäuschung in Wien. Zwei Tage nach Übergabe der Antwortadresse legte Deák, um deren Wirkung in Wien zu kompensieren, einen Vorschlag zur Wahl einer Kommission vor, deren Aufgabe die Bestimmung des Umfanges und der Behandlungsweise der gemeinsamen Angelegenheiten sein sollte. Seinen Vorschlag nahm der Landtag am folgenden Tag an. Der Landtag machte also die weitere Vorbereitung des Ausgleichs nicht von der Bereinigung des Gegensatzes abhängig, der in der Frage der Regierungsgewalt bestand, und brachte damit zum Ausdruck, daß auch die entschiedener lautende Antwortadresse den Fortgang der Verhandlungen nicht beeinträchtigen solle. Das am 3. März verlesene Reskript des Herrschers lenkte die Arbeit des Landtages in dieselbe Richtung.[25] Noch an diesem Tag wurde die Kommission für die Gemeinsamen Angelegenheiten gewählt.

Der Schwerpunkt der Landtagsarbeit ging nun auf diese Kommission über, in der die zur Deák-Partei gehörende Mehrheit das auf der dualistischen Konzeption des Reiches basierende Programm im Geiste des Maiprogramms konkretisierte und in staatsrechtliche Form brachte. Zweifellos bestand in diesen Wochen in Wien und in Pest der Wunsch nach Einigung. Dennoch schien es, als wären die Verhandlungen an einem Tiefpunkt angelangt.

Belcredi opponierte nämlich immer entschiedener gegen einen Ausgleich mit Ungarn auf der Basis von Liberalisierung und Dualismus. In seiner Vorlage an den Herrscher bot er im Februar sogar seinen Rücktritt an: „Das Streben ist auf die Herstellung des reinen Dualismus mit modernen liberalen Institutionen gerichtet, und es ist in der neuesten Zeit ungarischerseits der Versuch – nicht ohne Erfolg – gemacht worden, die hiesigen maßgebenden Blätter für diese Bestrebungen zu gewinnen und vor allem gegen mich, als den bekannten Gegner des Dualismus, loszuschlagen."[26]

Auch die deutschösterreichischen Liberalen wandten sich immer stärker gegen die Regierung Belcredi. Besonders kritisierten sie ihre böhmische Politik, da sie die tschechischen Konservativen intensiv unterstützte. Auch die deutschen Abgeordneten des böhmischen Landtages entschieden sich für den Boykott, erreichten aber nur, daß der böhmische Landtag im Februar 1866 in ihrer Abwesenheit ein Landesgesetz beschloß, wonach auch in den Schulen deutscher Muttersprache der tschechische Sprachunterricht obligatorisch war. Auf diese Frage werden wir im Kapitel über die nationale Frage noch zurückkommen.

Die Opposition der deutschösterreichischen Liberalen gegen die Politik der Regierung Belcredi bedeutete aber mitnichten, daß sie die ungarische Frage einheitlich beurteilten. Ein großer Teil von ihnen, vielleicht die Mehrheit, war in ihrem politischen Denken dem Reichszentralismus verhaftet. Sie wollten andererseits die Einigung – gaben aber den Reichszentralismus nur widerstrebend auf. Dennoch verbreitete sich zunehmend die Auffassung, mit der Akzeptierung des Dualismus könnten wenigstens in den Erblanden die deutsche Hegemonie und eine liberale Entwicklung zugesichert werden. Kaiserfeld, der Führer der Autonomisten, hat dies besonders scharf formuliert: „Im Dualismus sehen wir für lange Zeit die einzige Möglichkeit für Österreich, den einzigen Schutz für unsere Nation... Wir wollen den Dualismus, da es keinen einzigen Staat von Bedeutung auf der Welt ohne eine politisch führende Nation gibt; und diese führende Rolle, zumindest diesseits der Leitha, uns gebührt...“[27]

Im April 1866 schloß Preußen ein gegen Österreich gerichtetes Militärbündnis mit Italien, dann forderte es am 10. Juni die deutschen Staaten auf, den Deutschen Bund unter Ausschluß Österreichs zu organisieren. Gegen Opponenten wurde militärisch vorgegangen: In der Nacht vom 15. auf den 16. Juni marschierte Preußen in Sachsen, Hannover und Hessen ein. Tags darauf begann offiziell der Österreichisch-Preußische Krieg, und drei Tage später erklärte auch der italienische König Österreich den Krieg.

Die entscheidende Schlacht im Preußisch-Österreichischen Krieg fand am 3. Juli bei Sadowa in der Nähe von Königgrätz statt. Die Preußen errangen zur großen Überraschung Europas einen überlegenen Sieg innerhalb weniger Stunden. Diesen Erfolg hatte das preußische Heer vor allem der moderneren Bewaffnung und Kampfweise seiner Infanterie zu verdanken. Die österreichischen Truppen – verfolgt von den Preußen – zogen sich in Richtung Olmütz, Preßburg bzw. unmittelbar nach Wien zurück.

Die Niederlage bei Königgrätz brachte Wien und die Deák-Partei einander näher. Mehr noch, eine Zeitlang schien sogar die sofortige Verwirklichung des Ausgleichs möglich.

Die Führer der Deák-Partei gedachten nämlich die Niederlage nicht dazu auszunutzen, über das Maiprogramm – bzw. über die Plattform, die die Kommission in der Frage der gemeinsamen Angelegenheiten entwickelt hatte – hinauszugehen, sondern blieben auf dessen Verwirklichung bestehen und beharrten besonders darauf, daß umgehend eine verantwortliche Regierung aus liberalen Politikern ernannt werde.

Für Wien war nicht nur wichtig, daß in Ungarn Ruhe herrschte, sondern auch, daß es von Ungarn aktive Unterstützung gegen Preußen erhielt. Die ungarische Gesellschaft war zu einem beträchtlichen Teil, besonders in den wohlhabenderen Schichten, zur Unterstützung des Krieges gegen die Preußen bereit, natürlich unter der Bedingung einer befriedigenden Lösung der offenen staatsrechtlichen Fragen. Im Kreis der „unteren“ Volksschichten herrschte eine weit weniger loyale Stimmung.

In dieser bedrängten Lage erwog Wien ernsthaft die Ernennung einer aus liberalen Politikern bestehenden verantwortlichen ungarischen Regierung, die dann den Ausgleich entsprechend der Plattform der Deák-Partei realisieren sollte. Am 19. Juli empfing Franz Joseph in einer Audienz Deák, der das Programm vor Königgrätz vertrat und eine Regierung unter der Leitung von Gyula Graf Andrássy forderte. Andrássy verhandelte in diesen Tagen ununterbrochen in Wien und war auch dreimal in höchster Audienz. Zur gleichen Zeit führte Lónyay Besprechungen mit Schindler, Kaiserfeld und anderen Führern des österreichischen liberalen Partei. Aus seinen Aufzeichnungen über die Verhandlungen geht hervor, daß die Führer der unterschiedlichsten Fraktionen der österreichischen liberalen Verfassungspartei, die vormals die zentralistische Februarverfassung als ihr politisches Programm betrachtet hatten, nun den dualistischen Entwurf der ungarischen Parlamentskommission als Grundlage für eine Lösung akzeptierten.[28]

Hinsichtlich der militärischen Kräfteverhältnisse hätte Preußen den Angriff fortführen und nun bereits Wien bedrohen können. Hätte Preußen allerdings den Sieg in vollem oder gar extremem Maße ausgenutzt, wären außenpolitische Komplikationen nicht nur mit Frankreich, sondern auch mit Rußland zu erwarten gewesen. Zudem wollte auch Bismarck der Habsburgermonarchie keine vernichtende Niederlage beibringen. Die liberale öffentliche Meinung Preußens faßte diesen Krieg als „Bruderkrieg" auf, dessen Ziel nicht die äußerste Schwächung des Gegners sein sollte.[29] Am 21. Juli wurde der Waffenstillstand vereinbart, am 26. Juli der vorläufige, am 23. August dann der endgültige Friedensvertrag unterzeichnet. Nachdem damit Österreichs prekäre Lage beendet war, machte Wien in der Frage der Regierungsbildung mit Andrássy einen Rückzieher. Neuerlich war es jetzt nur mehr bereit, Andrássy, Eötvös und auch Lónyay in eine unter der Leitung von Sennyey zu gründende, mehrheitlich konservative Regierung aufzunehmen.[30]

Die Niederlage bei Königgrätz und der Ausschluß Österreichs aus dem Deutschen Bund löste beim österreichischen Deutschtum eine schwere Identitätskrise aus. Davor hatte das österreichische Deutschtum die eigene Nationalität stets im Zusammenhang mit dem großdeutschen Gedanken und der Führungsrolle gesehen. Der Krieg und seine Folgen hatten diese Vorstellung schwer in Frage gestellt. Aus dieser Verunsicherung erwuchs rasch ein starker deutschösterreichischer Nationalismus, der die frühere autonomistische Konzeption noch untermauerte: Danach galt es, in den österreichischen Erblanden im Rahmen einer konstitutionellen liberalen Monarchie eine zentralistische deutsche Führung zu schaffen, und die Vorbedingung hierfür sollte der dualistische Ausgleich mit Ungarn sein.[31]

Im Herbst 1866 hatte auch die Wiener Regierung, im Gegensatz zu ihrem Standpunkt vor Königgrätz, den Dualismus als Grundprinzip akzeptiert. Aber zwischen den Standpunkten bestanden noch erhebliche Unterschiede.[32] Robert Kann hat die Wiener Politik treffend charakterisiert: „Es zeigte sich immer deutlicher und schmerzlicher, daß die magyarischen Bedingungen für eine dualistische Teilung des Reiches angenommen werden mußten. Noch bestand die Hoffnung, ein solches Abkommen mit einem konservativen ungarischen Regime und nicht, wie es sich im Jahre 1867 herausstellte, mit den Liberalen zu schließen."[33] Es ist beachtenswert, daß die Deák-Partei zwar auf ihrer früheren Plattform beharrte, aber den Grundtenor ihrer Argumentation änderte. Vor Königgrätz hatte sie sich vor allem darauf berufen, daß das Land nicht stark genug sei, um eine bessere

Lösung zu erkämpfen. In der großen Pressediskussion vom Herbst 1866 lautete das Leitmotiv der Argumentation bereits, das Ziel Ungarns könne nicht die größere Selbständigkeit sein, weil dies das Reich schwächen würde, wo es doch jetzt das oberste Interesse auch der Ungarn sein müsse, die Kraft und die Stärke der in Entstehung befindlichen dualistischen Monarchie zu wahren. Der Argumentationswechsel war kein bloßer Agitationstrick, sondern spiegelte die tatsächliche Auffassung vom Ausgleich wider. Dies erklärt auch, warum Deák nach der Niederlage bei Königgrätz nicht größere Forderungen erhob.

Im Oktober ernannte der Herrscher Friedrich Beust, den ehemaligen sächsischen Ministerpräsidenten, anstelle von Mensdorff zum Außenminister. Der Belcredi nahestehende Moritz Esterházy schied aus der Regierung aus. Diese Personalveränderungen wiesen darauf hin, daß die Wiener Regierung von der bisherigen Politik Belcredis abzuweichen und sich in Richtung der deutschösterreichischen Liberalen zu orientieren begann. Gleichzeitig mit der Umbesetzung der Wiener Regierung berief der Herrscher den aus Kriegsgründen vertagten ungarischen Landtag zum 19. November wieder ein.

In der Argumentation der Wortführer der Deák-Partei wurde der Gedanke dominierend, daß der Ausgleich im Sinne eines Bündnisses im Interesse Ungarns liege. Am klarsten hat dies Boldizsár Horváth ausgedrückt, dessen deutliche Stellungnahme in hohem Maße dazu beitrug, ihm im Februar bei der Regierungsbildung die Ehre eines Portefeuilles zu verschaffen: „...die Niederlage bei Königgrätz hat Österreich in seinen Grundfesten erschüttert, ohne daß Ungarn dabei jedoch einen positiven Vorteil erlangt hätte. Die Lage hat sich für uns nur insoweit geändert, daß uns die Gefahr seitdem nicht mehr so sehr von seiten Österreichs, sondern von anderer Seite droht, und daß gegen den neuen Feind gerade derjenige unser natürlichste Bündnisgenosse sein könnte, der bis dahin unser größter Gegner war.“ „Da die gleichen Elemente Österreich und Ungarn mit Auflösung bedrohen, böte die Interessengemeinschaft die Grundlage für das natürlichste Bündnis.“ Grundgedanke nahezu jeder Wortmeldung der Deák-Partei war, daß die Gefahr seitens Österreichs aufgehört oder sich verringert habe und nun von anderer Seite – hier wurde auf Rußland, das erstarkende Preußen oder auf die heimischen Nationalitäten verwiesen – drohe. „Könnte unserer Heimat Gefahr von seiten des Reiches drohen“, sagte Eötvös, „so ist diese geringer geworden.“ János Gál erläuterte, der Ausgleich müsse dringend durchgeführt werden, weil so lange, wie die ungarische Regierung in den Händen Wiens bleibe, den separatistischen Bestrebungen, in erster Linie in Siebenbürgen, kein wirksamer Riegel vorgeschoben werden könne. Andererseits wies auch er darauf hin, daß die „Erblande Ungarns natürlichste Verbündete inmitten des großen deutschen und des großen slawischen Elements sind“.[34]

Der Ausgleich fand im Herbst 1866 in der Person des neuen Außenministers auch bei der Regierung große Unterstützung. Beust schreibt in seinen Memoiren, er habe bei seinem Eintritt in die Regierung die Verwirklichung des Ausgleichs für die bedeutendste innere Frage gehalten, „die für das Ansehen und die Machtstellung der Monarchie nach außen von entschiedenem Gewicht war“.[35]

Beust geriet in Konfrontation vor allem zu Belcredi, dessen Position noch immer ziemlich stark war und der auf keinen Fall einen Dualismus wollte.[36] Belcredi vertrat immer noch die alte konservative Staatsordnung und nicht etwa die tatsächliche Befriedigung der Forderungen der übrigen – slawischen – Nationalitäten des Reiches: „Jedenfalls tat Belcredis Regime auf Grund seiner langen konservativbürokratischen Tradition nichts, um die Stellung der Slawen als Gegengewicht gegen die magyarischen und deutschen Forderungen zu stärken.“[37]

Beust konnte sich gegen Belcredi nun schon auf den überwiegenden Teil des deutschösterreichischen liberalen Elements stützen. In der Verfassungspartei stellten damals diejenigen die Mehrheit, die den österreichischen Zentralismus auf Zisleithanien zu beschränken gedachten und ihn so mit dem Dualismus vereinbaren konnten.

In der zweiten Hälfte des Jahres 1866 bildete sich zwischen der Deák-Partei und einem Teil der österreichischen Liberalen eine Art Bündnis auf der Grundlage der dualistischen Umgestaltung des Reiches. In den ab Ende November erneut tagenden Landtagen der Steiermark und Oberösterreichs sprach sich die Mehrheit entschieden für einen Ausgleich auf dualistischer Grundlage aus.[38]

An den Verhandlungen Ende Dezember nahmen von der einen Seite Mitglieder der Wiener Regierung, von der anderen Seite Deák, Andrássy, Lónyay und Eötvös teil. Die Verhandlungen begannen mit den von Wien gewünschten Änderungen an der Arbeit der ungarischen Landtagskommission. Eine besonders wichtige Rolle spielten Beust und Andrássy. „Im Laufe der Verhandlungen bildeten Beust und Andrássy, die sich gut verstanden, eine drängende Gruppe, der bedächtige Deák und Franz Joseph wirkten eher bremsend.“[39]

Die Besprechungen wurden mit dem Besuch Beusts in Pest eröffnet. In Begleitung von Mailáth traf er am 20. Dezember in der ungarischen Hauptstadt ein. Tagsüber verhandelte er mit mehreren führenden Politikern, am Abend suchte er Deák auf. Das Gespräch blieb im wesentlichen erfolglos. Beust wollte nämlich die Einheit der Armee in allen Aspekten gewahrt wissen, also nicht nur hinsichtlich der Leitung, der Führung und der inneren Organisation, sondern auch hinsichtlich der im Kommissionsvorschlag in die Kompetenz des Landtages übertragenen Fragen wie Rekrutenstellung, Festlegung der Dienstzeit, Wehrordnung.

Am 7. Januar trafen Andrássy, Lónyay und Eötvös als Mitglieder einer Landtagsdelegation, die das Herrscherpaar begrüßen sollte, in Wien ein, um die in Pest begonnenen Verhandlungen fortzuführen. Am folgenden Tag stellte ihnen die Wiener Regierung ihren Entwurf des Ausgleichsgesetzes vor. Dieser Entwurf faßte den Kompetenzbereich der Delegationen weiter als der ungarische Vorschlag – hinzu kamen unter anderem die Rekrutenstellung, zoll- und handelspolitische Angelegenheiten, die indirekten Steuern, die Regelung des Münzsystems und des Münzfußes. Am 9., 10. und 11. Januar fanden unter Leitung von Beust und an dessen Amtssitz die Einzelverhandlungen statt, an denen Andrássy, Lónyay und Eötvös bzw. Belcredi, Majláth, Sennyey und später Kriegsminister John teilnahmen. Die Führer der Wiener Regierung akzeptierten nach einiger Diskussion den ungarischen Vorschlag als Verhandlungsgrundlage. Im Endergebnis bewirkten aber die Verhandlungen Textänderungen, die die Gemeinschaft im Wirtschaftsbereich eher erweiterten und insgesamt stärker der österreichischen staatsrechtlichen Auffassung entsprachen.[40] Diese Modifikationen akzeptierte auch die ungarische Landtagskommission.

DER AUSGLEICH UND DIE WIEDERHERSTELLUNG DER VERFASSUNGSMÄSSIGKEIT

Nach Annahme der Modifikationen war nun der Herrscher an der Reihe: Er mußte das verantwortliche ungarische Ministerium ernennen. Innerhalb der Wiener Regierung spitzten sich jedoch die Konflikte um den Ausgleich zu.

In diesem Kampf siegte schließlich Beust, der sich darauf berufen konnte, daß der Ausgleich nur mehr von Wien abhänge oder scheitern müsse, nachdem die ungarische Landtagskommission für die Gemeinsamen Angelegenheiten die Wiener Vereinbarungen durchgesetzt hatte. Seinem schlagendsten Argument, das er im Ministerrat am 1. Februar offen anführte, wußte der „föderalistische" Belcredi nichts entgegenzusetzen: „Allein nie werde es die Regierung in ihrer inneren Politik allen Nationalitäten recht machen können; im gegenwärtigen Augenblicke, wo deren Tendenzen so weit auseinandergehen, wo die Unmöglichkeit für die Regierung vorhanden, allen zu entsprechen, sei es ihre Aufgabe, sich auf diejenigen zu stützen, die am meisten Lebenskraft besitzen, sich geistig näherstehen und in ihren gegenseitigen Interessen sich unmittelbar berühren, nämlich das deutsche und das ungarische Element."[41]

Am 7. Februar trat Belcredi zurück. Seinen Platz nahm bei gleichzeitiger Beibehaltung des Amtes als Außenminister Beust ein.

Am 17. Februar ernannte der Herrscher das verantwortliche ungarische Ministerium.

Mit dem Amtsantritt der Andrássy-Regierung war auch die zweite von Deák aufgeführte Vorbedingung zur Modifizierung der 1848er Gesetze erfüllt. Das Gesetz zur Regelung der gemeinsamen Angelegenheiten war im juristischen Sinne noch nicht existent, aber sein Inhalt war bereits festgelegt, und die diesbezüglichen Vereinbarungen wurden auf beiden Seiten von Personen geschlossen, die von Kräften unterstützt wurden, welche den Ausgleich auch wirklich realisieren konnten und wollten. Die Regierung Andrássy wußte die Mehrheit des ungarischen Landtages sicher hinter sich. Beust wiederum konnte mit der Unterstützung der deutschösterreichischen liberalen Mehrheit des in Kürze zusammentretenden Reichsrates rechnen.

Die Verknüpfung des Ausgleichs mit einem konkreten Datum ist außerordentlich umstritten. Am ehesten ist er noch mit der Ernennung der neuen Regierungen (Andrássy, Beust) zu verbinden, obgleich sich die Kodifizierung und Sanktionierung der geschlossenen Vereinbarungen – wird Österreich dabei mitberücksichtigt – noch bis Ende 1867 hinzogen. Der Klassiker der österreichischen Geschichtsschreibung über den Ausgleich, Josef Redlich, hebt ebenfalls dieses Moment hervor.[42]

Nach Franz Josephs Besuch in Pest vom 12. März 1867 kam der Vorschlag der Kommission für die Gemeinsamen Angelegenheiten am 20. März vor den Landtag. In der zehntägigen Debatte stellte sich deutlich heraus, daß der Ausgleich als Bündnisvertrag betrachtet wurde, als ein Bündnis mit Österreich, dessen Ungarn bedürfe, zum einen wegen der gemeinsamen außenpolitischen Gefahren, d. h. gegen die Expansion der benachbarten Großmächte – das zaristische Rußland und das von Preußen geführte Deutschland –, zum anderen wegen der Nationalitätenbestrebungen der Slawen, die innerhalb der Monarchie die ungarische wie die deutschösterreichische Hegemonie gleichermaßen bedrohten.

Am klarsten hat diesen Gedankengang wohl Károly Szász zum Ausdruck gebracht: „Jetzt lauert im Norden ein riesiges Schreckgespenst, und wenn es ihm vielleicht gelingt, seine Bärentatze auf Halitsch zu legen, werden wir unmittelbar einen lieben Nachbarn auf der einen Seite haben; auf der anderen Seite gruppiert sich vor unseren Augen ein großes Deutschland; auf der dritten Seite erheben sich drohend die Silhouetten des südslawischen Reiches aus dem Staub der zerfallenden Trümmer der baufälligen Pforte: und wir sind – dank unserer geographischen Lage – zwischen diesen drei einander feindlichen Mächten eingezwängt, wie die Nuß zwischen den beiden Seiten und der Schraube des Nußknackers." Offensichtlich hat Károly Szász hierbei zwei ihrem Wesen nach unterschiedliche Gefahren gleichgesetzt. Die eine war außenpolitischer Natur – sie lag im russischen und deutschen Expansionsdrang. (In seiner Rede stellte Eötvös diese Gefahr in den Vordergrund: „Da die Anlage Europas zur Bildung großer Staaten führt und wir in unseren Nachbarn Riesenstaaten sehen, die sich alle auf große Nationalitäten gründen; und da wir zweifellos nicht in der Lage sind, auf solch einer sicheren Grundlage einen in der Größe jenen vergleichbaren Staat zu schaffen: können wir diese Stärke nur darin suchen, uns mit anderen zu vereinigen.") Die zweite Bedrohung, die Károly Szász unter den Begriff „südslawische Gefahr" faßte (und auf die ein Abgeordneter der Deák-Partei noch zu Beginn der Debatte mit den Worten hinwies: „rund um uns sehen wir das slawische Element wie einen Nebelschleier auftauchen..."), lag in der Nationalitätenbewegung, die zu dieser Zeit stark panslawistisch ausgerichtet war, daher also auch mit der Bedrohung durch das zaristische Rußland in Verbindung gebracht werden konnte. Während ein Bündnis gegen die Gefahr des ersten Typs historisch gerechtfertigt war, besaß der Zusammenschluß gegen die zweite nicht bloß eine außenpolitische Spitze, sondern bedeutete auch eine Vereinigung der nach Hegemonie Strebenden. Gegen diese Gefahren hätte Ungarn, so sagte Károly Szász, ein Bündnis mit irgendeiner stärkeren benachbarten Macht auch dann schließen müssen, „wenn mit einer von ihnen nicht schon ein Bund bestünde, den wir jetzt nur noch enger umfrieden wollen. Der Kämpfer legt zu Recht die Waffen an, schnallt sich sein Schild um, wenn es heißt, in die Schlacht zu gehen."

Ein anderer Abgeordneter der Deák-Partei formulierte diesen Gedanken folgendermaßen: „Wenn das Bündnis mit Österreich für Ungarn gefährlich ist, welcher europäische Staat könnte dann die Verfassung Ungarns und insbesondere seine Nationalität schützen?" Mit einem Kritiker des Ausgleichs diskutierend, argumentierte ein Redner der Deák-Partei: „Wir entschließen uns zur Rettung eines sinkenden Schiffes, sagte gestern mein geehrter Abgeordnetenkollege. Jawohl, erhobenen Hauptes bekennen wir, daß wir hinreichend egoistisch sind, an der Arbeit zur Rettung des Schiffes teilzunehmen, denn im Erfolg der Arbeit sehen wir auch die Voraussetzung unserer eigenen Existenz." Mór Szentkirályi charakterisierte, nachdem er in ähnlicher Weise wie Károly Szász die Gefahren der russischen und deutschen Expansion sowie die „orientalische Frage" skizziert hatte, Österreich als adäquaten Partner: „Aber wenn wir fortfahren, uns umzusehen, werden wir... einen Staat finden, dessen Verhältnis zu den beiden Nachbarn [Rußland und

Deutschland, J. G.] ungefähr das gleiche ist wie das unsrige; einen Staat, der hinsichtlich seines Ausmaßes und seiner Stärke ungefähr Ungarn gleichkommt; einen Staat also, der nicht so groß ist, daß er uns absorbieren könnte, und nicht so mächtig, daß er in der Lage wäre, uns zu erobern. Wenn Ungarn seine eigene Stärke mit der Stärke dieses Staates vereinigen würde, könnten diese beiden zusammen eine respektable Position einnehmen, in der sie befähigt wären, sich aus eigener Kraft zu verteidigen, und in der sie – als Bündnispartner gleich welchen Staates – über genügend Autorität verfügen würden, aus den Vorteilen des Bündnisses auch ihren eigenen Teil fordern zu können."

In einigen dieser Reden wurde auch der – im übrigen auch in der öffentlichen Meinung verbreitete – Wunschtraum laut, der Schwerpunkt der dualistischen Monarchie werde sich früher oder später nach Ungarn verlagern.

Nach Gyula Kautz war „an diesem Übergangspunkt zwischen dem westlichen und östlichen Europa die Existenz einer starken, stattlichen Monarchie eine politische, wirtschaftliche und kulturelle Notwendigkeit", woraus sich für ihn zwingend die Folgerung ergab, ein dementsprechendes neues Gebilde „müsse als seinen Kern und Schwerpunkt das Reich Stephans des Heiligen anerkennen". Auch nach einem weiteren Redner mußte „die Macht der Verhältnisse den Schwerpunkt des Reiches notwendigerweise auf Ungarn legen".

Außenpolitische Gesichtspunkte nahmen auch in den oppositionellen Gegenargumenten beträchtlichen Raum ein. Mehrere Redner legten dar, die deutsche Frage sei noch nicht abgeschlossen; für den Fall, daß die großdeutsche Einheit Wirklichkeit werde, müsse sich das Land freie Hand sichern; deshalb dürfe es sich nicht so eng an Österreich binden. „Den Gedanken der großdeutschen Einheit", sagte einer, „halte ich für einen der hervorragenden Gedanken des Jahrhunderts." Wenn dann der Zeitpunkt seiner Verwirklichung kommen werde, dann sollten die Bürger Ungarns „selbständig und unabhängig urteilen können, ob sie sich in die Reihe der gegen die Ideen des Jahrhunderts Kämpfenden einreihen oder nicht". Ein weiterer Abgeordneter kam zu einer ähnlichen Schlußfolgerung: „...dann, wenn die Lösung dieser Wirrungen erfolgt, soll Ungarn hier stehen, einem massigen Körper gleich..., sollen wir freie Hand behalten, uns mit jenen zu verbünden, mit denen es der Zeit entsprechend zweckmäßig sein wird."[43]

Die lange Diskussion wurde mit der Rede Deáks beendet. Der Vorschlag der Kommission für die Gemeinsamen Angelegenheiten, sagte er, „ist unter den gegenwärtigen Verhältnissen der zweckmäßigste und wahrscheinlich auch zu verwirklichen". Ausführlich erläuterte er den Zusammenhang zwischen der Sache der gemeinsamen Angelegenheiten und der alten ungarischen Verfassung und führte im weiteren aus, daß man ähnliches auch zu jeder früheren Zeit akzeptiert hätte, wenn sich dazu eine Möglichkeit geboten hätte. Er schloß seine Rede mit dem Gedanken, daß sich Ungarn auf jeden Fall verbünden müsse: entweder jetzt mit Österreich oder später unter nicht vorhersehbaren Bedingungen mit anderen Partnern. „Ob es jemanden gibt, der den Zusammenbruch Österreichs herbeiwünscht, weiß ich nicht, wenn es aber solche gibt, wünschen es diese sicher nicht in unserem Interesse. Ich fürchte, ich fürchte sehr, daß bei diesem Zusammenbruch nicht wir gewinnen würden und daß sich unser Schicksal nicht zum besseren wenden würde... Die Stärke des Staates ist kein absoluter Begriff. Zu Zeiten von Ludwig und

Matthias war Ungarn nicht nur deshalb groß und stark, weil seine Fürsten weise waren und sein Volk heldenhaft, sondern auch deshalb, weil es damals zu den größten Ländern Europas gehörte. England war mit Schottland nicht vereinigt; das heutige Frankreich war in mehrere Teile zersplittert; Deutschland und Italien besaßen zahlreiche Herrscher; Rußland vermochte nicht einmal mit Polen zu kämpfen; nur die türkische Kraft war mächtig und besaß Ansehen. Wie groß sind jetzt aber die Dimensionen der europäischen Staaten! Nicht einmal Italien mit seinen 20 Millionen Einwohnern, seinem intelligenten Volk, seinem blühenden Handel, mit seinen vielen guten Häfen wird von der Welt als eine Großmacht betrachtet! Würde es Ungarn vermögen, sich unter diese zu stellen, eingekeilt zwischen dem mächtigen russischen und deutschen Reich?! Wenn wir aber dann [wenn nämlich Österreich zusammenbricht, J. G.] mit anderen Völkern zusammen einen föderativen Staat schaffen wollten, gäbe es keine gemeinsamen Angelegenheiten, die wir mit ihnen zusammen verwalten müßten? Müßten wir diese nicht gemeinschaftlich behandeln? Und wären wir nicht gezwungen, uns auch dann mit dem Gedanken der Delegationen zu befreunden? Ich wiederhole, verehrtes Haus! Lassen Sie uns nicht diese Art des friedlichen Ausgleichs von uns stoßen! Ich fürchte, ich fürchte sehr, daß wir durch dessen Ablehnung der verfassungsmäßigen Unabhängigkeit des Landes eine größere Gefahr für die Zukunft bereiten als durch dessen Annahme.“[44]

Nachdem der Landtag den Ausgleichsvorschlag der Kommission für die Gemeinsamen Angelegenheiten mit großer Mehrheit angenommen hatte, begannen die Vorbereitungen für die Krönung. Da die ungarisch-kroatischen Verhandlungen noch nicht abgeschlossen waren, beauftragte der Landtag die Regierung, die erforderlichen Schritte zu unternehmen, damit der kroatische Landtag seine Abgesandten zu den Krönungsfeierlichkeiten entsende. Dieser Tagesordnungspunkt gab Svetozar Miletić, zu dieser Zeit zweifellos der hervorragendste Vertreter der ungarländischen Nationalitäten, die Gelegenheit zu betonen: Ungarn stehe vor einem Scheideweg. Der eine Weg führe zur Unterodnung der Nationalitäten, der andere zur brüderlichen Eintracht und Gleichberechtigung. Der Beschluß über die gemeinsamen Angelegenheiten beeinflusse nicht diese Entscheidung, noch stehe die Wahl frei.[45]

Die Reise Franz Josephs am 8. Mai nach Pest stand bereits mit den unmittelbaren Krönungsvorbereitungen im Zusammenhang. Danach, am 17. Mai, unterbreitete die Regierung dem Landtag die Gesetzentwürfe über das Prozedere in den gemeinsamen Angelegenheiten und über die Änderung der 1848er Gesetze. Deren Behandlung mußte vereinbarungsgemäß vor der Krönung erfolgen.

Die ausgearbeiteten Gesetzentwürfe enthielten in nunmehr endgültiger Form alle wesentlichen Modifikationen des österreichisch-ungarischen staatsrechtlichen Verhältnisses. Es fehlte nur noch die Abstimmung des Landtages, über deren Ausgang es keine Zweifel geben konnte. Kossuth hielt es in dieser Situation für notwendig, dem Land seine Kritik, sein unverändertes Votum für eine völlige Trennung von Österreich bekanntzugeben. In seinem an Deák gerichteten offenen Brief vom 22. Mai sprach er sich scharf und bestimmt gegen den Ausgleich aus. Der „Kassandrabrief“ erschien am 26. Mai in *Magyar Újság,* der Zeitung Böszörményis, und wurde gleichzeitig in mehr als 40 000 Flugblättern verbreitet. Deák gab im *Pesti Napló* am 30. Mai eine kurze Rechtfertigung seiner Ausgleichspolitik, wobei er vermied, detailliert auf Kossuths Brief zu antworten. Pulszky jedoch war bereits zwei Tage zuvor, am 28. Mai, mit einem Artikel, der in der Zeitung *1848* erschien und deutlich die Auffassung Deáks vertrat, in die Auseinandersetzung mit Kossuth getreten.

Kossuths Auftritt in Form des offenen Briefes erzielte durchaus Wirkung, konnte aber den Gang der Ereignisse nicht mehr ändern. „Viele haben ihn gelesen, obgleich weniger, als Kossuths Korrespondenten damals glaubten, die bereits bestehende politische Stimmung und Ordnung jedoch vermochte er nicht zu tangieren – diese war und blieb auf seiten Deáks.“[46]

Ende Mai verabschiedete der Landtag die Gesetzentwürfe. Anfang Juni wurde die Krönungsurkunde ausgefertigt, am 8. Juni Franz Joseph in glanzvoller Zeremonie zum König von Ungarn gekrönt. Unmittelbar danach, am 12. Juni, sanktionierte er, nun schon als rechtmäßiger ungarischer König, die vom Landtag – nunmehr Reichstag – bis dahin beschlossenen Gesetze, darunter auch das über die gemeinsamen Angelegenheiten, das als Gesetzartikel XII/1867 in das Corpus Juris aufgenommen wurde.

Der ungarische Reichstag entsandte noch eine Kommission zu Verhandlungen mit dem österreichischen Reichsrat über die Quote und die Staatsschulden, dann, am 2. Juli, beendete er seine Sitzungsperiode.

Vor Verabschiedung des ungarischen Ausgleichsgesetzes hatte am 22. Mai der Wiener Reichsrat getagt. Historische Abhandlungen weisen häufig darauf hin, daß er den Ausgleich als vollendete Tatsache zur Kenntnis nehmen mußte. Es scheint jedoch vielmehr so gewesen zu sein, daß die Haltung der deutschösterreichischen liberalen Mehrheit von Gedanken geprägt war, die der bekannte österreichische Historiker Alexander Novotny ein Jahrhundert später wie folgt formulierte: „Unter den gegebenen Umständen wäre ein anderer Weg vermutlich gar nicht möglich gewesen als der, den das Jahr 1867 tatsächlich gegangen ist.“[47] Es war also nicht davon die Rede, daß man im Reichsrat gegen die eigenen Interessen gerichtete „vollendete“ Tatsachen akzeptierte, sondern davon, daß man, den eigenen Interessen folgend, im konstitutionellen Dualismus die Lösung sah. Diese Auffassung spiegelte sich auch in der Antwortadresse auf die Thronrede wider.[48]

Nach dem Verlust von Venetien und der Sonderstellung der Länder der ungarischen Krone wurden von 17 Landtagen Abgeordnete in das Abgeordnetenhaus des Reichsrates entsandt, insgesamt 203 Abgeordnete. Die deutschösterreichischen Liberalen verfügten über 118 Stimmen, also über die absolute Mehrheit.[49] Die nach dem Wahlsystem Schmerlings einberufenen Landtage Böhmens und Mährens schickten nämlich eine deutsche Mehrheit in den Reichsrat: der böhmische Landtag 42 deutsche und 12 tschechische, der mährische 19 deutsche und 3 tschechische Abgeordnete.[50] So war die Annahme der dualistischen Umgestaltung des Reiches auch im Reichsrat gesichert. Die deutschösterreichischen Liberalen richteten ihre legislative Aufmerksamkeit auf die liberale Weiterentwicklung der – nun auf Österreich beschränkten – Februarverfassung von 1861.

Im Juni wurde die Regierung Beust beträchtlich umgestaltet. Die wichtigste Figur neben Beust wurde der dem Herrscher besonders nahestehende Graf Taaffe, der bereits seit März als Innenminister der Regierung angehört hatte und jetzt die

Position des stellvertretenden Ministerpräsidenten erhielt. Beust blieb Ministerpräsident und zugleich Außenminister, darüber hinaus bekam er den Titel eines Reichskanzlers verliehen, ein Titel, den vor ihm nur zwei Staatsdiener der Habsburgermonarchie getragen hatten.[51] Am 17. Juni legte die neue Regierung mehrere Gesetzentwürfe vor, darunter einen über die Modifizierung der Februarverfassung und die Gemeinsamen Angelegenheiten mit den Ländern der Stephanskrone. Der Reichsrat bildete eine 36köpfige Kommission zur Beratung der Entwürfe. Während die Kommission zur Vorbereitung der umfassenden Verfassungsänderung noch arbeitete, machte sich der Reichsrat an die Ausarbeitung der Gesetze zur Liberalisierung der Staatsordnung.

Als erstes Ergebnis dieser Arbeit erschien am 16. Juli das Gesetz zur Änderung des §13 der Februarverfassung, das in Ausnahmesituationen zwar auch weiterhin der Regierung die Gesetzgebungskompetenz sicherte, das Gesetzgebungsverfahren aber gebundener und verantwortlicher gestaltete.[52] Dieses neue Gesetz wurde dann unverändert in die Dezemberverfassung als §14 des Gesetzes über die Reichsvertretung übernommen. Noch bedeutender war das am 25. Juli geschaffene bzw. sanktionierte neue Gesetz über die parlamentarische Verantwortlichkeit der Minister bzw. der Regierung.[53] Erhebliche Schritte in Richtung Liberalisierung stellten auch die Gesetze über das Vereinigungs- und Versammlungsrecht dar.[54]

Die 36köpfige Kommission unterbreitete ihre Stellungnahme zusammen mit neuen Gesetzentwürfen im November dem Reichsrat, der schließlich 6 Staatsgrundgesetze annahm und zur Sanktionierung vorlegte. Am 21. Dezember sanktioniert, ergaben die Staatsgrundgesetze in ihrer Gesamtheit die „Dezemberverfassung", die während des halben Jahrhunderts des Dualismus in Österreich gültig war.[55]

Nach der Annahme der Dezemberverfassung ernannte der Herrscher eine neue, nun tatsächlich „zisleithanische" Regierung, aus der die zum Zuständigkeitsbereich der gemeinsamen Regierungsgeschäfte gehörenden Portefeuilles ausgesondert wurden. Der liberal gefärbte Herzog Karl Auersperg wurde Präsident der neuen Regierung, die jetzt mehrheitlich aus bekannten Persönlichkeiten der Verfassungspartei bestand. Liberale traten an die Spitze von sechs der acht Ressortministerien. Mitglied der Regierung blieb der konservativ eingestellte Taaffe, neu aufgenommen wurde ferner der ähnlich konservative, das Vertrauen der Polen genießende Graf Potocki. Beust trat aus der österreichischen Regierung aus und tauschte seine bisherigen Posten als Ministerpräsident und Außenminister gegen den des gemeinsamen Außenministers. Er behielt den – zumindest für Österreich gültigen – bereits früher verliehenen Titel des „Reichskanzlers" bei. Aus der Regierung ausgeschieden, amtierte der ehemalige Kriegsminister John von nun an als gemeinsamer Kriegsminister, Becke wiederum als gemeinsamer Finanzminister.

Das System der gemeinsamen Angelegenheiten

Der Begriff „Dualismus“ bzw. „dualistisches System“ wird im allgemeinen Sprachgebrauch wie in historischen Arbeiten und Lehrbüchern meist in sehr weitem Sinn verwendet. Er bezieht sich dabei auf die Gesamtheit der historischen Periode, des Staatsgebildes, der gesellschaftlichen Ordnung, der wirtschaftlichen Struktur, der nationalen Verhältnisse usw.

Es gibt auch eine engere und genauere Definition des Begriffes „dualistisches System“ bzw. „Dualismus“. Danach bezeichnet er das System des Verhältnisses zwischen Österreich und Ungarn, das mit dem Ausgleich von 1867 zustande gekommen und in den ungarischen bzw. österreichischen Ausgleichsgesetzen und den sich diesen unmittelbar anschließenden sonstigen gesetzlichen Verordnungen fixiert worden war. Aufgabe dieses Kapitels ist die Beschreibung des dualistischen Systems im Sinne dieser engeren Definition. Indessen hatten die Ausgleichsgesetze nicht nur die Fragen des Verhältnisses zwischen den beiden Reichsteilen zum Inhalt, sondern behandelten in diesem Kontext auch Stellung, Rolle und Kompetenzen der Herrschergewalt bzw. deren konstitutionelle Begrenzung. So beschränkt sich das „dualistische System“ auch in seiner engeren Definition nicht auf das Verhältnis zwischen Österreich und Ungarn, sondern schließt als integrale Elemente auch den Übergang zum Konstitutionalismus und die Neuregelung der Herrschergewalt mit ein.

Wenn wir von dem wesentlich detaillierteren ungarischen Gesetz über die „gemeinsamen Angelegenheiten“ – im ungarischen Sprachgebrauch die „Verhältnisse von gemeinsamem Interesse“ – ausgehen, läßt sich die hierin behandelte Materie vier großen Bereichen unterschiedlicher Natur zuordnen. Der eine Gegenstandsbereich betrifft die Frage des Etats für die Hofhaltung des Herrschers; der zweite die Festlegung der aus der Pragmatischen Sanktion abgeleiteten gemeinsamen Angelegenheiten und deren Behandlung; der dritte die Klärung des Ausmaßes der Gemeinschaft in bezug auf Kredite, einschließlich der bisherigen Staatsschulden; der vierte das Zoll- und Handelsbündnis bzw. die Aufzählung jener Verhältnisse von gemeinsamem Interesse und damit zusammenhängend die Festlegung der Einigungsmodalitäten, in denen Interesse an einer Übereinstimmung, aber auch, im Falle eines Scheiterns der Einigungsbemühungen, das Recht der selbständigen Regelung besteht. Für diesen Gegenstandsbereich verwendete ein späteres ungarisches Gesetz (Gesetzartikel XXX/1868, §4) die Formel: „nicht gemeinsame, aber im gemeinsamen Einvernehmen zu erledigende Angelegenheiten“.[1]

Die Grundgesetze, die das Verhältnis der beiden Reichsteile zueinander regeln (Reichsgesetzblatt 1867, Nr. 146; Corpus Juris, Gesetzartikel XII/1867), sind formell keine Ratifizierungen eines Vertrages zwischen den beiden Reichsteilen bzw. zwischen den beiden Ländern, sondern auch in ihrem Text voneinander abweichende Verfassungsgesetze, die durch das Zusammenwirken zwischen Herrscher und ungarischem Landtag auf der einen Seite, zwischen Herrscher und Reichsrat auf der anderen zustande gekommen waren.[2] Um die Problematik dieser Form der Ausgleichsgesetze hat sich damals wie später eine heftige Diskussion entwickelt. In der ungarischen Literatur wurde der Streit hauptsächlich um die Frage ausgetragen, ob diese Lösung Ungarns Souveränität voll garantiere oder nicht. Eine erneute Diskussion dieser Frage ist irrelevant, da hier die tatsächlichen Verhältnisse analysiert werden sollen. Aus ähnlichem Grund ist es überflüssig, sich in die zeitgenössische Problematik der österreichischen Auffassung zu vertiefen. Dort wurde vor allem bemängelt, daß das ungarische Ausgleichsgesetz bereits angenommen war, als die Umstellung des österreichisch-ungarischen Verhältnisses zur eigentlichen Behandlung vor den Reichsrat kam. Der Reichsrat stand gleichsam vor vollendeter Situation, zumal es auch keinen Modus zu einer österreichisch-ungarischen parlamentarischen Einigung gab.[3] Eine Untersuchung dieses Themenkreises kann interessante und beachtenswerte rechtshistorische Momente zutage fördern, bringt uns aber einer Einsicht in die tatsächlichen Strukturen nicht näher.

Wir müssen uns jedoch mit dem Problem beschäftigen, daß das österreichische und das ungarische Gesetz textlich nicht identisch waren. In der unterschiedlichen Textfassung spiegelt sich nämlich eine abweichende prinzipielle Auffassung über die dualistische Beziehung wider. Nach der Formulierung des österreichischen Gesetzestextes können die gemeinsamen Angelegenheiten so verstanden werden, als modifizierten sie die zentralistische Verfassung von 1861 lediglich; als hätten sich in dem in Länder gegliederten, aber einheitlichen Reich zwei Länderhauptgruppen herausgebildet – die Gruppe der im ungarischen Landtag vertretenen ungarischen Kronländer und die Gruppe der im Reichsrat vertretenen Erblande usw. – und als regelte das Gesetz nunmehr das Verhältnis zwischen diesen beiden Ländergruppen. Da es aber auch nach der Februarverfassung einen „engeren" Reichsrat gab und da von den dort nicht vertretenen Ländern nach der Abtrennung Venetiens nur noch die Länder der ungarischen Krone übrigblieben, kam es nach der österreichischen Auffassung zu einer Neuordnung des Verhältnisses zwischen dem engeren Reichsrat und den übrigen Ländern, d. h. den Ländern der ungarischen Krone. Der Text des österreichischen Gesetzes ermöglicht in der Tat eine solche Interpretation. Selbst der Titel des Gesetzes verweist bereits auf diese Auffassung: „Gesetz vom 21. Dezember 1867, betreffend die allen Ländern der österreichischen Monarchie gemeinsamen Angelegenheiten und die Art ihrer Behandlung". Edmund Bernatzik notiert hierüber: „Hier ist Ungarn noch als Teil der *österreichischen* Monarchie bezeichnet."[4]

Aus dem ungarischen Gesetzestext folgt hingegen, daß hier zwei selbständige Staaten – „zwei besondere und vollständig gleichberechtigte Teile" (§28) – ihr Verhältnis ordnen bzw. Ausmaß und Art der Gemeinsamkeit feststellen.[5] Auf die formalen Unterschiede der beiden Gesetzestexte und die differierenden zeitgenössischen Interpretationen haben wir hiermit hingewiesen. Uns interessiert jedoch nicht so sehr, wie der Dualismus von seinen Erschaffern aufgefaßt wurde, sondern viel eher, wie er sich in seiner tatsächlichen Funktion darstellte. Auf diese Frage werden wir nach einer knappen Strukturanalyse der Ausgleichsgesetze zurückkommen.

Trotz der textlichen Abweichungen und der prinzipiellen Interpretationsunterschiede bestimmen beide Gesetze die Gegenstände der gemeinsamen Angelegenheiten bzw. der Angelegenheiten von gemeinsamem Interesse und deren Behandlung im wesentlichen gleichartig. Im wesentlichen ebenfalls gleich ist die Rolle der konstitutionellen Organe und der Herrschergewalt geregelt. Diese fundamentale Übereinstimmung lieferte trotz aller Unterschiede in Text und Auffassung die rechtliche Grundlage dafür, daß die dualistische Reichskonstruktion über ein halbes Jahrhundert hinweg funktionsfähig bleiben sollte.

DIE DECKUNG DER KOSTEN FÜR DIE HOFHALTUNG DES HERRSCHERS

Diese Materie wird nur im ungarischen Gesetz behandelt, und zwar mit negativer Konnotation: „Der Pragmatischen Sanktion gemäß ist der Herrscher zwar gemeinsam...doch macht dieses noch nicht notwendig, daß die Kosten des Hofhaltes des Landesfürsten gemeinsam festgestellt werden“ (§7).[6] Im weiteren wird bestimmt, daß die Kosten der Hofhaltung des ungarischen Königs auf Vorlage der ungarischen Regierung vom ungarischen Reichstag bewilligt werden (§7).

Das österreichische Ausgleichsgesetz enthält keinerlei Feststellung hinsichtlich der Hofhaltungskosten. Dies ist dem Gesetz keinesfalls als Mangel anzulasten. Wenn nämlich die Hofhaltungskosten keine gemeinsame Angelegenheit darstellten, mußten sie auch nicht in das Gesetz über die gemeinsamen Angelegenheiten aufgenommen werden. So wird das Problem nicht dadurch verursacht, daß dieser Gegenstand nicht Bestandteil des österreichischen Gesetzes über die gemeinsamen Angelegenheiten ist, sondern dadurch, daß er in das ungarische Gesetz aufgenommen wurde, obgleich im juristischen Sinne hierzu keine Notwendigkeit bestand.

Zweifellos spielte eine Rolle, daß in dem ersten publik gewordenen Entwurf über die gemeinsamen Angelegenheiten, im Maiprogramm Deáks, die Ausgaben für die Hofhaltung des Herrschers zu den gemeinsamen Angelegenheiten gezählt worden waren. Dies machte es aber – zumal die Hofhaltungskosten später aus dem Programm herausgenommen wurden – nicht unbedingt notwendig, sie im Gesetz in negativer Form aufzuführen, war doch in den Diskussionen um das Maiprogramm auch vor der Öffentlichkeit deutlich geworden, daß die ungarischen Politiker die Aufnahme dieses Gegenstandes in die Reihe der gemeinsamen Angelegenheiten ablehnten.

Daß er dann hierin dennoch Eingang fand, hat seinen ausschlaggebenden Grund wohl in der Absicht der ungarischen Schöpfer des Ausgleichs, auch hiermit ihren prinzipiellen Standpunkt zu betonen. Wie wir bald auch an anderen Dingen sehen werden, wollten sie damit zum Ausdruck bringen, daß die Monarchie nunmehr, d. h. im Ergebnis des Ausgleichs, aus zwei gesonderten Staaten bestehe. Der Umstand, daß die Hofhaltung keine gemeinsame ist, spricht für sich selbst: Hier handelt es sich also um die Verbindung zweier gesonderter Staaten. Wenn auch der Kaiser Österreichs und der König Ungarns ein und dieselbe Person ist, übt sie doch im staatsrechtlichen Sinne zwei gesonderte Funktionen aus, und deshalb sind auch die Kosten der Hofhaltung völlig unabhängig voneinander zu behandeln.

Die Ausgaben der Hofhaltung des ungarischen Königs – und ebenso die Kosten für das Kabinettbüro des Herrschers – machten im wesentlichen stets den gleichen Betrag aus wie die Ausgaben für die Hofhaltung des österreichischen Kaisers. Hier wurde also eine Parität nicht nur im juristischen Sinne, sondern auch im Betrag geltend gemacht, und eben nicht ein Quotenanteil, der die wirtschaftliche Stärke der beiden Partner ausdrückte. Dies wurde von der ungarischen Regierung bzw. vom Reichstag nicht nur für nicht nachteilig, sondern aus prinzipiellen Gründen ausdrücklich für gerechtfertigt gehalten.

Die Hofhaltung machte im österreichischen Haushalt 1868 3,25 Millionen Gulden ordentliche und 320 000 Gulden außerordentliche Ausgaben aus. Diese Summe belief sich auf knappe 1,1% der Gesamtausgaben.[7] Der ungarische Haushalt plante für die Hofhaltung 3,25 Millionen Gulden ordentliche Ausgaben, d. h. 2,5% der gesamten Ausgaben ein.[8] Einige Unsicherheit zeigte sich im ersten Jahr hinsichtlich des Anteils an den im übrigen unbedeutenden Ausgaben für das Kabinettbüro des Herrschers. Das Büro beschäftigte sich ohnedies hauptsächlich mit Dingen, die zu den gemeinsamen Angelegenheiten zählten, vor allem mit den Fragen des gemeinsamen Heeres. So war vorstellbar, daß hier, abweichend von den Hofhaltungskosten, der Quotenanteil angewandt werden sollte. Daher spielte der Haushalt in der ersten Delegationsvorlage des gemeinsamen Finanzministers für das Kabinettbüro eine Rolle. Wenn auch beide Delegationen anmerkten, daß dieser Betrag nicht zum Haushalt der gemeinsamen Angelegenheiten gehöre, sondern zum Staatshaushalt der beiden Reichsteile, beschloß man seinerzeit dennoch eine Finanzierung entsprechend dem Quotenanteil.[9] In den folgenden Jahren wurden der Etat des Kabinettbüros ähnlich wie der Haushalt für die Hofhaltung nicht von den Delegationen verhandelt, vielmehr mit jeweils gleichen Beträgen in den österreichischen bzw. ungarischen Haushalt aufgenommen. Die Ausgaben für das Kabinettbüro betrugen 1869 in beiden Haushalten je 60 500 Gulden.[10]

In späteren Jahren wurden die Etats für die Hofhaltung und das Kabinettbüro erhöht, ihre Anteile an den gesamten jährlichen Ausgaben sanken jedoch.

Obgleich der über die Haushalte der beiden Reichsteile dem Herrscher zur Verfügung gestellte Betrag mit 6,5 Millionen Gulden am Anfang und 23 Millionen Kronen (11,5 Millionen Gulden) am Ende der Epoche nicht gering war, bildete er nur einen Teil des tatsächlichen Einkommens des Herrschers. Aus dessen Privatvermögen stammte weiteres, ebenfalls beträchtliches Einkommen, über das jedoch keine Aufstellung vorliegt.

DIE AUS DER PRAGMATISCHEN SANKTION ABGELEITETEN GEMEINSAMEN ANGELEGENHEITEN

Das ungarische Ausgleichsgesetz brachte in vielfältiger Form zum Ausdruck, daß das Verhältnis der beiden Reichsteile auf strikter Gleichberechtigung und völliger Gleichheit, auf Parität beruhte. In inneren Angelegenheiten verfügen beide Teile gesondert über souveräne Legislativ- und Exekutivorgane. Alles dies läßt sich so ausdrücklich im österreichischen Ausgleichsgesetz nicht finden, obgleich es im wesentlichen auch dort niedergelegt wurde. Der Unterschied bestand vor allem in der prinzipiellen Beurteilung der wechselseitigen Beziehung der beiden Teile. Nach österreichischer staatsrechtlicher Auffassung ist von der gleichrangigen, paritätischen Beziehung zweier Teilelemente eines Reiches die Rede, nach ungarischer staatsrechtlicher Auffassung von der paritätischen Beziehung zweier getrennter Staaten. Das ungarische Gesetz unterstrich diese Auffassung noch dadurch, daß es sich in seiner Einleitung ausdrücklich auf die Pragmatische Sanktion berief und von ihr aus argumentierte.[11] Die Pragmatische Sanktion hatte nicht nur für die österreichischen Erblande, die Länder der böhmischen Krone, die Länder der ungarischen Krone usw., die Personalunion, also die Identität der Person des Herrschers, bestimmt, sondern auch die Verpflichtung der dem gemeinsamen Herrscher unterstehenden Länder und Reichsteile zur gemeinsamen und vereinten Verteidigung. Das ungarische Ausgleichsgesetz hat die Gemeinsamen Angelegenheiten aus der These der Pragmatischen Sanktion über die gemeinsame, vereinte und wechselseitige Verteidigung abgeleitet. Außenpolitik und Militärwesen stellen das Instrumentarium der gemeinsamen und vereinten Verteidigung dar. Beide haben natürlich Auswirkungen auf den Haushalt, und so ergibt sich aus der Pragmatischen Sanktion auch die Haushalts- (Finanzierungs-) Gemeinschaft für beide Sektoren. Gegenstandsbereiche der aus der Pragmatischen Sanktion resultierenden Gemeinsamen Angelegenheiten sind also: die außenpolitische Gemeinschaft, die Militärgemeinschaft und die deren Kosten deckende Finanzgemeinschaft.

Ein beachtenswerter Unterschied zwischen dem Text des ungarischen und des österreichischen Ausgleichsgesetzes besteht darin, daß das ungarische Gesetz die Gemeinsamen Angelegenheiten sorgfältig aus der Pragmatischen Sanktion ableitet, während sich im österreichischen Ausgleichsgesetz kein Hinweis auf die Pragmatische Sanktion findet und auf eine prinzipielle Begründung der Gemeinsamen Angelegenheiten überhaupt verzichtet wird. Der einleitende und der abschließende Passus sprechen nur von einer Ergänzung bzw. Änderung des Staatsgrundgesetzes vom 26. Februar 1861. Insoweit erfolgt also lediglich ein – indirekter – Hinweis auf die Pragmatische Sanktion, war doch in der Einleitung der Februarverfassung die „Gesamtreichs"-Befugnis des Herrschers unter Bezugnahme auf die Pragmatische Sanktion aufgeführt.[12]

Auch nach Auffassung der österreichischen Staatsrechtler leiteten sich die Gemeinsamen Angelegenheiten der beiden Reichsteile aus der Pragmatischen Sanktion her, aber sie interpretierten diesen Sachverhalt anders als die ungarischen Partner.[13] Mit der Pragmatischen Sanktion ließ sich ebenso auch eine zentralistische Struktur des Reiches begründen, und noch viel eher eine Zentralisierung unter

Beibehaltung der Ländergliederung.[14] Die ungarischen Staatsrechtler hielten es gerade deshalb nicht für notwendig, die Pragmatische Sanktion im allgemeinen als den Ausgangspunkt der Gemeinsamen Angelegenheiten zu betonen, sondern stützten sich auf den Text der zu Beginn des 18. Jahrhunderts *als ungarisches Gesetz angenommenen* Pragmatischen Sanktion. Dies erschien ihnen deshalb als angebracht, weil die Stände – als sie im 18. Jahrhundert die Pragmatische Sanktion in die Reihe der ungarischen Gesetze aufnahmen – ein wichtiges Element ausdrücklich hervorgehoben hatten, dessen Wiederholung ihnen nun auch im Ausgleichsgesetz geboten schien: „Die Pragmatische Sanktion hat ausdrücklich *auch* die Bedingung festgesetzt, daß die konstitutionelle staatsrechtliche Selbständigkeit und die der inneren Regierung Ungarns unverletzt aufrechterhalten werde" (§3).[15] Wurde von der Pragmatischen Sanktion im allgemeinen ausgegangen, waren damit zentralistische Tendenzen nicht ausgeschlossen. Wurde aber von der Pragmatischen Sanktion in der Form ausgegangen, in der sie seinerzeit Aufnahme in die ungarischen Gesetze gefunden hatte, war dies sehr wohl der Fall. Wie auch heutige österreichische rechtshistorische bzw. verfassungshistorische Arbeiten konstatieren, waren also die österreichische und die ungarische Auffassung der Pragmatischen Sanktion nicht identisch.[16] Daher hielten die Schöpfer des ungarischen Ausgleichsgesetzes den Bezug auf die Pragmatische Sanktion entsprechend der ungarischen Auffassung für erforderlich, in dem Sinne also, daß hieraus nicht nur die gemeinsame Verteidigung, sondern auch die Unverletzbarkeit der staatsrechtlichen und regierungsmäßigen Selbständigkeit Ungarns folgt: „Diese *zwei* Grundideen hat sich der ungarische Reichstag bei Bestimmung jener Verhältnisse vor Augen gehalten, welche Ungarn und die unter der Herrschaft des gemeinsamen Landesfürsten stehenden übrigen Länder gemeinsam interessieren" (§4).[17]

Die Gemeinschaft in Außenpolitik, Militärwesen und dem zu ihrer Deckung nötigen Finanzwesen erwachsen also aus der Forderung der Pragmatischen Sanktion. Im zeitgenössischen Sprachgebrauch, aber auch in der historischen Literatur, wird dieser Gegenstandsbereich auch mit dem Begriff „pragmatische Angelegenheiten" bezeichnet, der Bereich der Zoll- und Handelsgemeinschaft dagegen als „dualistische Angelegenheiten".[18] Die drei „pragmatischen" Bereiche bzw. Angelegenheiten erfuhren aber in der Rechtsordnung und in der halbhundertjährigen Praxis der Gemeinsamen Angelegenheiten eine durchaus differierende Behandlung.

Die Gemeinschaft der Außenpolitik

Sowohl das österreichische als auch das ungarische Gesetz über die gemeinsamen Angelegenheiten stellen fest, daß die auswärtigen Angelegenheiten einer gemeinsamen Führung bedürfen und daß diese Sache des gemeinsamen Außenministers sei. Zum Tätigkeitsbereich des Außenministers gehören die diplomatische und Handelsvertretung gegenüber dem Ausland sowie der Abschluß von internationalen Verträgen. Der früheren Praxis folgend, wurde der Außenminister ohne jede verfassungsmäßige rechtliche Bindung durch den Herrscher ernannt und war für seine Politik nicht dem Parlament, sondern dem Herrscher verantwortlich. Indessen enthielten die Gesetze auch restriktive Bestimmungen gegen die Möglichkeit eines absolutistischen Vorgehens. So erledigt der Außenminister nach §8 des ungarischen Gesetzes seine Aufgaben „im Einverständnisse mit den Ministerien beider Teile und unter deren Zustimmung". Dies implizierte offensichtlich sowohl die Notwendigkeit der vorherigen Beratung als auch die Pflicht zur Einigung. Und die zweite Bestimmung unterstreicht dies noch, indem sie ausführt: „Die internationalen Verträge teilt ein jedes Ministerium seiner eigenen Gesetzgebung mit."[19]

Die Abweichung des österreichischen Ausgleichsgesetzes von dem ungarischen in diesem Bereich ist beachtlich. Im letztgenannten Punkt ist das österreichische Gesetz genauer, es verlangt nicht nur die Mitteilung der internationalen Verträge, sondern auch die Zustimmung durch die Gesetzgebung und verweist hierbei nicht nur auf den österreichischen Reichsrat, sondern auch auf den ungarischen Reichstag (§1). Die andere Einschränkung hingegen ist im österreichischen Gesetzestext nicht zu finden. Die Erklärung für diesen Unterschied liegt vermutlich darin, daß für die in den österreichischen Verfassungsorganen Tätigen und an der Formulierung des Gesetzestextes Beteiligten kaum zu befürchten war, der vom Herrscher ernannte gemeinsame Außenminister könne vielleicht eine von der Mehrheit des Reichsrates abweichende außenpolitische Linie vertreten – viel eher konnten die ungarischen Verfassungsorgane auf Grund früherer Erfahrungen eine solche Befürchtung hegen. Es ist bemerkenswert, daß bezüglich der Außenpolitik sowohl das österreichische als auch das ungarische Gesetz die Rechte der beiden Regierungen bzw. der beiden Parlamente verankert. So verlangt das ungarische Gesetz die vorherige Einigung nicht nur mit der ungarischen Regierung, sondern mit beiden Regierungen. Das österreichische Gesetz wiederum bezieht die Zustimmung der Gesetzgebung zu den internationalen Verträgen nicht nur auf den Reichsrat: „Die Genehmigung der internationalen Verträge... [bleibt] den Vertretungskörpern der beiden Reichshälften (dem Reichsrate und dem ungarischen Reichstage) vorbehalten..." (§1a).[20]

Das ungarische Ausgleichsgesetz stattete also den jeweiligen ungarischen Ministerpräsidenten mit dem Recht aus, sich in die Tätigkeit des gemeinsamen Außenministers einzuschalten, verpflichtete es doch den Außenminister, seine Arbeit in Übereinstimmung mit dem Ministerpräsidenten und mit dessen Zustimmung zu leisten. Die ungarischen Ministerpräsidenten machten – wenn auch im unterschiedlichen Ausmaße – von diesem Recht Gebrauch. Obgleich der gemeinsame Außenminister unmittelbar nur dem Herrscher verantwortlich war, konnte ihn der ungarische Ministerpräsident im Sinne des §8 des Gesetzartikels XII/1867 zur Rechenschaftslegung darüber vor das Parlament zitieren, ob der Außenminister im Einverständnis mit ihm und unter seiner Zustimmung vorgegangen war.

So konnte sich auch der ungarische Reichstag mit außenpolitischen Fragen beschäftigen, und er übte dieses Recht auch häufig aus. In Form von an den Ministerpräsidenten gerichteten Interpellationen konnten außenpolitische Fragen jedweder Art aufgegriffen werden. Darüber hinaus hatte das Parlament hierzu noch weitere Möglichkeiten. Die Debatte um die Antwort auf die Thronrede, die Haushaltsdebatte, die Ratifikation der mit auswärtigen Staaten geschlossenen Verträge – dies alles bot Gelegenheit zur Behandlung außenpolitischer Fragen. Direkte rechtliche Sanktionen auf Grund dieser Debatten, auf Grund der parlamentarischen Kontrolle der Außenpolitik, waren nur der ungarischen Regierung möglich, weshalb die gemeinsame Regierung keinesfalls außer acht lassen durfte, was im ungarischen Parlament jeweils geäußert wurde.

In der historischen Literatur ist die Auffassung weit verbreitet, daß den Delegationen (auf deren Einrichtung und allgemeine Rolle noch zurückzukommen sein wird) bei der Gestaltung der Außenpolitik keinerlei Bedeutung zukam. Unbestritten fiel die Außenpolitik laut ungarischem Gesetz nicht ausdrücklich in die Verhandlungskompetenz der Delegationen, während sie nach der Formulierung des österreichischen Gesetzes hierhin gehörte: „Der Wirkungskreis der Delegationen umfaßt alle Gegenstände, welche die gemeinsamen Angelegenheiten betreffen" (§13). Der Verweis der Außenpolitik in den Kompetenzbereich der Delegationen ist also nicht eindeutig.

Die Delegationen votierten den Etat für die gemeinsame Außenpolitik und das gemeinsame Militär. Die Abstimmung über den Haushalt wurde allerdings in den liberalen Parlamenten als Vertrauensfrage aufgefaßt. Eben deshalb wurde die außenpolitische Debatte auch in diesen Organen üblich, unabhängig davon, ob das Delegationengesetz diesen Bereich hierher verwies oder nicht. Die außenpolitische Debatte wurde auch davon inspiriert, daß der Außenminister das „Rotbuch", das er bald jedes Jahr herausgab, den Delegationen zur Information vorlegte. Später entwickelte sich die Praxis, daß der Außenminister über vertrauliche außenpolitische Fragen die außenpolitischen Unterausschüsse der Delegationen informierte, weil diese kein Protokoll über ihre Sitzungen herausgaben. In der Tat fand ein Beschluß, eine Abstimmung in den Delegationen nur über den Haushalt statt. Dessen Bedeutung ging jedoch weit über das rein Finanzielle hinaus.

Da die Abstimmung über den gemeinsamen Haushalt zugleich eine Vertrauensfrage über die gemeinsame Regierung war und weiter, die ungarische Regierung nicht nur im Parlament, sondern auch gegenüber der ungarischen Delegation Verantwortung für die Außenpolitik trug, wurde die ungarische Delegation zusätzlich zu einem Forum außenpolitischer Debatten und – wenn auch indirekt – zu einem Einflußfaktor auf die Außenpolitik. Gleichzeitig galt für ihre Rolle dasselbe wie für die Tätigkeit des Parlaments bei der Gestaltung und Kontrolle der Außenpolitik: Unmittelbare Sanktionen über den Außenminister als den Leiter der Außenpolitik zu verhängen war ihr nicht möglich; gleichwohl konnten die Gestalter der dualistischen Außenpolitik auch dieses Forum nicht außer acht lassen.

Das dualistische System bot den beiden Partnern keine Möglichkeit, einander die außenpolitische Linie zu diktieren. Die spezifische rechtliche Struktur des dualistischen Systems machte in der Außenpolitik eine Kursrichtung erforderlich, die den Interessen der österreichischen und ungarischen Führungskreise wie denen des habsburgischen Herrscherhauses gleichermaßen entsprach oder wenigstens das Ergebnis eines Kompromisses zwischen diesen war. Nur eine solche, auf gemeinsame Interessen oder auf Interessenausgleich gegründete außenpolitische Praxis konnte das System vor schweren Störungen bewahren.

Entsprechend dem dualistischen Charakter der außenpolitischen Führung entwickelte sich auch die Zusammensetzung des Personalstandes des gemeinsamen Außenministeriums. Mit Andrássy (1871–1879), Burián (1915–1916, 1918), Andrássy jun. (Oktober 1918) residierten drei aus der ungarischen Aristokratie stammende Außenminister am Ballhausplatz. Unter den hochrangigen Beamten und

Gesandten waren ebenfalls ziemlich viele Diplomaten ungarischer Abstammung, insbesondere Aristokraten.[21] Gegen Ende der Periode rekrutierte sich der gesamte Personalstand des Außenministeriums zu drei Vierteln aus Österreichern und Ungarn, und wenn auch letztere in kleinerer Zahl als die ersteren eingestellt wurden, war ihr Anteil doch bedeutend. In der Zeit vor dem Weltkrieg setzte sich der Personalstand zu 47% aus Österreichern und zu 27% aus Ungarn zusammen.[22] Also spiegelte auch die Zusammensetzung des außenpolitischen Apparates die dualistische Struktur der außenpolitischen Führung der Monarchie wider.

Anders hingegen war das System der Militärgemeinschaft aufgebaut.

Die Militärgemeinschaft

Das ungarische und das österreichische Ausgleichsgesetz legten gleichlautend fest, daß das Recht zu Maßnahmen bezüglich der Leitung, der Führung und der inneren Organisation der gesamten Armee dem Herrscher zustehe (§11 bzw. §5). Diese im Feudalismus entstandenen Rechte des Fürsten und Herrschers bedeuteten außerordentlich viel. Das Recht der „Leitung“ und „Führung“ beinhaltete das Recht der Kriegserklärung und das Recht des Fürsten bzw. des Herrschers, das stehende Heer wann immer und wohin immer zu führen. Zum Recht der „inneren Organisation“ gehörten sämtliche internen Heeresbelange, so die Ernennung der Offiziere, die Bestimmung der inneren Struktur, die Festlegung der Dienstsprache, das Disziplinarrecht usw.[23]

Es ist bemerkenswert, daß sowohl das ungarische als auch das österreichische Ausgleichsgesetz die Begriffe „ganzes Heer“, „gesamte Armee“ benutzen, während der später allgemein verbreitete Ausdruck „gemeinsames Heer“ in keinem der beiden auftaucht. Der Begriff „gemeinsames Kriegswesen“ kommt bereits häufig vor, den Begriff „gemeinsames Heer“ jedoch vermeiden beide Gesetze sorgsam. Das österreichische Gesetz deshalb, weil seine Erarbeiter nicht das Gemeinsame, sondern das Einheitliche des Heeres betonen wollen und weiter, weil hier von einem dem Herrscher untergeordneten einzigen Heer die Rede ist, was also keine Änderung gegenüber den früheren Verhältnissen bedeutet. Das ungarische Gesetz vermeidet den Begriff „gemeinsames Heer“, weil es den rechtlichen Standpunkt vertritt, daß es im „ganzen“ Heer eigentlich ein „ungarisches“ Heer gibt, welches also einen Teil des ganzen Heeres bzw. des gesamten Heeres darstellt. Hinsichtlich des Ganzen betont es also nicht das Gemeinsame, sondern vielmehr, daß es innerhalb des Ganzen einen ungarischen Heeresteil gibt. Das ungarische Ausgleichsgesetz verwendet an einer Stelle die folgende Formulierung: „...das ganze Heer und so auch das ungarische Heer, als ergänzender Teil des gesamten Heeres...“ Aus dem Gesetzestext geht nicht klar und eindeutig hervor, ob es tatsächlich ein gesondertes ungarisches Heer innerhalb des Heeres gibt oder nicht. Als man im ungarischen Ausgleichsgesetz den Ausdruck „ungarisches Heer“ als ergänzenden Teil des gesamten Heeres einfügte, bezog man dies nicht auf die später aufgestellte Honvéd. Man dachte vielmehr daran, diese Formel könnte die rechtliche Grundlage für die Zweiteilung des real bestehenden (gemeinsamen) Heeres liefern. Später, zur Jahrhundertwende, berief sich die Unabhängigkeitspartei mit einer derartigen Forderung häufig auf diese Formel. Es verdient erwähnt zu werden, daß diese Formel zur Einschränkung einer solchen Interpretationsmöglichkeit in der österreichischen Publizistik und juristischen Literatur häufig mit den Worten „integrierender Teil“ ins Deutsche übersetzt worden ist,[24] obgleich die richtige Übersetzung offenkundig „ergänzender Teil“ lauten müßte.[25] Der Übersetzungsfehler entsprang nicht sprachlicher Unkenntnis. Die erste Formel weist mehr auf die organische Einheit innerhalb des Gesamten, die zweite auf die Sonderstellung innerhalb des Gesamten hin. Da auf solche „Spitzfindigkeiten“ unterschiedliche politische Konzeptionen aufbauten, erhielten derartige Diskussionen durchaus Bedeutung.

Die Formel des ungarischen Ausgleichsgesetzes vom „ungarischen Heer“ innerhalb des gesamten Heeres war also eine Fiktion. Sie enthielt eine reale Grundlage nur insoweit, als innerhalb des Heeres die Regimenter homogene Einheiten in dem Sinne bildeten, daß die Soldaten eines Regimentes immer aus dem gleichen Gebiet rekrutiert wurden und es so im Heer „ungarische“ – genauer: in Ungarn ausgehobene – Regimenter gab. Zwischen diesen bestanden aber keine engeren Beziehungen, so daß sich diese Regimenter innerhalb des gesamten Heeres nicht zu einem „ungarischen Heer“ formierten.

Der nach Inkrafttreten der Ausgleichsgesetze Ende 1867 ernannte gemeinsame Kriegsminister Feldmarschalleutnant John, dann ab 18. Januar 1868 Feldzeugmeister Kuhn arbeiteten an einem Plan für ein neues Wehrsystem. Dies war nicht nur wegen der dualistischen Umgestaltung erforderlich, sondern auch deshalb, weil zur allgemeinen Wehrpflicht übergegangen werden mußte. Entsprechend dem Plan sollte neben dem zentral rekrutierten Linienheer eine zweite, landsturmartige, auf Länderebene organisierte Ergänzungseinheit gebildet werden.[26] In seiner Stellungnahme zu diesem Plan wünschte Andrássy entweder eine Zweiteilung des Heeres oder, sollte dies nicht möglich sein, die Aufstellung einer ungarischen Honvéd als Ergänzungsheer.

Er berief sich darauf, daß die ungarische Regierung zur Aufrechterhaltung der inneren Ordnung unbedingt einer bewaffneten Kraft bedürfe und daß diese nicht das gemeinsame Heer sein könne. Sollte es nicht zur Aufstellung einer Honvéd kommen, dann müsse nach dem Text des Ausgleichsgesetzes ein „ungarisches Heer“ als gesonderte Einheit organisiert oder aber das bestehende Heer zweigeteilt werden.[27] Die Entscheidung fiel schließlich für die Aufstellung einer Honvéd sowie einer Landwehr in Österreich.

In Militärangelegenheiten verfügte der Herrscher über außerordentlich weitgehende Rechte, aber auch die Verfassungsorgane hatten sich wichtige Befugnisse gesichert. §12 des ungarischen und §1 des österreichischen Ausgleichsgesetzes sicherten den Parlamenten das Recht der Rekrutenbewilligung, die Bestimmung der Rekrutierungsbedingungen sowie der Dienstzeit und weiter die Maßnahmen für die Lozierung und Versorgung des Militärs. Das Wehrsystem wurde demnach durch die Ausgleichsgesetze nicht in den Zuständigkeitsbereich der Delegationen überwiesen, sondern gehörte zum unmittelbaren Kompetenzbereich des ungarischen Reichstages und des Wiener Reichsrates. So erhielten die Parlamente beträchtliche Befugnisse im – nunmehr auf allgemeine Wehrplicht umgestellten – Militärwesen, gleichwohl auch die Rechte des Herrschers erheblich blieben. Als Folge hiervon war die Struktur der militärischen Gemeinschaft äußerst widersprüchlich. Der Herrscher verfügte rechtlich souverän über das stehende Heer, mußte sich aber um Soldaten und Geld an den Reichstag bzw. Reichsrat wenden. Das widersprüchliche System der militärischen Gemeinschaft läßt erkennen, daß ein normaler Gang der Dinge im Militärwesen ähnlich wie in der Außenpolitik nur bei einem Interessenausgleich zwischen den dualistischen Partnern und dem Herrscher möglich war.

Das gemeinsame Heer war kaum schlagkräftig in einer Aktion, die von einer Hälfte des Reiches nicht unterstützt wurde. Für die Schlagkraft des Heeres der dualistischen Monarchie war daher die Übereinstimmung dreier Faktoren erforderlich: der Verfassungsorgane der beiden Reichsteile und des Herrschers. Und damit sind wir bei einem sehr ernsthaften Problem angelangt.

In innere Angelegenheiten des gemeinsamen Heeres konnten, wie wir gesehen haben, die österreichische und die ungarische Regierung bzw. die Legislativorgane rechtlich nicht hineinreden. Dies war natürlich auch für die österreichischen Liberalen von Nachteil, insbesondere aber für Ungarn, handelte es sich hier doch nicht nur um eine Verletzung liberaler Prinzipien, sondern auch darum, daß das gemeinsame Heer überwiegend habsburgisch-österreichisch geprägt war und blieb. Dies kam auch in der personellen Zusammensetzung des gemeinsamen Kriegsministeriums zum Ausdruck. In der Zeit vor dem Weltkrieg gehörten zum Personalstab des gemeinsamen Kriegsministeriums 614 Personen, davon waren 68% (419 Personen) deutschösterreichische Offiziere, 14% (91 Personen) tschechische und lediglich 7% (42 Personen) ungarische Offiziere.[28]

Wenn auch die Schaffung der ungarischen Honvéd eines der Elemente bildete, um zu einem gewissen Grad das dualistische Prinzip auch im Bereich des Militärs zu verwirklichen, konnte sich die „Dualität" des Militärs eher darin realisieren, daß bei der Aufstellung der Regimenter innerhalb des gemeinsamen Heeres die bereits erwähnte homogene Organisation größeres Gewicht erhielt. Wenn es irgendeinen blassen realen Inhalt für jenen Ausdruck des ungarischen Ausgleichsgesetzes gab, daß ein „ungarisches Heer" innerhalb des ganzen bzw. des gemeinsamen Heeres besteht, dann war es das Faktum, daß im gemeinsamen Heer österreichische und ungarische Regimenter separiert waren, d. h. österreichische und ungarische Soldaten bei der Aufteilung auf die Regimenter nicht gemischt wurden. Die ungarische Legislative, die das Recht zur Bestimmung der Aushebungsbedingungen besaß, achtete sehr sorgfältig darauf.

Jedoch entsprach die Struktur der militärischen Gemeinschaft auch so nicht dem dualistischen Prinzip. Die Vielfalt, Kompliziertheit und Widersprüchlichkeit ihres Aufbaus machte eher deutlich, daß die Armee der dualistischen Monarchie in einem eventuellen Krieg nur bei Übereinstimmung der Partner und im Einvernehmen des Herrschers und der Verfassungsorgane eine entsprechende Streitmacht würde darstellen können. „La solidité de cette armée", schreibt Victor Tapié, „dépendait de la tranquillité intérieure dans l'Empire."* Trotz aller strukturellen Widersprüche im gemeinsamen Militärwesen, trotz der Verletzung des dualistischen Prinzips wie der Verfassungsmäßigkeit war die Armee imstande, sich auf jedem Kriegsschauplatz zu behaupten, wenn zwischen den dualistischen Partnern

* „Die Zuverlässigkeit dieser Armee hängt vom inneren Frieden des Reiches ab."[29]

die politische Übereinstimmung hergestellt war und die Verfassungsorgane den Einsatz der Armee unterstützten.

Die das dualistische Prinzip verletzende Organisation des gemeinsamen Heeres wurde von den ungarischen Schöpfern des Dualismus nur in der Erwartung akzeptiert bzw. konnte nur in der Erwartung akzeptiert werden, daß dieses Heer den gemeinsamen außenpolitischen Interessen dienen werde. In der ersten Delegationsdebatte über den Militärhaushalt, am 10. März 1868, ließ Ágoston Trefort, eine der bedeutendsten Persönlichkeiten der Deák-Partei, keinerlei Zweifel daran, daß er die militärischen Angelegenheiten im Zusammenhang mit den außenpolitischen Interessen betrachtete. Er argumentierte für die Annahme des Haushaltes des gemeinsamen Heeres folgendermaßen: „Die Frage des Militärs ist für mich weder eine ungarische noch eine politische und am wenigsten eine Parteienfrage, sondern eine Frage der Existenz von uns allen, denn wir sollen uns keine Illusionen machen: Jene Gefahren, die die ganze Monarchie bedrohen, bedrohen in gleicher Weise und vielleicht noch stärker auch die Integrität der ungarischen Krone und die Selbständigkeit Ungarns."[30]

Die gleiche Auffassung setzte sich auch in der Parlamentsdebatte über das Wehrsystemgesetz 1868 durch. Es lohnt sich, aus der Rede von György Klapka, General von 1848, zu zitieren: „Seitdem der Friede zwischen den beiden Teilen des Reichs wiederhergestellt ist...konzentriert sich mein ganzes Wollen darauf, daß jenes Heer, dessen ergänzender Teil das ungarische Heer ist, umso stärker und mächtiger sei und umso sicherer das Ansehen und die territoriale Integrität der beiden Hälften des Reiches schützen könne."

Der Verteidigungsausschuß des Abgeordnetenhauses, dessen Vorsitzender Mór Perczel, ein weiterer General des Unabhängigkeitskrieges, war und der auch Klapka angehörte, hielt eine Stärke von 800 000 Mann für das gemeinsame Heer für unbedingt erforderlich, da die Armeen der benachbarten Großmächte ähnlich stark waren. In Rußland betrug die Feldstärke 827 000, in Preußen 843 000, in Frankreich 800 000 Mann.[31]

Wenn auch in der außenpolitischen Nutzung des Militärs das dualistische Interesse schließlich auf jeden Fall zum Tragen kommen mußte, löste die Verletzung des dualistischen Prinzips auf dem Gebiet des Militärwesens doch berechtigte Besorgnis in innenpolitischer Hinsicht aus; d. h. die Befürchtung, bei Spannungen im Verhältnis der beiden Reichsteile zueinander werde das gemeinsame Heer möglicherweise nicht neutral bleiben, sondern von einer der beiden Seiten benutzt werden.

Auch im Interesse eines Ausschlusses solcher Gefahren und Möglichkeiten wünschte die ungarische Regierung nach dem Ausgleich, daß die ungarischen Regimenter des gemeinsamen Heeres in Ungarn, die österreichischen jedoch in Österreich stationiert würden. Vor dem Ausgleich standen nämlich – von sieben Infanterieregimentern abgesehen – alle ungarischen Regimenter in anderen Ländern der Monarchie, während in Ungarn überwiegend österreichische Regimenter stationiert waren. Ab den siebziger Jahren wurden diese Regimenter sukzessive ausgetauscht. Im gemeinsamen Heer hat sich damit kein „ungarisches Heer" herausgebildet; im Vergleich zur vorangegangenen Periode bedeutete es dennoch eine beträchtliche Änderung, daß der Großteil der ungarischen Regimenter nach

Ungarn kam und im Vergleich dazu der Anteil der dort noch verbliebenen, in Österreich rekrutierten Einheiten niedrig war.[32]

Die dualistischen Partner stießen häufig und heftig zusammen, besonders um die Jahrhundertwende, wollte doch der eine den Dualismus auch im militärischen Bereich verwirklichen, der andere dagegen nicht nur an der bestehenden Struktur festhalten, sondern deren zentralistische Züge noch verstärken. Nach dem militärischen Zusammenbruch und der Auflösung der Monarchie verbreitete sich allgemein in den Kreisen der österreichischen Militärhistoriker die Auffassung, die auf die Dualisierung des Heeres zielenden ungarischen Bestrebungen hätten die Wehrkraft der Monarchie geschwächt und deren erforderliche Entwicklung behindert. Möglicherweise ist jedoch das Gegenteil richtig: Eine die Einheit aufrechterhaltende Dualisierung hätte die Stärke der Armee erhöht und deren Entwicklung besser gewährleistet. Die eigentliche Problematik des gemeinsamen Heeres und der gemeinsamen militärischen Angelegenheiten ist in den zeitgenössischen heftigen österreichisch-ungarischen Diskussionen jedoch nicht oder nur verhüllt und sehr vorsichtig angesprochen worden. Als eine der angesehensten Institutionen des dualistischen Staates war das gemeinsame Heer die wichtigste Basis und der Träger der konservativen, feudal-monarchistischen Relikte. Aus größerer Perspektive betrachtet, war das Heer nicht so sehr Bewahrer des Reiches als vielmehr ein Hemmschuh für dessen innere Erneuerung.

Die heterogene Struktur des gemeinsamen Militärwesens und die ständige Diskussion der dualistischen Partner um diesen Gegenstand können den falschen Eindruck erwecken, die Armee der dualistischen Monarchie sei eine kraftlose, baufällige Einrichtung gewesen. Wenn ihre Schwächen auch offenkundig waren, konnte sie doch in Europa, das sich zunehmend militarisierte, niemals als Quantité négligeable betrachtet werden.

Der gemeinsame Etat (Die Delegationen und die Quote)

Eine der spezifischen Einrichtungen der dualistischen Monarchie waren die beiden Delegationen. Der Text des ungarischen Gesetzes lautet: „Zum Wirkungskreise dieser Ausschüsse können nur jene Gegenstände gehören, welche in dem gegenwärtigen Beschlusse, als gemeinsame, ausdrücklich an diese Ausschüsse gewiesen sind.“ Das ungarische Gesetz enthält aber nur einen solch „ausdrücklichen“ Verweis: „Die Feststellung des gemeinsamen Kostenvoranschlages wird der jährlich vorkommende wichtigste Teil der Aufgabe dieser Ausschüsse sein.“[33] Im österreichischen Gesetz steht eine allgemeinere Feststellung: „Der Wirkungskreis der Delegationen umfaßt alle Gegenstände, welche die gemeinsamen Angelegenheiten betreffen.“[34] In der Praxis eines halben Jahrhunderts sollte sich die ungarische Variante durchsetzen: Die gesetzgeberische Tätigkeit der Delegationen bestand nur in der Feststellung des gemeinsamen Etats.

Der gemeinsame Finanzminister bereitete unter Beteiligung der beiden verantwortlichen Ministerien den gemeinsamen Etat vor und unterbreitete ihn den Delegationen zur Verabschiedung. Die Delegationen mußten den Etat in seiner Gesamtheit bewilligen, unabhängig vom jeweiligen Anteil der einen oder anderen Reichshälfte. Es muß hier aber festgehalten werden, daß die Feststellung des gültigen Anteils – der Quote – durch das Parlament immer der Bewilligung des gemeinsamen Etats durch die Delegationen voranging.

Die 60köpfigen Delegationen wurden für ein Jahr gewählt. Jeweils nach Mehrheitsbeschluß wurden 40 Mitglieder der ungarischen Delegation vom Abgeordnetenhaus, 20 vom Oberhaus entsandt. Eine rechtliche Einschränkung bestand nur insoweit, als von den Abgesandten des Abgeordnetenhauses 4, von denen des Oberhauses 1 kroatischer Abgeordneter sein mußte. Ähnlich waren 20 Mitglieder der österreichischen Delegation vom Herrenhaus mit absoluter Mehrheit zu wählen und wurden die weiteren 40 Mitglieder vom Abgeordnetenhaus delegiert. Bei den letzteren war festgelegt, wie viele Delegierte die einzelnen Länder jeweils zu entsenden hatten. Böhmen schickte 10, Galizien 7, Mähren 4, Niederösterreich 3, Oberösterreich, Steiermark und Tirol je 2 Mitglieder, die übrigen Länder je 1 Mitglied in die Delegation (§8). Die Sitzungen der Delegationen wurden getrennt abgehalten. Die getrennte Beratung war strikte Vorschrift, die beiden Delegationen verkehrten schriftlich miteinander. Wenn sie sich in irgendeiner Frage nicht einigen konnten, konnten sie nach dreimaligem erfolglosen Notenwechsel eine gemeinsame Sitzung abhalten, allerdings nur, um eine Abstimmung durchzuführen. Dazu kam es sehr selten. So z. B. 1869, als die ungarische Delegation einen niedrigeren gemeinsamen Etat wünschte, die Mehrheit der Österreicher einen höheren. Bei der gemeinsamen Abstimmung stimmten die polnischen und Tiroler Mitglieder der österreichischen Delegation mit den Ungarn, und so wurde die Frage entschieden.[35]

Bei dieser Gelegenheit mußte auch über eine andere Frage abgestimmt werden: Der gemeinsame Kriegsminister wollte zwei Donaukriegsschiffe (Monitore) im Wert von 400 000 Gulden ordern, was die ungarische Delegation akzeptierte, die Mehrheit der Österreicher aber ablehnte. Im Ergebnis der gemeinsamen Abstimmung wurde auch hier der Standpunkt der ungarischen Delegation angenommen.[36] Danach bestand erst 1873 wieder die Notwendigkeit einer gemeinsamen Delegationsabstimmung, aber hier war das Ergebnis bereits ein anderes. Das Ersuchen des Kriegsministers, Hinterladegewehre zu beschaffen, unterstützten beide Delegationen, die ungarische aber unter der Bedingung einer Reduktion des Kostenanteiles um 1 025 000 Gulden. Gleichzeitig ersuchte der Kriegsminister die Delegationen, die Mehrausgabe von 700 000 Gulden in den vorangegangenen Jahren in der Militärgrenze zu bewilligen. Dies wiederum wurde von der österreichischen Delegation nicht unterstützt. Bei der gemeinsamen Abstimmung entstand in beiden Fragen eine Pattsituation, so kam schließlich keiner der beiden Posten in den Etat.[37]

Kam es in der gemeinsamen Abstimmung nicht zu einer Entscheidung, gab es keine Möglichkeit, die Angelegenheit nach „oben“ zu tragen, der Herrscher besaß hier kein Entscheidungsrecht. Als letzte Lösung konnte er freilich die Parlamente auflösen, dann konnten neue Delegationen die Verhandlung fortführen (§46 des ungarischen, §26 des österreichischen Gesetzes). Der Sitzungsort der Delegationen wechselte jährlich zwischen Pest und Wien. Den gemeinsamen Etat unterbreitete der gemeinsame Finanzminister oder sein Vertreter. Auch der gemeinsame Kriegsminister und der gemeinsame Außenminister legten Berichte vor, zumeist Begründungen im Zusammenhang mit dem Haushalt. Schriftstücke dieser Art unterbreiteten die gemeinsamen Minister bzw. deren Vertreter den beiden Delegationen getrennt, der einen in deutscher, der anderen in ungarischer Sprache.

Das erste Mal tagten die Delegationen von Januar bis März 1868 in Wien (Debatte um den Etat 1868), danach von November bis Dezember des gleichen Jahres in Pest (Debatte um den Etat 1869).

Den gemeinsamen Haushalt für das Jahr 1868, reguläre und außerordentliche Ausgaben, setzten die Delegationen auf 107 500 000 Gulden fest. Hiervon entfielen auf das Finanzministerium insgesamt 223 000 Gulden, auf das Außenministerium 4 250 000 Gulden, auf das Kriegsministerium dagegen 95% des gesamten Etats. Dieses Verhältnis blieb auch für die späteren Jahre charakteristisch. Zur Deckung der gemeinsamen Ausgaben dienten sämtliche Zolleinnahmen, die 1868 auf 7 280 000 Gulden veranschlagt worden waren. So mußten rund 100 000 000 Gulden entsprechend dem Quotenanteil gedeckt werden.[38]

Die Bestimmung der Quote ging folgendermaßen vonstatten: Beide Parlamente entsandten je eine Kommission. Die beiden Kommissionen erarbeiteten unter Beteiligung beider Regierungen und im Besitz der erforderlichen Daten einen Vorschlag für die Quote. Diesen unterbreiteten die beiden Regierungen ihren jeweiligen Parlamenten. Wenn diese den Vorschlag akzeptierten, faßten sie ihn in einen Beschluß und teilten diesen dem anderen Parlament mit. Die Beschlüsse wurden als Gesetzvorschläge dem Herrscher zur Sanktionierung vorgelegt. Nach den Bestimmungen des Ausgleichsgesetzes wurden, sofern sich die beiden Kommissionen nicht auf einen Vorschlag einigen konnten, die beiden abweichenden Vorschläge beiden Parlamenten unterbreitet. Sollte sich auch im Verlaufe der Debatten in den Abgeordnetenhäusern kein identischer Standpunkt herausbilden bzw. keine Vereinbarung zustande kommen, dann mußte die Frage mit einer Zusammenfassung der bis dahin gesammelten Daten und Argumente dem Herrscher zur Entscheidung vorgelegt werden. Die Ausgleichsgesetze enthielten auch die Bestimmung, daß die Einigung in der Quotenfrage für eine bestimmte Zeitdauer erfolgt, nach deren Ablauf eine neue Vereinbarung erforderlich wird. Die beiden Ausgleichsgesetze differierten jedoch in einem wesentlichen Punkt: Das österreichische Gesetz erkannte die Entscheidung des Herrschers im Falle der Nichteinigung nur für die Dauer eines Jahres an, im folgenden Jahr mußte nach demselben Verfahren von neuem eine Einigung versucht werden. Sollte eine solche auch dann nicht gelingen, konnte durch Entscheidung des Herrschers die Quote erneut für ein Jahr festgesetzt werden. Das ungarische Gesetz machte keine solche Einschränkung. Es scheint daher, als sei das österreichische Parlament in dieser Hinsicht vorsichtiger gewesen, beschränkte es doch in strittigen Fragen die zeitliche Gültigkeit der Herrscherentscheidung.[39]

Der Quotenanteil von 70: 30% wurde für 10 Jahre (vom 1. Januar 1868 bis 31. Dezember 1877) angenommen und dann in den Parlamenten zum Gesetz erhoben.[40]

Diese Vereinbarung wurde nach Ablauf der 10 Jahre für weitere 10 Jahre und danach noch einmal für dieselbe Zeitdauer erneuert. Für 1898 und 1899 wurde ihre Gültigkeit durch Herrscherentscheidung verlängert. So blieb die 1867 festgelegte Quote bis 1899 gültig. Der auf Ungarn entfallende Anteil wurde 1873 um 1,4% erhöht.[41] Dies bedeutete aber keine Veränderung der bisherigen Relationen. Bis

1872 flossen die staatlichen Einnahmen der Militärgrenze in die österreichische Kasse, mit dem Wiederanschluß 1873 jedoch in den Staatshaushalt Ungarns. So belasteten die auf dieses Gebiet entfallenden Kosten der Gemeinsamen Angelegenheiten mit 1,4% nun den ungarischen Etat. Ungarns Anteil an der Quote erhöhte sich somit ab 1873 auf 31,4%, um dann bis 1899 konstant zu bleiben.

Die neuen Quoten-Kommissionen schlugen für die 1899 auslaufende Vereinbarung eine Änderung vor, nämlich ein Verhältnis von 65,6 : 34,4%. Hier war die Militärgrenze bereits einberechnet, so daß sich die Quote zu Lasten Ungarns um 3% änderte.[42] Die Vereinbarung bzw. den Vorschlag der Quoten-Kommissionen konnten die Abgeordnetenhäuser wegen der Parlamentskrise nicht zum Gesetz erheben, deshalb trat sie durch Entscheidung des Herrschers von Jahr zu Jahr in Kraft, bis 1907 eine neue gesetzliche Quote geschaffen wurde. Das Verhältnis wurde auf 63,6 : 36,4% festgesetzt, d. h. es stieg zu Lasten Ungarns erneut um 2%. Dieser Quotenanteil wurde für den Zeitraum vom 1. Januar 1908 bis 31. Dezember 1917 gesetzlich festgelegt.[43] Durch Entscheidung des Herrschers wurde dann die Quote bis 1918 unverändert verlängert.[44]

Im Zusammenhang mit der Festlegung der Quote wurde von den Zeitgenossen ständig die – auch in der historischen Literatur problematisierte – Frage diskutiert, ob die Anteile die Leistungsfähigkeit der beiden Reichsteile realistisch wiedergaben oder nicht. Die stufenweise Modifizierung des Quotenanteiles zwischen 1867 und 1918 zu Lasten Ungarns spiegelte, so scheint es, die Tendenz der langsamen Angleichung der Wirtschaftsstärke der beiden Reichsteile wider. Wenn auch eine endgültige Antwort auf die aufgeworfene Frage nur nach sehr gründlichen und komplizierten Forschungen und Berechnungen möglich erscheint, dürfte doch das Urteil der Wahrheit relativ nahekommen, daß die Festlegung der Quote im allgemeinen der Leistungsfähigkeit der beiden Reichsteile entsprach und daß die langsame Steigerung um einige Prozente keine zunehmende Belastung für Ungarn bedeutete, weil sie dem relativen – wenn auch nicht sehr bedeutenden – Wachstum der wirtschaftlichen Leistungsfähigkeit folgte. Man muß der Feststellung des österreichischen Historikers Berthold Sutter zustimmen, daß es sich in den heftigen Debatten um die Quote „weit mehr um eine moralische als um eine finanziell wirklich ausschlaggebende Frage gehandelt hat".[45]

Es geht auch um die Frage, welchen prinzipiellen Inhalt die Entscheidung des Herrschers in der Quotenfrage besaß. In einigen Fällen kam es dazu, daß der Herrscher, wie oben ausgeführt, die frühere gesetzliche Quote um ein Jahr verlängerte oder die durch die Quoten-Kommissionen festgelegte neue Quote solange in Kraft setzte, bis es zu einer parlamentarischen Behandlung kommen konnte. Es kann festgestellt werden, daß die Entscheidung des Herrschers in diesen Fällen keine absolutistische Manifestation darstellte und auch keine Bevorzugung der einen Reichshälfte bedeutete. Es ging einfach darum, daß die dualistische Struktur und das konstitutionelle parlamentarische System der Monarchie die Unterbringung des jährlichen Etats der Gemeinsamen Angelegenheiten im österreichischen bzw. ungarischen Haushalt verlangten. Die Voraussetzung dazu war die gültige Quote. Die Entscheidungen des Herrschers in der Quotenfrage ersetzten in dem unerläßlichen Haushaltsverfahren das jeweils gerade fehlende Element und stellten die Funktionsfähigkeit des gegebenen Wirtschafts- und Finanzsystems sicher.

Das gemeinsame Ministerium und die gemeinsamen Titel

Die Ausgleichsgesetze regeln die gemeinsame Regierung nicht eindeutig. §5 des österreichischen Gesetzes bestimmt: „Die Verwaltung der gemeinsamen Angelegenheiten wird durch ein gemeinsames verantwortliches Ministerium besorgt.“ §14 weist darauf hin, daß das gemeinsame Ministerium den Delegationen Vorschläge unterbreitet, §16 darauf, daß die Delegation das Recht besitzt, das gemeinsame Ministerium oder einzelne Mitglieder zur Verantwortung zu ziehen. In §27 ist davon die Rede, daß die Mitglieder des gemeinsamen Ministeriums berechtigt sind, an den Sitzungen der Delegation teilzunehmen, die Delegation wiederum das Recht hat, das gemeinsame Ministerium oder einzelne Mitglieder um Erläuterungen zu bitten. Das ungarische Ausgleichsgesetz gibt lediglich um soviel genauere Auskunft über das gemeinsame verantwortliche Ministerium bzw. dessen einzelne Mitglieder, als es konkret den „gemeinsamen Minister des Auswärtigen“ nennt (§8). Alles zusammen genommen bleibt dies recht wenig, zumal wenn man bedenkt, daß eine darüber hinausgehende gesetzliche Regelung nicht geschaffen wurde.

Ende 1867 ernannte der Herrscher drei gemeinsame Minister: den Außenminister, den Kriegsminister und den Finanzminister. Der gemeinsame Außenminister war zugleich auch Minister des Hauses Habsburg.

Obwohl das österreichische wie das ungarische Ausgleichsgesetz von einem „verantwortlichen“ Ministerium sprechen, waren das gemeinsame Ministerium bzw. die gemeinsamen Minister – der Herrscher konnte diese ohne jede rechtliche Einschränkung ernennen – nur im Falle der Verletzung konstitutioneller Gesetze den Delegationen verantwortlich (§16 des österreichischen, §50 des ungarischen Gesetzes), also nicht im Sinne der üblichen parlamentarischen Verantwortlichkeit für die Leitlinien ihrer Politik.

Der gemeinsame Ministerrat wird im Ausgleichsgesetz überhaupt nicht erwähnt. Dieser war aber von Beginn an eine tatsächlich funktionierende Institution. Die Tätigkeit des gemeinsamen Ministerrates wurde auch später nicht prinzipiell geregelt, Form und Weise seiner Sachbearbeitung folgten im wesentlichen dem Verfahren des früheren österreichischen kaiserlichen Ministerrates. Im wesentlichen kann der gemeinsame Ministerrat als Beratungsorgan für die Gemeinsamen Angelegenheiten auf höchster Regierungsebene betrachtet werden, an dessen Sitzungen außer den gemeinsamen Ministern regelmäßig der österreichische und der ungarische Ministerpräsident und fallweise, in Abhängigkeit vom Gegenstand, auch andere Minister teilnahmen. Wurden die Sitzungen – was häufig geschah – vom Herrscher geleitet, konnte der Ministerrat als Kronrat betrachtet werden.[46]

Beide Ausgleichsgesetze verboten ausdrücklich, daß das gemeinsame Ministerium in Angelegenheiten tätig wurde, die in die Zuständigkeit der Regierungen der beiden Reichsteile fielen. Im ungarischen Gesetz stand: „Dieses Ministerium kann neben den gemeinsamen Angelegenheiten die Geschäfte der besonderen Regierung weder des einen, noch des anderen Teiles führen, auf dieselben einen Einfluß nicht üben“ (§27). Das österreichische Gesetz schreibt: „Nicht gestattet ist, nebst den gemeinsamen Angelegenheiten auch die besonderen Regierungsgeschäfte einer der beiden Reichsteile zu führen“ (§5).

Auch der innere Aufbau der gemeinsamen Ministerien wurde nicht gesetzlich geregelt. Von ungarischer Seite wurde ständig Beschwerde geführt, daß der Personalbestand der gemeinsamen Ministerien nicht dem Dualismus entspräche: Weder die Parität noch der Quotenanteil komme zur Geltung. Dies war, wie wir gesehen haben, tatsächlich der Fall im Kriegsministerium, keineswegs aber im gemeinsamen Außenministerium. Was die gemeinsamen Minister betrifft, achtete der Herrscher bei den Ernennungen darauf, daß von den drei gemeinsamen Ministern möglichst immer einer Ungar war, aber auch darauf, daß es nicht mehr Ungarn waren. Burián mußte Anfang 1913, jedenfalls nach seiner eigenen Tagebuchaufzeichnung deshalb von seinem Posten als gemeinsamer Finanzminister zurücktreten, weil der neue Außenminister Graf Berchtold als „Ungar" zählte.[47]

1868 wurde die neue amtliche Benennung des Staates diskutiert. Schließlich verordnete die am 14. November 1868 an Beust gerichtete Verfügung des Herrschers den alternativen Gebrauch der Ausdrücke „Österreichisch-Ungarische Monarchie" und „Österreichisch-Ungarisches Reich" zur Bezeichnung des Gesamtstaates. Des weiteren den in Verträgen zu verwendenden Titel des Herrschers in gekürzter Form „Kaiser von Österreich und Apostolischer König von Ungarn" und, noch kürzer: „Se. Majestät der Kaiser und König".[48] Die an Beust gesandte Verfügung bezog sich aber nicht auf die offizielle Bezeichnung für das gemeinsame Heer, hier führte erst die Verfügung des Herrschers von 1899 den Gebrauch des Begriffes „kaiserlich *und* königlich" ein.[49]

Die ungarische Regierung nahm die – Parität manifestierenden – Titel zur Kenntnis, wollte aber besonders nach der Jahrhundertwende die aus zwei gesonderten Staaten bestehende Einheit der Monarchie in internationalen Verträgen nachdrücklicher zum Ausdruck kommen lassen und wünschte deshalb den Gebrauch der Formel „die beiden Staaten der Österreichisch-Ungarischen Monarchie".[50]

Die ungarische Auslegung konnte einen Erfolg verbuchen, als am 5. März 1902 das in Brüssel geschlossene internationale Zuckerabkommen von seiten der Monarchie dreifach unterzeichnet wurde: vom Botschafter der Monarchie in Belgien als Vertreter Österreich-Ungarns, vom Abteilungsleiter des österreichischen Finanzministeriums als Vertreter Österreichs und vom Staatssekretär des ungarischen Finanzministeriums als Vertreter Ungarns.[51] Damit wurde also anerkannt, daß die dualistische Monarchie zwar eine Einheit bildete, aber aus zwei gesonderten Staaten bestand.

Ähnlich wie die Diskussionen um die Titel bereiteten auch der Gebrauch der Flaggen und die Frage des Wappens ständig Schwierigkeiten. Da sich das Wappen auch auf den Banknoten befand, war dies ein besonders empfindlicher Punkt. Die Embleme, die für den Dualismus standen, kamen schließlich auch auf die Banknoten, aber die Angelegenheit der von den Außenvertretungen zu benutzenden Insignien konnte nie zum Abschluß gebracht werden. Besonders schwierig gestaltete sich die Übernahme der dualistischen Embleme im gemeinsamen Heer. Die Entscheidung des Herrschers über den allgemeinen Gebrauch des die dualistische Struktur der Monarchie symbolisierenden kleinen Wappens fiel erst 1915.

DAS AUSMASS DER GEMEINSCHAFT DES KREDITWESENS UND DIE STAATSSCHULD

Die Gemeinschaft des Kreditwesens – an dieser Stelle beschäftigen wir uns nur mit den vom Staat aufgenommenen Krediten, die Geldemission wird später behandelt – war zur Zeit des Dualismus außerordentlich begrenzt. Das ungarische Ausgleichsgesetz umreißt die künftige Gemeinschaft des Kreditwesens als generelle Möglichkeit und betont: „Die vorherige Entscheidung darüber jedoch, ob irgendein Anlehen gemeinsam aufgenommen werden solle, steht in Ansehung Ungarns in jedem einzelnen Falle dem ungarischen Reichstage zu“ (§56). Das österreichische Ausgleichsgesetz erwähnt die Möglichkeit zur Aufnahme einer gemeinsamen Staatsanleihe nur in Verbindung mit der Kostendeckung der Gemeinsamen Angelegenheiten. Auch das österreichische Gesetz betont: „Die Entscheidung über die Frage, ob ein gemeinsames Anlehen aufzunehmen ist, bleibt jedoch der Gesetzgebung jeder der beiden Reichshälften vorbehalten“ (§3).[52]

Aus dem Text der Ausgleichsgesetze geht hervor, daß beide Partner – wenn auch aus unterschiedlichen Gründen – die Aufnahme gemeinsamer Staatsanleihen beschränken wollten. Es muß hier festgehalten werden, daß die Deckung gemeinsamer Ausgaben – falls dies mit Anleihen geschah – nicht notwendigerweise die gemeinsame Aufnahme von Anleihen bedeutete. Beide Staaten mußten den auf sie nach dem Quotenverhältnis entfallenden Teil selbst beschaffen und konnten im Bedarfsfall eigene Anleihen zur Deckung aufnehmen.

Sowohl den Zeitgenossen als auch den Historikern des Ausgleichs bereitete die Frage der Staatsschulden großes Kopfzerbrechen. Das österreichische Ausgleichsgesetz erwähnt in dieser Hinsicht nur, die Deckung der gegenwärtigen Staatsschulden werde in einer gesonderten Vereinbarung zwischen den beiden Reichsteilen geregelt (§4). Eigentlich das gleiche steht auch im ungarischen Gesetz, verbunden allerdings mit der prinzipiellen Setzung, daß diese Schulden, da sie ohne gesetzliche Zustimmung des Landes gemacht worden waren, Ungarn „streng rechtlich“ nicht belasten können (§53).

Der österreichische und der ungarische Finanzminister erarbeiteten einen Schlichtungsvorschlag zur Aufteilung der Staatsschulden. Die Zinslast der gesamten Staatsschulden betrug Ende 1867 bei Zugrundelegung von 5% Zinsen 122 320 000 Gulden. Hauptinhalt des Vorschlages der Finanzminister war: Von der jährlichen Zinslast entfallen vorab 25 000 000 Gulden auf Österreich, der verbleibende Rest wird entsprechend der Quote im Verhältnis 70 : 30% gedeckt. Dies bedeutete insgesamt, daß von den Zinsen der damaligen Staatsschuld 23,8% auf Ungarn entfielen.[53] Die Kommissionen unterstützten diesen Vorschlag, der somit in den Reichstag bzw. den Reichsrat ging, um dann gesetzlich sanktioniert zu werden.[54]

Die Verwaltung der Staatsschulden war Aufgabe des österreichischen Finanzministers. Die ungarische Regierung bzw. der Finanzminister der ungarischen Regierung liquidierte lediglich die auf Ungarn entfallenden Beträge mit der entsprechenden Terminierung. Später wurde erwogen, die Verwaltung der Staatsschulden dem gemeinsamen Finanzminister zu übertragen, was jedoch nie verwirklicht wurde.

DAS ZOLL- UND HANDELSBÜNDNIS

Im gemeinsamen Haushalt für auswärtige und militärische Angelegenheiten kamen gewisse Momente wirtschaftlicher Gemeinschaft zum Ausdruck. Diese hatten aber als gemeinsames wirtschaftliches Strukturelement so gut wie keine Bedeutung, nahmen doch beide Staaten bzw. Reichsteile die Ausgabenposten für die Gemeinsamen Angelegenheiten in den eigenen Haushalt auf und erbrachten deren Deckung im Rahmen der eigenen Wirtschaftsordnung. Auch die Gemeinschaft des Kreditwesens wies, wie oben dargestellt, nicht auf eine engere wirtschaftliche Gemeinschaft hin.

Die Paragraphen 58 bis 66 des ungarischen Ausgleichsgesetzes – §2 und §36 des österreichischen – enthalten jene Bestimmungen, welche nicht nur das bereits bestehende System der wirtschaftlichen Beziehungen aufrechterhielten und weiterentwickelten, sondern auch die rechtliche Grundlage bildeten für eine strukturell engere wirtschaftliche Gemeinschaft und Verknüpfung der beiden Reichsteile. In den Ausgleichsgesetzen, und dies gilt besonders für das ungarische, wurde die wirtschaftliche Gemeinschaft als eine Notwendigkeit hingestellt, deren konkreter Inhalt aber nicht schon durch die Gesetze sanktioniert, sondern von den beiden souveränen Partnern erst in einem Abkommen zu realisieren sei: „Das Abschließen des Bündnisses würde durch einen gegenseitigen Handel erfolgen, auf die Weise, wie ähnliche Unterhandlungen zweier voneinander rechtlich unabhängiger Länder erfolgen“ (§61). Auch nach dem österreichischen Ausgleichsgesetz können auf dem Wege einer Einigung zwischen den österreichischen und ungarischen Verfassungsorganen Vereinbarungen in jenen Bereichen getroffen werden, „welche zwar nicht als gemeinsame behandelt, jedoch nach gemeinsamen Grundsätzen geregelt werden sollen“ (§36).[55] In dieser Hinsicht unterscheiden sich die beiden Gesetze also nicht.[56]

Das ungarische Ausgleichsgesetz bestimmt diesen Gegenstandsbereich mit dem Begriff Zoll- und Handels-„Bündnis“ und legt seinen Inhalt ausführlich dar. Dieser Ausdruck ist im österreichischen Gesetz nicht zu finden, obgleich die Aufzählung der hierzu gehörenden Materie, wenn auch nicht so detailliert wie im ungarischen, identisch ist. Hier wird erneut der Unterschied im prinzipiellen Ansatz deutlich. Ein „Bündnis“ schließen offenkundig zwei gesonderte Staaten – dies ist der ungarische grundsätzliche Standpunkt. Zwei Teile eines Staates – so die österreichische prinzipielle Ausgangsposition – dagegen „regeln“ nur gewisse Gegenstände „nach gemeinsamen Grundsätzen“.

Folgende Bereiche wurden von beiden Gesetzen aufgezählt und fanden dann Eingang in die Zoll- und Handelsbündnisse: die Zollfrage, die Frage der mit anderen Staaten geschlossenen Wirtschaftsverträge, die indirekten Steuern, die Koordinierung der Eisenbahnentwicklung (Schiffahrt, Postwesen), die Einheit des Währungssystems (Banknotenemission).

Das erste Zoll- und Handelsbündnis, das in Form eines Vertrages zwischen den beiden Staaten zustande kam und in Ungarn als Gesetzartikel XV/1867, in Österreich als Gesetz Nr.4/1868 in Kraft trat, ging aus Verhandlungen zwischen den beiden Regierungen hervor. Im September 1867 wurde eine Vereinbarung erzielt, die den Legislativorganen vorgelegt wurde. Diese akzeptierten den Vorschlag ohne größere Diskussion, danach wurde er vom Herrscher sanktioniert.[57] Das erste, zehn Jahre gültige Zoll- und Handelsbündnis endete 1878. Gemäß der im Bündnis festgelegten Termine begann die neue Verhandlung zwischen den Regierungen im Juni 1875. 1878 kam das zweite, ebenfalls für zehn Jahre gültige Zoll- und Handelsbündnis zustande, dessen Annahme besonders im österreichischen Abgeordnetenhaus heftige Diskussionen ausgelöst hatte. Es wich nur in einigen Punkten vom vorhergehenden ab; die wichtigsten der neuen Elemente betrafen Vereinbarungen hinsichtlich der Notenbank.[58]

Die Verhandlungen zwischen den Regierungen um das dritte Zoll- und Handelsbündnis fanden 1886 statt, und auch die parlamentarische Debatte wurde rechtzeitig, noch 1887, abgeschlossen. Das dritte Zoll- und Handelsbündnis galt ebenfalls zehn Jahre, von 1888 bis 1897, und stimmte mit dem vorherigen überein. Eine wichtigere Änderung gab es nur im Status der Notenbank.[59]

Die Verhandlungen um den vierten wirtschaftlichen Ausgleich, die 1896 begannen, machten schwerwiegende Differenzen in der Bankfrage sowie der Frage der indirekten Steuern, der Zolleinnahmen usw. sichtbar. Bis Ablauf des vorangehenden Bündnisvertrages konnte keine Vereinbarung erzielt werden. Die beiden Regierungen kamen überein, das alte Bündnis vorläufig in Kraft zu lassen. Vom ungarischen Reichstag zum Gesetz erhoben, wurde die Regelung in Österreich auf der Grundlage des §14 gültig.[60] Die Verhandlungen über die Vereinbarung des vierten Zoll- und Handelsbündnisses wurden schließlich von den beiden Regierungen 1899 abgeschlossen. Im wesentlichen wurde das vorherige Bündnis erneuert. Die Verlängerung der Gültigkeitsdauer des vorherigen Zoll- und Handelsbündnisses bis Ende 1907 erfolgte in Ungarn nach einem ordnungsgemäßen parlamentarischen Verfahren, in Österreich auf der Grundlage des §14-Gesetzes.[61] Die neue Vereinbarung befriedigte jedoch niemanden, und bereits 1901 begannen neue Verhandlungen, die von besonders heftigen Debatten und parlamentarischen Kämpfen begleitet waren. Der neue wirtschaftliche Ausgleich von 1907, bereits nicht mehr als „Bündnis", sondern als „Vertrag" bezeichnet, regelte das bisherige in vielerlei Hinsicht neu, in seinem wichtigsten Element, der Zollunion, und damit in seinem Kern, blieb das Wirtschaftsbündnis jedoch unverändert.[62]

Die Vorbereitungen für die Erneuerung des Ende 1917 ablaufenden Vertrags leiteten die beiden Regierungen noch im Jahr vor dem Weltkrieg ein. Der Krieg unterbrach die Arbeit, die man jedoch, nach rascher Beendigung der Kämpfe, bald fortführen zu können meinte. Nachdem sich der Krieg hinzog, begannen die Verhandlungen zwischen den beiden Regierungen über den neuen wirtschaftlichen Ausgleich im Januar 1916 und endeten am 24. Februar 1917 mit einer Vereinbarung. Da es nicht mehr zu deren parlamentarischer Beratung kam, wurde der Ende 1917 ablaufende Vertrag über den wirtschaftlichen Ausgleich in unveränderter Form um zwei Jahre verlängert.[63]

Betrachten wir nun die im Begriff Zoll- und Handelsbündnis zusammengefaßten Bereiche einzeln.

Das einheitliche Zollgebiet

Der erste Artikel des Zoll- und Handelsbündnisses von 1867 enthielt das vielleicht wichtigste Element der dualistischen Wirtschaftsgemeinschaft: „Die Ländergebiete beider Teile bilden während der Dauer dieses Bündnisses und im Sinne desselben zusammen ein Zoll- und Handelsgebiet, umgeben von einer gemeinsamen Zollgrenze."[64]

Bei jeder späteren Erneuerung enthielt jeweils der erste Paragraph dieses Grundprinzip. Die Diskussion der eigentlichen Zollfrage verlagerte sich so zu einem beträchtlichen Teil auf die Festlegung der Tarifbedingungen des einheitlichen Zollsystems und auf die Frage, welche Waren und in welcher Höhe an der Grenze des Reiches mit Ausfuhr- bzw. Einfuhrzöllen belegt werden sollten.

Das erste Zoll- und Handelsbündnis beließ die bestehenden Zollregelungen in Kraft. Am 1. Januar 1879 trat dann ein neuer Zolltarif in Kraft, der eine gewisse Tendenz in Richtung Freihandel erkennen ließ.[65] Einige Jahre später, mit Wirkung zum 1. Juni 1882, trat wieder ein neuer Zolltarif in Kraft, der aber die Schutzzollrichtung begünstigte. Diese Tendenz wurde mit dem fünf Jahre später, am 1. Juni 1887 in Kraft tretenden Tarifsystem noch verstärkt, das System der Schutzzölle wurde noch umfassender und intensiver angewandt.[66]

Die nächste umfassende Regelung trat 1907 in Kraft – nach langen Diskussionen nicht nur zwischen dem österreichischen und ungarischen Partner, sondern auch intern in Wirtschaftskreisen beider Länder.

Zeitgenossen wie Historiker beurteilten die Zollpolitik der dualistischen Monarchie sehr unterschiedlich. In den historischen Darstellungen findet sich häufig auch ein simplifizierender, zu eng greifender Ansatz, der versucht, die gesamte Zollpolitik lediglich im Kontext des zollfreien Verkehrs zwischen den Reichshälften zu beurteilen. Die Zeitgenossen sind im allgemeinen nicht so vorgegangen, sondern betrachteten und bewerteten alle Fragen im größeren Rahmen der Zollpolitik des einheitlichen Zollgebietes.

Zum Gegenstand der Zollfrage gehörte auch die Vereinbarung, daß die Zollgrenzen gleichartig zu behandeln waren und die Zolleinnahmen zur Deckung der Gemeinsamen Ausgaben verwendet werden mußten. Dies schloß von vornherein alle Diskussionen über die Verwendung der beträchtlichen Zolleinnahmen aus, die von den neunziger Jahren des letzten Jahrhunderts bis 1912 etwa ein Drittel der gemeinsamen Ausgaben deckten.[67] Freilich lag hier der springende Punkt nicht in der Verwendung der Zolleinnahmen, sondern darin, welchen Einfluß die Zollbedingungen auf das Wirtschaftsleben, auf die wirtschaftlichen Prozesse in dem einen oder dem anderen Teil des Reiches ausübten, in welcher Weise sie die Entwicklung der Industrie, der Landwirtschaft usw. beeinflußten.

Wirtschaftsverträge mit anderen Staaten

Die Ausgleichsgesetze verwiesen nicht nur die Diplomatie, sondern auch die außenwirtschaftliche Vertretung des Reiches sowie den Abschluß internationaler Verträge, auch solche wirtschaftlicher Natur, in den Aufgabenbereich des gemeinsamen Außenministers (§8 des ungarischen, §1a des österreichischen Gesetzes).

Wie ausgeführt, enthielt das ungarische Gesetz eine einschränkende Bestimmung, wonach der Außenminister seine Aufgaben im Einvernehmen und mit Zustimmung des Ministeriums beider Seiten durchzuführen hatte. Weiter schrieben beide Grundgesetze hinsichtlich der Verträge die Mitteilung an bzw. Ratifizierung durch die Legislativorgane vor. Das erste Zoll- und Handelsbündnis präzisierte das Verfahren: „Die Negoziierung und der Abschluß neuer derartiger Verträge geschieht vorbehaltlich der verfassungsmäßigen Genehmigung beider Legislativen nur durch den Minister des Äußeren auf Grundlage der Vereinbarungen, welche zwischen den betreffenden Ressortministern beider Teile stattzufinden haben."[68] Es enthielt auch die Bestimmung, daß die bereits früher abgeschlossenen Handels-, Zoll-, Schiffahrts-, Konsulats-, Post- und Telegraphenverträge bis zu deren Ablauf gültig blieben.

Das Verfahren bezüglich der mit anderen Staaten abgeschlossenen Handelsverträge entsprach dieser gesetzlichen Regelung. Beim Abschluß des Brüsseler Zukkerabkommens 1902 ist, wie wir gesehen haben, von dem früheren Verfahren abgewichen worden. Zur Unterzeichnung des Vertrages erschien neben dem Vertreter des gemeinsamen Außenministers auch je ein Vertreter der ungarischen und der österreichischen Regierung.[69] Ähnliche Verfahren wurden zu dieser Zeit auch bei anderen Verträgen (Post und Eisenbahn) angewandt; es gab auch Fälle, wo Verträge nur von zwei Signataren, d. h. von Vertretern der österreichischen und der ungarischen Regierung, unterzeichnet wurden.[70] Interessanterweise wurde die Vereinbarung zur Errichtung des Internationalen Landwirtschaftlichen Instituts am 7. Juni 1905 in Rom allein vom römischen Botschafter Österreich-Ungarns unterschrieben, und zwar als Vertreter zweier gesonderter Staaten: „pour l'Autriche et pour la Hongrie".*

Die dualistischen Partner kodifizierten im 1907 abgeschlossenen Zoll- und Handelsbündnis die üblich gewordene Praxis. Danach waren auch die Verhandlung und der Abschluß von Wirtschaftsverträgen Aufgabe des gemeinsamen Außenministers (Artikel III): die Verträge sollten aber laut Ergänzung des Schlußartikels „durch den gemeinsamen Minister des Äußeren oder durch einen gemeinsamen Vertreter und durch je einen Vertreter der beiden Regierungen unterfertigt werden".[72]

Beachtenswert ist auch, daß, besonders nach der Jahrhundertwende, sowohl Österreich als auch Ungarn als selbständige staatliche Einheiten Verträge mit benachbarten Staaten in solchen Fragen abschlossen, an denen die jeweilige andere Reichshälfte kein Interesse besaß. So schlossen z. B. Ungarn und Rumänien am 31. Januar 1903 einen Vertrag über den Schutz der Donaufischerei an den ungarischen und rumänischen Flußabschnitten. Sowohl für die Verhandlung wie für die Unterfertigung erhielten der Abteilungsleiter des ungarischen Landwirtschaftsministeriums und der Inspektor der ungarischen Fischerei eine Vollmacht des Herrschers.[73] Natürlich konnte einen solchen Vertrag jeweils nur das Parlament zum Gesetz erheben, dessen Regierung die Vereinbarung abgeschlossen hatte.

Um diese Fragen der mit anderen Staaten abgeschlossenen Wirtschaftsverträge fanden zwischen der Jahrhundertwende und dem Weltkrieg juristische Diskussio-

* „Für Österreich und für Ungarn."[71]

nen zwischen den österreichischen und ungarischen Staatsrechtlern statt. Die Feststellung des damaligen Professors der Wiener Universität Edmund Bernatzik aus dem Jahre 1911 dürfte realistisch gewesen sein: „...es sind damit Präzedenzfälle geschaffen worden, die unzweifelhaft dem österreichischen Ausgleichsgesetze vom Jahre 1867 widersprachen, während man allerdings sagen muß, daß der Wortlaut des §8 des ungarischen Gesetzes damit besser im Einklang steht".[74]

Die Vereinheitlichung der indirekten Steuern

Der §63 des ungarischen Ausgleichsgesetzes weist darauf hin, beim Abschluß des Zoll- und Handelsbündnisses seien die Regelungen der indirekten Besteuerung festzusetzen, „welche die Möglichkeit ausschließen, daß die diesbezüglichen Verfügungen der einen Gesetzgebung oder verantwortlichen Regierung eine Verkürzung der Einkünfte des anderen Teiles nach sich ziehen können".[75]

Kürzer, aber ähnlich wird diese Forderung auch von §2 Abs. 2 des österreichischen Ausgleichsgesetzes umrissen. Artikel XI des ersten Zoll- und Handelsbündnisses enthält den konkreten Katalog der besteuerten Waren: an erster Stelle die Salz- und Tabakverwertung bzw. -regie – staatliche Monopole –, ferner Schnaps, Bier und Zucker. Er legte fest, daß die Besteuerung dieser Güter in beiden Reichsteilen nach gleichartigen Gesetzen und Verwaltungsverordnungen gehandhabt werden sollte. Später, ab 1882, folgte noch eine ähnliche Regelung für die Petroleumbesteuerung.[76]

Die gleichartige Durchführungsverordnung löste, wie sich später herausstellte, nicht alle Probleme. Die Frage der indirekten Steuern wurde zu einem Gegenstand ständiger harter Debatten. Da es keine innere Zollgrenze gab, boten die gleichartigen Regelungen nämlich noch keine Garantie dafür, daß die Steuereinnahmen tatsächlich der Regierung derjenigen Reichshälfte zugute kamen, in der die genannten Artikel verbraucht wurden. Im Fall der Salz- und Tabakregie mußten sich, da es sich um staatliche Monopole handelte, die Regierungen über die Preise bzw. über die kartellmäßige Aufteilung des Marktes einigen, was weniger Probleme verursachte.

Schwieriger war die Frage der eigentlichen Verbrauchssteuern. Die Verbrauchssteuer belastete zwar den Verbraucher, war aber vom Produzenten zu entrichten, der sie wiederum über den Preis auf den Verbraucher abwälzte. Wenn also der Verbraucher ein österreichischer, der Produzent jedoch ein ungarischer Bürger war, dann kam der ungarische Staat zu Steuereinnahmen, die eigentlich dem österreichischen Staat zustanden. Dies galt natürlich auch umgekehrt.

Die Angleichung der indirekten Steuern bedeutete keine umfassende Koordinierung der Steuerordnungen. Die Steuergesetze bzw. die Steuerordnung wiesen in beiden Reichsteilen beträchtliche Unterschiede auf. Gleichwohl mußten Maßnahmen zur Vermeidung einer Doppelbesteuerung der Steuersubjekte getroffen werden. Solche Fälle konnten auftreten, wenn sich ein Unternehmen auf beide Länder erstreckte, besonders bei Eisenbahn- und Schiffahrtsunternehmen. Zu einer umfassenden Regelung kam es 1908, als nicht mehr nur mit länderübergreifenden Transportunternehmen zu rechnen war, sondern in größerer Zahl auch Industrieunternehmen und Kreditorganisationen in beiden Ländern tätig waren.[77]

Die Koordination der Eisenbahnentwicklung, der Schiffahrt und der Postangelegenheiten

Die Ausgleichsgesetze schrieben im Hinblick auf die Eisenbahnen nur soviel vor, daß parallel zu den Verhandlungen über das Zoll- und Handelsbündnis in gegenseitigen Vereinbarungen bestimmt werden soll, bezüglich welcher Eisenbahnlinien gemeinsame Maßnahmen zur Aufrechterhaltung und zum Verkehr erforderlich sind und wieweit sich diese Maßnahmen (§65 bzw. §2 Punkt 4) erstrecken. Im 1867 abgeschlossenen Zoll- und Handelsbündnis beschäftigt sich Artikel VIII mit der Eisenbahnfrage. Er bestimmt, daß die bestehenden Eisenbahnen auf beiden Staatsgebieten nach gleichen Prinzipien zu behandeln sind. Der Wirtschaftsausgleich faßte also die Koordination des Eisenbahnwesens weiter als das im Ausgleichsgesetz formulierte Grundprinzip. Die gleiche Behandlung erstreckte sich auf die Betriebsvorschriften, Tarifpreise usw.[78] Die koordinierten Vorschriften berührten nicht die Finanzierung des Eisenbahnbaus.

Im Zusammenhang mit dem Eisenbahnbau kam es später zu zahlreichen Diskussionen, zumal der Ausbau einzelner neuer Eisenbahnlinien bzw. die Steigerung der Leistungsfähigkeit bestehender Eisenbahnlinien in der einen Reichshälfte durchaus im Interesse der anderen stehen konnte und umgekehrt. Es gab also Eisenbahnlinien, an deren Bau bzw. Umbau Österreich oder Ungarn aus Gründen der Kapazitätserweiterung interessiert war, obwohl die betreffende Eisenbahnlinie durch das Territorium des anderen Landes führte. So war es z. B. vom Standpunkt Ungarns aus sehr wichtig, die direkte Eisenbahnverbindung mit Deutschland in Richtung Schlesien auf höchsten Betriebsstandard und große Leistungsfähigkeit zu bringen. Diese Eisenbahnlinie führte aber durch das Gebiet des österreichischen Staatsteiles, wenn auch auf einem vergleichsweise kleinen Streckenabschnitt (zwischen Oderberg und Jablunkau). Die ungarische Regierung drängte ständig auf die Modernisierung des besagten Abschnittes der Kaschau-Oderberg-Eisenbahn. Diese Forderung wollte die österreichische Seite aber nur im Gegenzug der Modernisierung oder des Ausbaus von – ihr ähnlich wichtigen – ungarischen Eisenbahnlinien erfüllen. Die österreichische Regierung ihrerseits drängte ständig auf den Bau der kroatischen Eisenbahnlinien, um Österreich direkt mit Dalmatien bzw. dem Balkan zu verbinden.[79] Der ungarische Staat dagegen wollte die Eisenbahntransporte von Österreich in Richtung Balkan über das Gebiet Ungarns führen. Es sollte bis zum Ende der Periode nicht gelingen, die gegenseitigen Ansprüche in diesen Fragen zu befriedigen.[80]

Große Schwierigkeiten verursachte das Problem der österreichisch-ungarischen Seeschiffahrtsreederei, die Lloyd-Angelegenheit, in der zahlreiche Vereinbarungen geschlossen wurden. Mit ähnlichen Verträgen wurde die Donau-Dampfschiffahrt geregelt, die die Interessen beider Staatsteile direkt und wechselseitig berührte. Die Regelung der Post-, Telegraphen- und Fernsprechangelegenheiten nach einheitlichen Prinzipien löste keine Diskussion aus, waren hier doch kaum Interessengegensätze vorhanden. Vielleicht liegt gerade hierin die Erklärung dafür, warum in dem 1908 in Kraft tretenden wirtschaftlichen Ausgleich die Forderung nach einer Verwaltung der Post, des Telegraphen- und Fernsprechwesens nach gleichen Prinzipien ausgelassen wurde. Man verständigte sich auf eine diesbezügliche Regelung in einer gesonderten Vereinbarung, oder, sollte diese Vereinbarung nicht zustande kommen, auf die Anwendung der „Bestimmungen des Weltpostvertrages und des internationalen Telegraphenvertrages“.[81]

Die Einheit des Währungssystems und die Notenbank

Neben den Angelegenheiten des gemeinsamen Heeres waren es wohl die der Notenbank, in denen die dualistisch eingestellten Führungskreise Ungarns die unvollkommene Durchsetzung des dualistischen Prinzips am meisten monierten. Das ungarische Ausgleichsgesetz hat die Übereinstimmung des Währungssystems und des Münzfußes im Interesse beider Seiten für erforderlich bezeichnet (§66). Einen ähnlichen Grundgedanken sprach auch das österreichische Gesetz aus (§2 Punkt e). Die konkrete Behandlung dieser Angelegenheit und die Vereinbarung darüber sollte laut Ausgleichsgesetzen mit dem Abschluß des Zoll- und Handelsbündnisses verbunden werden. Der Weg zum identischen System sollte also auch hier über eine Einigung der beiden Länder führen. Zu diesem Gegenstand gab es daher auch keine gewichtigeren Debatten.

Die Friktionen wurden dadurch verursacht, daß im Sinne der Vereinbarungen die Rechte des Herrschers zur Münzprägung und Notenemission erhalten blieben. Während also die Bestimmung des Währungssystems und des Münzfußes auf dem Wege der Einigung erfolgte, waren die Rechte zur Münzprägung und zur Banknotenemission dagegen Majestätsrechte. Mit diesem Recht war die Gleichberechtigung zwischen den beiden Reichsteilen gewahrt, verwirklichte sich doch in Ungarn königliches Herrscherrecht und in Österreich kaiserliches Herrscherrecht. Formal, im juristischen Sinne, gab nicht „Österreich“, sondern der gemeinsame Herrscher das Geld heraus, das man sowohl in Österreich als auch in Ungarn verwendete. Hinter der formalen Gleichberechtigung verbargen sich aber reale wirtschaftliche Probleme und erlitt das dualistische Prinzip Schaden. Dies ist die Erklärung dafür, daß sich an dieser Angelegenheit in der Periode des Dualismus Gegensätze entzündeten.

Im Herbst 1867 einigten sich die beiden Finanzminister darauf, sowohl im Währungssystem als auch in der Münzprägung und Banknotenemission den früheren Zustand vorläufig beizubehalten.[82] Aber schon bei den Verhandlungen zur ersten Erneuerung des wirtschaftlichen Ausgleichs, 1876, meldete die ungarische Regierung ihren Anspruch auf selbständige Banknotenemission und die Errichtung einer Ungarischen Nationalbank an. Sie vermochte ihren Anspruch aber nicht durchzusetzen, sondern erreichte lediglich eine Symbolisierung des Dualismus in Äußerlichkeiten – so nahm z. B. die Notenbank den Namen „Österreichisch-Ungarische Bank“ an.[83] Über die Namensänderung hinaus wurde ein Kompromiß auch dahingehend erzielt, daß an der Leitung der Österreichisch-Ungarischen Bank Delegierte der ungarischen Regierung beteiligt wurden. Zudem erhielt die Banknote ein neues Aussehen: Die Werte wurden auf der einen Seite in deutscher, auf der anderen Seite in ungarischer Sprache angegeben, daneben stand das jeweilige Wappen.[84] Damit war zwar die Bezeichnung der Bank und die äußere Form der Banknote tatsächlich „dualistisch“ geworden, nicht aber das Problem gelöst.

Während der ganzen Periode erreichte Ungarn nicht das Ziel, selbständig Banknoten zu emittieren, obgleich diese Forderung nicht nur von oppositioneller Seite, sondern häufig auch von der Regierung ausgesprochen wurde. Das Recht zur selbständigen Geldemission erhielt die ungarische Regierung lediglich für das Wechselgeld: für Zehnkreuzermünzen auf der Grundlage des ersten Zoll- und Handelsbündnisses, dann für Zwanzigkreuzermünzen in Einklang mit dem zweiten wirtschaftlichen Ausgleich.

Die Frage der Banknotenemission bzw. der Errichtung einer selbständigen ungarischen Notenbank vergiftete die Debatten derart, daß die Erneuerung des Zoll- und Handelsbündnisses 1907 nur noch dadurch möglich war, daß aus dem Text der Vereinbarung die Passagen bezüglich der Notenbank ausgelassen wurden – ein bis dahin beispielloses Vorgehen. Die Wirtschaftskommission des ungarischen Abgeordnetenhauses wertete das neue Verfahren dahingehend, daß es „die Möglichkeit zur Errichtung der selbständigen Notenbank aufrechterhält". Gleichzeitig stellte sie über die gemeinsame Notenbank fest: „Man muß anerkennen, daß sie den ungarischen Kreditbedarf im allgemeinen befriedigt, die Parität sorgfältig beachtet und mit herausragendem Sachverstand geleitet wird."[85]

Völlige Übereinstimmung herrschte zwischen den beiden Regierungen in der Frage der Währungsreform. Sie wurde 1892 erfolgreich durchgeführt: An die Stelle des alten Gulden trat die Krone mit halbem Nennwert.

Es sei an dieser Stelle noch erwähnt, daß eine Vereinbarung auch über die Anpassung der Maße und Gewichte – entsprechend den im Ausland üblichen – erzielt wurde. Ähnlich wurde mit den Patenten verfahren.

BOSNIEN-HERZEGOWINA IM GEFÜGE DER DUALISTISCHEN MONARCHIE

Die Eingliederung von Bosnien-Herzegowina in das Gefüge der dualistischen Monarchie verdeutlicht sowohl die prinzipielle Konzeption als auch den inneren Mechanismus des dualistischen Systems.

Bosnien-Herzegowina war von 1878 bis 1908 als okkupiertes Land der Habsburgermonarchie angeschlossen, im staatsrechtlichen Sinne zählte es weiterhin zum Osmanischen Reich. Deshalb ist hier als erstes nicht die staatsrechtliche Seite des Anschlusses, von dem erst nach der Annexion im Jahr 1908 gesprochen werden kann, zu betrachten, sondern die Verwaltung des okkupierten Landes. Am 21. April 1879 kam es zu einer Vereinbarung zwischen Österreich-Ungarn und der Türkei, laut der die Souveränität des Sultans über das Land unangetastet blieb, die Monarchie jedoch Sorge für die Administration, die Verwaltung trug.[86] Diese Vereinbarung stützte sich auf Artikel 25 des auf dem Berliner Kongreß 1878 geschlossenen Vertrages, wonach Österreich-Ungarn die Länder Bosnien-Herzegowina besetzen und *regieren* sollte.[87]

Auf der Grundlage dieses Vertrages bzw. dieser Vereinbarung verabschiedete die österreichische bzw. die ungarische Legislative ein gleichlautendes Gesetz, demgemäß auch Bosnien-Herzegowina in das einheitliche Zollgebiet der Österreichisch-Ungarischen Monarchie einbezogen wurde. Die Zolleinnahmen flossen den Einnahmen des Gesamtreiches zu. Sie wurden zur Deckung der gemeinsamen Kosten verwendet, 600 000 Goldgulden davon dienten zur Deckung der Verwaltungskosten (§13). Die Verordnungen bezüglich des Salz- und Tabakmonopols sowie der Bier-, Schnaps- und Zuckersteuern waren, wie wir gesehen haben, in beiden Teilen der dualistischen Monarchie gleichermaßen in Kraft getreten. Sie wurden auch auf das Territorium Bosnien-Herzegowinas ausgedehnt. Die hieraus stammenden Einnahmen wurden für die örtliche Verwaltung verwendet (§5). In ähnlicher Weise wurden auf Bosnien-Herzegowina das auf dem Gebiet der dualistischen Monarchie einheitlich gültige Währungssystem, das System der Maße und Gewichte, die Patentordnung usw. ausgedehnt. Zu beachten ist, daß dieses Gesetz mit der Durchführung bzw. Kontrolle zahlreicher Wirtschaftsverordnungen nicht die gemeinsame Regierung, sondern Fachminister der österreichischen bzw. ungarischen Regierung beauftragte.[88]

Gleichzeitig mit dem Anschluß an das österreichisch-ungarische Zoll- und Handelsgebiet traf die Legislative Verfügungen über die Verwaltung der Länder. Das diesbezügliche Gesetz wurde gleichlautend sowohl ungarisches wie österreichisches Gesetz.[89] Es erklärte die vorläufige Verwaltung Bosnien-Herzegowinas zur Aufgabe des gemeinsamen Finanzministers. Gleichzeitig erhielten die österreichische wie die ungarische Regierung die Ermächtigung, ihre Vertreter an allen Beratungen teilnehmen zu lassen, die im gemeinsamen Finanzministerium bezüglich Bosnien-Herzegowinas stattfinden sollten. Schließlich hieß es im Gesetz: „Jede Änderung des bestehenden Verhältnisses dieser Länder zur Monarchie bedarf der übereinstimmenden Genehmigung der Legislativen der beiden Teile der Monarchie“ (§5).

Auf diese Weise wurde das gemeinsame Finanzministerium zum höchsten Forum der Verwaltung Bosnien-Herzegowinas. Der gemeinsame Finanzminister war jedoch für seine Tätigkeit in diesem Aufgabenbereich verfassungsmäßig nicht den Delegationen verantwortlich. Auch die legislative Unterstützung der obersten Verwaltung der Länder gehörte nicht zu den Belangen der Delegationen, sondern fiel in die unmittelbare Zuständigkeit der Legislative der beiden Reichsteile bzw. der beiden Staaten. So war z. B. das Haushaltsverfahren in Bosnien-Herzegowina folgendes: Den Haushalt bereitete der gemeinsame Finanzminister vor. Nach der gesetzlichen Bestimmung mußten die Kosten für die Verwaltung von Bosnien-Herzegowina von den Ländern selbst gedeckt werden. Deshalb war es ausreichend, die Delegationen über den Haushalt zu informieren, deren Beschluß war nicht erforderlich. Wenn es dagegen zu haushaltsmäßigen Ausgaben über die Deckung hinaus kam, fiel dies nicht in die Zuständigkeit der Delegationen, sondern der österreichischen bzw. ungarischen Legislative.[90] Dieses Verfahren wurde auch in anderen Fragen gebräuchlich: Die Delegationen erhielten Informationen über Angelegenheiten der Administration Bosnien-Herzegowinas, aber das legislative Verfahren fiel auch in diesen Angelegenheiten in die Zuständigkeit des österreichischen bzw. ungarischen Parlaments. Von österreichischer Seite wurde dieses zweifellos schwerfällige Verfahren häufig bemängelt und dafür optiert, auch das gesetzgeberische Verfahren den Delegationen zu übertragen. Einer solchen Lösung stand jedoch die ungarische Auffassung entgegen.[91]

Während in der Verwaltung Bosnien-Herzegowinas entsprechend den Grundprinzipien des Dualismus verfahren wurde, wurden militärische Fragen auf der Grundlage der Majestätsrechte des Herrschers behandelt. Die österreichischen bzw. ungarischen Verfassungsorgane konnten hier nur für den Fall eine Rolle spielen, daß bosnische Militäreinheiten auf das Gebiet eines der beiden Staaten der Monarchie verlegt wurden, galten diese doch, zumindest vor der Annexion, als „ausländisches Militär".[92]

Die Annexion von 1908 hat in der Praxis eigentlich etwas verändert. Nach der Annexion kam Bosnien-Herzegowina nun auch im staatsrechtlichen Sinne zum Staatsgebiet der Habsburgermonarchie, gehörte aber weder zum einen noch zum anderen Staat des Dualismus. Gleichzeitig bildete es aber verfassungsrechtlich auch keine selbständige dritte Einheit. Nach der Annexion, 1910, erhielt Bosnien-Herzegowina eine Verfassung, die in Wirklichkeit ein enges Landesstatut war. Im wesentlichen änderte sich nur das System der inneren Verwaltung, insofern in Fragen der inneren Verwaltung eine dem Landtag verantwortliche örtliche Verwaltung tätig war. Für die oberste Verwaltung blieb unverändert der gemeinsame Finanzminister verantwortlich. Die Zuständigkeit der österreichischen bzw. ungarischen Legislative blieb weiterhin aufrecht. Die Bosnien-Herzegowina gegebene Verfassung bzw. eng gefaßte innere Selbstverwaltung wurde – nachdem sich Österreich und Ungarn hierauf geeinigt hatten – mit einem Patent des Herrschers in Kraft gesetzt.[93]

Mit der Annexion war das Majestätsrecht des türkischen Sultans hinfällig, und die allgemeine Wehrpflicht konnte auf das Gebiet Bosnien-Herzegowinas ausgedehnt werden. Bosnien-Herzegowina wurde – wie zuvor das Gebiet Österreichs und Ungarns – in Rekrutierungsbezirke eingeteilt und der Bestand des gemeinsamen Heeres mit den dort ausgehobenen Regimentern ergänzt.

DIE MACHT DES HERRSCHERS

Im Rahmen der dualistischen Konstruktion der Habsburgermonarchie gestaltete sich die Macht des Herrschers wesentlich komplizierter als im vorangegangenen System. Um Wesen und Struktur dieser Konstruktion, d. h. der dualistischen Beziehung der Reichshälften zueinander und ihrer Verbindung miteinander, beurteilen zu können, scheint daher eine Klärung des gesamten Fragenkomplexes der Herrschermacht unumgänglich. Zahlreiche Züge des österreichisch-ungarischen Verhältnisses drückten sich ohnedies nicht in Form einer unmittelbaren Beziehung aus, sondern im Verhältnis der zwei Reichshälften zum Herrscher. Dies alles macht es äußerst schwierig, den Charakter der dualistischen Verbindung wie den tatsächlichen Wirkungsbereich der Macht des Herrschers zu bestimmen.

Es gab zahlreiche Fälle, in denen zwischen den zwei Reichshälften bzw. den beiden staatlichen Einheiten der Monarchie im Verfahren der Verfassungsorgane in der Tat vertragsartige Vereinbarungen zustande kamen. Diese manifestierten sich aber nicht in juristischer Form, sondern realisierten sich in der gesetzgeberischen Tätigkeit des Herrschers und der ungarischen konstitutionellen Organe bzw. des Herrschers und der österreichischen Verfassungsorgane. Wegen solcher und ähnlicher Fälle erscheinen der Wirkungsbereich der Macht des Herrschers und sein tatsächliches Gewicht größer als in Wirklichkeit.

Die Bestimmung der Bedeutung und des Ausmaßes der Macht des Herrschers in der dualistischen Monarchie fällt ziemlich schwer. Vielleicht begehen wir dann den kleinsten Fehler, wenn wir von jenem Faktum ausgehen, daß die dualistische Monarchie tatsächlich ein konstitutioneller Staat war. Gleichzeitig wurde der Herrscher nach 1867 nicht zu einer rein formalen Figur, sondern verfügte über reale und bedeutsame Machtbefugnisse, die bis zu einem gewissen Maß noch dadurch gestärkt wurden, daß er infolge der dualistischen Struktur häufig eine ausgleichende Rolle einnahm. Befugnis und Position des Herrschers wirkten sich über die Machtsphäre hinaus besonders intensiv in der gesellschaftlichen Sphäre und im öffentlichen Leben aus. Bei der Ernennung der höheren Offiziere und zahlreicher hoher Beamter gab der Herrscher natürlich der ihm am nächsten stehenden Aristokratie den Vorzug.

Die Macht des Herrschers stellte in der dualistischen Monarchie einen realen Faktor dar, bedeutete aber nicht mehr wie in früheren Zeiten die Macht „Österreichs“ gegenüber Ungarn. Es war die „kaiserliche und königliche“ Macht Habsburg, ein – sieht man von der ausgleichenden Rolle ab – feudaler Überrest, ein feudal-konservativer Machtfaktor, eine feudal-konservative gesellschaftliche, moralische und geistige Kraft in beiden Ländern der konstitutionellen dualistischen Monarchie.

Es ist in der historischen Literatur allgemein bekannt, wie sehr der jung auf den Thron gekommene Franz Joseph dem Liberalismus und einer Anerkennung der ungarischen Sonderstellung abgeneigt war. „Kaiser Franz Joseph“, schreibt Alexander Novotny, „war von Anfang an kein Freund einer Verfassung im allgemeinen und schon gar nicht einer repräsentativen Verfassung im konstitutionellen Sinne.“[94] Nach 1867 jedoch fand er sich – offensichtlich aus realpolitischen Erwägungen – in einem gewissen Maße mit der verfassungsmäßigen Beschränkung seiner Macht und auch mit der Sonderstellung Ungarns ab. Wie veränderlich indessen der herrscherliche Machtanspruch in der konstitutionellen dualistischen Monarchie sein konnte, wird deutlich in der politischen Einstellung der beiden Thronfolger Rudolf und Franz Ferdinand bzw. deren Abweichung von jener Linie und Konzeption, die Franz Joseph vertrat.

In der politischen Ideenwelt Rudolfs spielte der Liberalismus eine wesentlich größere Rolle. Hierzu haben offensichtlich die Umstände seiner Erziehung und Merkmale seiner Persönlichkeit beigetragen.[95] Die Abweichung von der Attitüde Franz Josephs manifestierte nicht nur, wie unterschiedlich Herrscherpersönlichkeiten sein können, sondern zeigte auch, daß in der Periode des Dualismus die Macht des Herrschers auch stärker dem Liberalismus zuneigen konnte.

Im politisch-gesellschaftlich-geistigen Leben Österreichs war in den sechziger und siebziger Jahren der Liberalismus im Vordringen. Mit dem Amtsantritt der Regierung Taaffe 1879 jedoch, als der junge Thronfolger schon eine Rolle im öffentlichen Leben übernehmen konnte, griffen erneut Konservatismus und Klerikalismus um sich. „Wer hätte vor zehn Jahren die heutigen Zustände in Österreich für möglich gehalten“, schrieb Rudolf 1884 in einem Brief an Moritz Szeps. „Und was für Zeiten stehen uns noch bevor!“[96] Der Thronfolger geriet mit der reaktionären Strömung in Gegensatz, blieb aber standhaft bei seiner liberalen Haltung. Und zwar nicht nur wegen der geistigen Faszination, die der Liberalismus auf ihn ausübte, sondern weil er überzeugt war, nur durch eine liberale Entwicklung im

Inneren könne das Habsburgerreich zu einer organischen Einheit und zu einem dauerhaften Staatsgebilde werden. Mehr noch: Rudolf hielt die weitere Existenz der Monarchie auch außenpolitisch nur dann für gesichert, wenn ganz Europa vom Liberalismus durchdrungen würde und sich dieser auch in den politischen Beziehungen zwischen den Staaten verwirklichte. Er hielt also an seiner Überzeugung fest und stieß deshalb bereits zu Beginn der achtziger Jahre in den Hofkreisen merklich auf Zurückhaltung. Er selbst schrieb 1881 darüber in seinen Aufzeichnungen: „Mißtrauen gegen mich herrscht, das merke ich seit einigen Monaten, und in der letzten Zeit noch mehr... Ich habe den Ruf, liberal zu sein, und gehe mit Menschen in wahrhaft intimem Verkehr um, die nicht beliebt, sogar schlecht angeschrieben sind. Der Kaiser war vor drei oder vier Jahren schon bis zu einem gewissen Grad liberal und mit dem 19. Jahrhundert versöhnt. Jetzt ist Er wieder so wie zu den Zeiten der armen Großmama: klerikal, schroff und mißtrauisch."[97]

Seine Verbindungen zu liberalen Kreisen baute er noch weiter aus, häufig gezwungenermaßen auch auf geheimen Wegen. Seine Freundschaft mit dem liberalen Herausgeber des *Neuen Wiener Tagblattes,* Moritz Szeps, war kein Geheimnis, daß er aber zahlreiche Leitartikel des Blattes selbst verfaßte, wußte damals außer ihnen beiden vermutlich niemand. Gewissen Vermutungen nach wurde Rudolf auch Mitglied einer Freimaurerloge (in Ungarn oder Frankreich); dies kann zwar nicht bewiesen, aber auch nicht ausgeschlossen werden. Jedenfalls trat er offen gegen den immer stärker werdenden Antisemitismus auf und wandte sich mit gleicher Offenheit auch gegen die österreichische großdeutsche Bewegung und deren Nationalismus. Rudolfs Liberalismus war keine großherrschaftliche Spielerei, sondern feste politische Überzeugung.

Für die magyarischen Liberalen empfand er tiefe Sympathie, wegen der vielen Legenden hierüber muß aber betont werden, daß sich Rudolf der magyarischen nationalen Bestrebungen nicht angenommen hat. Vielmehr betrachtete er den Dualismus keineswegs als endgültige Form der Monarchie und tendierte in einzelnen Bereichen zu einem stärkeren Zentralismus des Staatssystems. Das Militärprogramm der ungarischen Opposition hielt er für einen Anschlag gegen die Einheit des Heeres. Gleichzeitig war Rudolf im gewissen Sinne wirklich ein „Ungarnfreund", denn die Gesellschafts- und Institutionenordnung Ungarns schien ihm insgesamt liberaler zu sein.[98]

Von seiner Persönlichkeitsstruktur her tendierte der zweite Thronfolger, Franz Ferdinand, in eine andere Richtung. Es war allgemein bekannt, daß der Thronfolger noch konservativer eingestellt war als Franz Joseph und stark zu einem sich auf den „Föderalismus" der Länder stützenden verkappten Zentralismus neigte. Wäre Franz Ferdinand mit all seinen Reformplänen auf den Thron gekommen, „hätte er", wie Adam Wandruszka schreibt, zum „Retter" oder zum „Totengräber der Monarchie" werden können.[99]

Zu Beginn, in den neunziger Jahren, vertrat Franz Ferdinand den neuen Umständen angepaßte, aber im Kern ähnliche Gedanken wie die Militärpartei des Erzherzogs Albrecht in den sechziger, siebziger Jahren. Diese ältere Richtung wollte an Stelle des Ausgleichs, der auch den liberalen Kräften Raum gab, die österreichische, tschechische, polnische und magyarische feudale Aristokratie in den Ländern stärken und eine „Föderation" der Provinzen und Länder der Krone schaffen, die die kaiserliche Zentralmacht stärker in den Vordergrund rücken und zu Eroberungen befähigen sollte. Zu Erfolgszeiten des dualistischen Systems geriet diese Vorstellung etwas in Vergessenheit, um während der politischen Krisen um die Jahrhundertwende als mögliche Krisenstrategie wieder aufzutauchen. Wann immer der Thronfolger über zwei Jahrzehnte hinweg politisch in Erscheinung trat, stets war der Ausgangspunkt seiner Konzeption – egal ob innen- oder außenpolitisch – derselbe: Probleme waren mit einer Steigerung der Macht der Dynastie zu beantworten und nur dadurch zu lösen, daß die kaiserliche Macht ihre alte, zentralistische Stärke wiedererlangte.[100] Franz Ferdinands Plan zur „Reformierung" der Monarchie war ein retrogrades Projekt. Die Aristokratie, der Hof und die deutschen Elemente des Reiches wären zu größerer Macht gelangt. Sein „Reform"-Plan war gleichzeitig auch irreal, und der Versuch, ihn auszuführen, hätte eine noch schwerere innere Krise hervorgerufen.

Wenngleich auch die politische Auffassung und Tätigkeit der Thronfolger Rudolf und Franz Ferdinand die tendenziellen Möglichkeiten der Macht des Herrschers zeigen, blieb die gesamte Periode doch von Franz Joseph geprägt, der strikt am Dualismus festhielt, sich dabei einer gemäßigten Verwirklichung des Liberalismus nicht verschloß, die konservativen Kräfte und die Aristokratie des Reiches aber beständig unterstützte.

In der dualistischen Monarchie war die Macht des Herrschers ein bedeutsamer und wichtiger Faktor, aber bei weitem nicht mehr in dem Sinne wie vor 1867 oder 1848. Sie hat den Charakter des österreichisch-ungarischen Verhältnisses im wesentlichen nicht beeinflußt.

DER CHARAKTER DES ÖSTERREICHISCH-UNGARISCHEN VERHÄLTNISSES IM DUALISMUS

Wir haben die staatsrechtliche und wirtschaftliche Gemeinschaft betrachtet, die in der Periode des Dualismus zwischen den beiden Teilen bzw. den beiden Ländern der Habsburgermonarchie bestand, wie sie aufgebaut war und wie sie funktionierte. In den verschiedenen Vereinbarungen wurde die Beziehung zwischen den beiden Teilen auf der Grundlage von Parität und Gleichberechtigung definiert, und Gleichberechtigung und Parität bestimmten auch das wechselseitige Verhältnis zum gemeinsamen Herrscher. Die rechtliche Gleichheit konnte freilich nur eine formale sein. Aus der rechtlichen Konzeption und aus der Struktur der Vereinbarungen selbst kann also die substantielle Natur des Verhältnisses zwischen den beiden Reichsteilen nicht geklärt werden. In dieser Frage kam es in der zeitgenössischen Publizistik und später auch in der historischen Literatur zu lebhaften Diskussionen, in denen stellenweise extreme Standpunkte eingenommen wurden.

Die beiden Reichsteile bzw. Länder waren zwar ungleich stark, doch repräsentierte keiner der beiden – in irgendeiner Hinsicht – dem anderen gegenüber eine dominierende Übermacht. Betrachten wir zuerst das Verhältnis der Bevölkerungsanteile: Es betrug zwischen den beiden Teilen während der gesamten Periode 57 : 43. Zur Zeit des Ausgleichs betrug Österreichs Einwohnerzahl 20 Millionen, die Ungarns 15 Millionen, 1910 waren es 28 bzw. 21 Millionen Einwohner. Noch geringer ist der Unterschied im Verhältnis, wenn wir die Bevölkerungszahlen der nationalen Elemente vergleichen, die in beiden Reichsteilen jeweils die hegemoniale Stellung innehatten. Nach der Statistik von 1880 gab es in Österreich 8 Millionen deutsche, in Ungarn 6,5 Millionen magyarische Einwohner, das Verhältnis betrug also 55 : 45. 1910 dagegen umfaßte nach der amtlichen Statistik das österreichische Deutschtum und das ungarische Magyarentum gleichermaßen ungefähr 10 Millionen Personen, das Verhältnis war also 50 : 50.[101]

Die territoriale Ausdehnung war in etwa gleich. Hier entfiel auf Ungarn ein etwas größerer, auf die österreichische Reichshälfte ein kleinerer Anteil an der Fläche. Österreichs Fläche betrug 300 005 km², die Ungarns 324 857 km² (mit Kroatien und Fiume). Bosnien-Herzegowina hatte eine Fläche von 51 027 km².

Was die Proportion der Wirtschaftskraft betrifft, war diese – wenn wir das in der Quote ausgedrückte Verhältnis akzeptieren – zu Beginn der Periode 68,6 : 31,4 (die Militärgrenze zählte zu Ungarn), am Ende der Periode 63,6 : 36,4. Hier zeigte sich bereits eine bedeutsamere Kräfteverschiebung. Tendenziell wies der Prozeß allerdings auf eine langsame Annäherung hin, und hinsichtlich des Entwicklungsniveaus gehörten beide Staaten, besonders gegen Ende der Periode, im wesentlichen der gleichen Region an. Es muß auch berücksichtigt werden, daß es zwischen dem in der Quote ausgedrückten Verhältnis und dem Anteil an der Einwohnerzahl keinen großen Unterschied gab. Die größere Wirtschaftskraft Österreichs resultierte zu einem guten Teil aus der größeren Einwohnerzahl, obgleich die beiden Länder durchaus auch beträchtliche Unterschiede im Produktionsniveau aufwiesen.

Diese äußerlichen Charakteristika – Anteil an der Bevölkerungszahl, an der Fläche, an der Wirtschaftskraft – zeigen nur so viel, daß es keine Gleichheit im Kräfteverhältnis der beiden Teile gab, aber auch keinen überragenden Kräftevorteil auf der Seite Österreichs. Ihre Untersuchung sagt also für sich genommen, ebenso wie das Rechtssystem, nichts über den Charakter des Verhältnisses aus.

In den zeitgenössischen Diskussionen darüber, wie das Verhältnis der beiden Teile zu beurteilen sei, kam das eigentliche Problem schon eher zur Sprache: ob nämlich in der Realität des Dualismus zwei Teile eines Staates oder zwei Staaten eng miteinander verknüpft waren. Aus den Ausgleichsgesetzen und aus den Verträgen zwischen den beiden Staatsteilen bzw. zwischen den beiden Staaten sowie aus den Dokumenten über die Beziehungen mit fremden Staaten können beide Auffassungen juristisch begründet werden. Wenn wir Österreich und Ungarn im Dualismus als zwei gesonderte Staaten betrachten, dann ist unzweifelhaft, daß ihre Beziehung wesentlich umfassender und organischer gewesen ist als die Beziehung zwischen zeitgenössischen selbständigen Staaten. Wenn wir davon ausgehen, daß von zwei Teilen eines Staates die Rede ist, kann wiederum festgestellt werden, daß die Struktur wesentlich von der ähnlicher Staatsgebilde dieser Zeit abwich. Nähern wir uns nun dieser gesamten Frage nicht vom Rechtssystem und den zeitgenössischen Debatten her, sondern mit dem Anspruch einer historischen Analyse der ganzen, ein halbes Jahrhundert dauernden Periode, dann scheint es – wohlgemerkt, es ist von einem Grenzfall die Rede – eher der Realität zu entsprechen, den Dualismus als die enge Verknüpfung zweier gesonderter Staaten – die gegenüber fremden Staaten zumeist als ein Staat auftraten – zu betrachten. Die tatsächliche Situation entsprach also eher der ungarischen staatsrechtlichen Auffassung. Diese

Stellungnahme unsererseits ist mitnichten eine Fortführung der alten österreichisch-ungarischen Diskussion, hatte doch die zeitgenössische Diskussion im wesentlichen die Interpretation der rechtlichen Ordnung zum Inhalt, insbesondere unter dem Gesichtspunkt, was davon in Wirlichkeit realisiert werden sollte. In der zeitgenösischen Diskussion kamen also die gegensätzlichen Interessen und die diesen entsprechenden gegensätzlichen Ordnungsbestrebungen zum Ausdruck. Uns geht es hier nicht um eine Stellungnahme in jener Diskussion über die rechtliche Struktur des Dualismus, die Bestimmungen der Ausgleichsgesetze und darüber, was auf deren Grundlage verwirklicht werden mußte oder hätte verwirklicht werden müssen: ein Reich mit zwei Teilen oder zwei Staaten in enger Verbindung. Vielmehr gilt es, zur faktischen Realität des halben Jahrhunderts Dualismus Stellung zu nehmen. Edmund Bernatzik hat 1911 – wie wir gesehen haben – den Unterschied zwischen der österreichischen und der ungarischen Rechtsauffassung über den Dualismus sehr treffend charakterisiert und festgestellt, daß sich in der Praxis der ungarische Standpunkt stärker durchgesetzt hat.[102] Ein anschauliches Zeichen – nicht von vornherein ein Beweis! – hierfür ist der Umstand, daß es in der dualistischen Monarchie keine „gemeinsame" Staatsbürgerschaft gab. Jeder Bürger des Reiches konnte entweder österreichischer oder ungarischer Staatsbürger sein, und er konnte auf der Grundlage eines besonderen Registers auch beide Staatsbürgerschaften besitzen.[103] Die dualistische Verknüpfung wies – wie oben dargelegt – eine besondere Eigenart auf, welche ebenfalls sowohl unter den Zeitgenossen als auch in der späteren Bewertung lebhafte Diskussionen ausgelöst hat. Das Verhältnis der beiden Länder bzw. der beiden Reichsteile wurde einerseits mit starren, unveränderbaren Regelungen festgelegt, z. B. in vielerlei Hinsicht in der außenpolitischen und militärischen Gemeinschaft, andererseits auf solche Weise bestimmt, daß der Gegenstand oder das Wünschenswerte der Beziehung vereinbart, die konkrete Regelung aber einer weiteren Verhandlung und temporär gültigen Einigung anheimgestellt wurde. In den wirtschaftlichen Angelegenheiten von gemeinsamem Interesse war dies mehr oder weniger die Regel, galt aber auch für den außenpolitischen und militärischen Bereich; z. B. bei der Quote und den Wehrgesetzen. Nach der Meinung zahlreicher zeitgenössischer und historischer Kritiker der dualistischen Struktur können die Störungen im System zu einem Gutteil gerade hierauf zurückgeführt werden, oder aber darauf, daß die Ausgleichsgesetze nicht alles dauerhaft geregelt haben und somit auf dem Gebiet der gemeinsamen Angelegenheiten bzw. der Angelegenheiten von gemeinsamem Interesse viele Elemente veränderbar beließen.

Aus größerer historischer Distanz betrachtet, erscheint es eher so, daß die „legale" Möglichkeit zu Debatten zwischen den dualistischen Partnern – bei der Erneuerung des wirtschaftlichen Ausgleiches, der Wehrordnung usw. – das System nur scheinbar schwächte, in Wirklichkeit aber flexibler gestaltete, zumindest was das österreichisch-ungarische Verhältnis betraf. In der zeitweisen Möglichkeit zu Neuregelungen sollte nicht nur das Negativum gesehen werden, daß sie heftigen Kämpfen Platz boten, sondern auch das Positivum, daß sie Gelegenheit dazu gaben, die von Zeit zu Zeit eingetretenen tatsächlichen Verschiebungen zwischen den beiden Teilen der Monarchie ohne Gefährdung oder gar Sprengung der Gesamtstruktur wieder auszugleichen. Allerdings, die leidenschaftlichen Diskussionen um die Erneuerung der Quote, die Umgestaltung des Wehrsystems, die Erneuerung des Zoll- und Handelsbündnisses usw. haben stets die Probleme, zu einigen Zeiten auch Krisen, des dualistischen Systems widergespiegelt und ausgedrückt. Die Neuregelungen sicherten aber auch die Möglichkeit zur Bewältigung der Krisen. So war diese eigentümliche strukturelle Lösung nicht so sehr Auslöser der Störungen, sondern erfüllte eher die Rolle eines Sicherheitsventils für das Funktionieren des dualistischen Systems.

Die Analyse der zeitgenössischen Diskussionen und die Überprüfung der auf beiden Seiten angeführten Argumente bringt uns kaum der Beantwortung der grundlegenden Frage nach der Natur des Verhältnisses zwischen den beiden Reichsteilen bzw. der zwei Länder innerhalb der dualistischen Monarchie näher.

Da wir einer abgeschlossenen historischen Periode gegenüberstehen, müssen beim Versuch, den Charakter des Verhältnisses zwischen den beiden Teilen zu bestimmen, die Realitäten dieser ein halbes Jahrhundert währenden Gemeinschaft berücksichtigt werden. Unter diesem Aspekt sind drei kardinale Fragen zu beantworten. An erster Stelle die, ob die gemeinsame Außenpolitik den österreichischen wie den ungarischen Interessen entsprochen hat. Die eingehende Behandlung und Analyse dieser Frage soll in einem späteren Kapitel erfolgen, deren Endresultat allerdings bereits an dieser Stelle genannt sei: Verwirklicht wurde eine in der Tat gemeinsame und in beidseitigem Interesse liegende Außenpolitik.

Die zweite Frage bezieht sich auf die gemeinsamen Militärangelegenheiten, und innerhalb dieser ganz besonders auf das gemeinsame Heer. Damit haben wir uns bereits beschäftigt und gesehen, daß das Kriegswesen als Instrument zur Unterstützung der Außenpolitik mit den gemeinsamen Zielen in Einklang stand. Gleichzeitig war in der internen Struktur des Heeres das Paritätsprinzip offensichtlich verletzt worden. Daraus folgt aber nicht, daß das Heer im Falle strittiger Fragen für die österreichische bzw. die ungarische Seite Partei ergriffen hätte. Die zentralistische Struktur des gemeinsamen Heeres konnte unter gewissen Umständen die Möglichkeit einseitiger Benutzung bieten; zumindest theoretisch bestand eine solche Gefahr, und die Angst davor war nicht unbegründet. Gleichzeitig kann jedoch festgestellt werden, daß es während der gesamten Periode des Dualismus keinen einzigen Fall gab, in dem das gemeinsame Heer in die Diskussion der dualistischen Partner eingegriffen hätte.

Es bleibt also die dritte – unter dem Aspekt einer Gesamtbeurteilung fundamentale und entscheidende – Frage: Hat die dualistische Verbindung die wirtschaftliche, gesellschaftliche, kulturelle usw. Entwicklung Österreichs bzw. Ungarns vorteilhaft oder aber nachteilig beeinflußt? Und auch hier muß wiederum betont werden, daß im historischen Abstand das Wesentliche der Frage nicht darin liegt, wohin ein derartig strukturiertes System hätte führen können, sondern vielmehr darin, welches die tatsächlichen Wirtschaftsprozesse in dieser Struktur während des halben Jahrhunderts gewesen sind. Es ist freilich ziemlich einfach, einzelne Elemente der Wirtschaftsprozesse herauszugreifen, um daran die nachteilige oder vorteilhafte Wirkung der Struktur auf den einen oder den anderen Reichsteil aufzuzeigen. Dies hat aber nicht viel Sinn. Vielmehr muß der Gesamtprozeß durchleuchtet werden, und nur dessen umfassende Analyse kann die Grundlage für eine Bewertung bieten. Die ungarischen wirtschaftshistorischen Forschungen der vergangenen Jahrzehnte sind zu dem Ergebnis gekommen, daß die Entwicklung Ungarns in der Periode des Dualismus den wirtschaftlichen Entwicklungsmöglichkeiten und -erfordernissen der ostmitteleuropäischen Region entsprochen hat.[104]

Gleichzeitig hat sich das wirtschaftliche Kräfteverhältnis zwischen den dualistischen Partnern – trotz einer gewissen Ausgleichstendenz zugunsten des zurückgebliebeneren Ungarn[105] – während des halben Jahrhunderts nicht wesentlich geändert, nur hing dies kaum mit der dualistischen Struktur zusammen. Eine ähnliche Erscheinung läßt sich feststellen, wenn wir die Wirtschaft Österreich-Ungarns insgesamt mit der Wirtschaft der entwickelteren westeuropäischen Länder vergleichen. Die Stahlproduktion wuchs zwischen 1891 und 1911 in Österreich-Ungarn um das 4,8fache (von 486 000 auf 2 237 000 Tonnen), in Frankreich dagegen um das 5,1fache (von 744 000 auf 3 837 000 Tonnen), in Belgien um das 8,9fache (von 244 000 auf 2 193 000 Tonnen), in Deutschland um das 5,6fache (von 2 563 000 auf 14 556 000 Tonnen). Ein ähnliches Bild zeigt der Roheisen-Verbrauch: Österreich-Ungarn steigerte seine Produktion um beinahe das 2,5fache, Frankreich in etwa gleichem Ausmaß, Belgien um ca. das 3,5fache, Deutschland um mehr als das 3fache.[106]

Derselbe Prozeß wird auch aus anderen Angaben deutlich. Der Anteil der in der Landwirtschaft Beschäftigten sank in Ungarn zwischen 1869 und 1910 von 80% auf 64,5%, in Österreich im gleichen Zeitraum von 67,2% auf 53,2%. Die Entwicklungsgeschwindigkeit war also ähnlich, in beiden Ländern betrug die Beschäftigtenabnahme jeweils ca. 20%. Im gleichen Zeitraum ging in Deutschland der Anteil der in der Landwirtschaft Beschäftigten von 50,9% auf 35,1% zurück, die Beschäftigtenabnahme betrug also 30%.[107] Trotz der schnellen Entwicklung nahm der Rückstand Österreich-Ungarns gegenüber den westlicher gelegenen Volkswirtschaften im ganzen kaum ab.[108]

Hinter der nur geringfügigen Abnahme des Rückstandes verbargen sich die tieferen und umfassenderen Entwicklungsprobleme der ostmitteleuropäischen Region. Diesbezügliche Forschungen stehen heutzutage im Mittelpunkt der Arbeit der Wirtschaftshistoriker.

Zusammenfassend läßt sich also in Beantwortung der Ausgangsfrage feststellen: Das Verhältnis zwischen den beiden Reichsteilen bzw. den zwei Ländern war im Dualismus ein Bündnisverhältnis. Dessen Inhalt ist, von ungarischer Seite aus gesehen, dadurch einigermaßen verdunkelt worden – sowohl für einen Teil der Zeitgenossen als auch für etliche spätere Interpreten –, daß dieses Bündnis nicht auf übliche Weise zustande gekommen war. Nicht zwei voneinander unabhängige Staaten haben ein Bündnis geschlossen, sondern die Beziehung eines vorher hegemonialen und eines untergeordneten Landes hat sich in ein Bündnisverhältnis umgewandelt. Die Beziehung selbst weist also eine Kontinuität auf, ja sie blieb sogar in einigen formalen Aspekten unverändert. Dies mochte es nicht ganz deutlich erscheinen lassen, daß eine wesentliche Veränderung im Charakter der Beziehung stattgefunden hatte. Vielen mochte es so erscheinen, als setzte sich das vorherige, auf Hegemonie und Unterordnung beruhende Verhältnis fort. Von der anderen Seite wiederum konnte es so erscheinen, daß sich als Ergebnis der Umgestaltung ein Teil aus dem Ganzen herauslöste und sich die früher angemessene größere Einheit auflöste. Aus dieser Optik wurde in der dualistischen Umgestaltung nicht die Tendenz zum Bündnis, sondern zu schädlichem Zerfall wahrgenommen.

Alldem muß hinzugefügt werden, daß ein Bündnis nicht notwendigerweise allgemeine Harmonie voraussetzt. Es bedeutet nicht in allen Fällen, daß innerhalb des Bündnisverhältnisses nicht auch beträchtliche Probleme existierten. Für die Bündnisbeziehung, wie sie sich im österreichisch-ungarischen Dualismus verkörperte, waren die Diskussionen, die in zahlreichen Fragen bestehenden Gegensätze der Bündnispartner besonders charakteristisch.

Das Bündnis brachte für beide Seiten beträchtliche Vorteile – deshalb war es geschaffen und ein halbes Jahrhundert aufrechterhalten worden. Es besaß auch nachteilige Züge, die allerdings die Vorteile niemals überwogen. Der Kompromiß von 1867 sicherte der deutschösterreichischen Nationalität auch weiterhin ihre führende Rolle in Österreich und garantierte, daß dieses Österreich als Bestandteil Österreich-Ungarns auch weiterhin als Großmacht, als führendes Element eines großen Reiches fortbestehen konnte. Was jedoch den Kompromiß aus ungarischer Sicht betrifft, erscheint die Bewertung des Ausgleichs, wie sie der französische Historiker Louis Eisenmann vorgenommen hat, als richtig und plausibel: „Assurer l'existence, l'indépendance, la souveraineté de l'État hongrois en lui procurant une alliance permanente, et, par cette alliance même, lui donner les forces d'un grand État, pour soutenir le grand rôle qu'il ne peut plus jouer à lui seul, telle est l'idée politique dominante du Compromis."*

Wenn beide Bündnispartner mit diesem Ausgleich auch das sicherten, was sie als ihre historischen Ziele betrachteten, so erschien dieser Akt doch gleichzeitig auch als ein Scheitern insofern, als sie eben diese Ziele, die sie als ihre historische Berufung betrachteten, nicht völlig hatten erreichen können und nun im Interesse ihrer Verwirklichung zu deren teilweisen Aufgabe, zum Kompromiß gezwungen waren. In diesem Zusammenhang waren der Ausgleich und das dualistische System nach deutschösterreichischer wie ungarischer Anschauung die Verkörperung des Mißerfolgs, wie Josef Redlich – der für den Ausgleich bereits als klassisch anzusehende österreichische Historiker – geistreich angemerkt hat.[110]

Die dualistische Reichskonstruktion stellte also auch ihre Schöpfer nicht wirklich zufrieden. Die schweren inneren Probleme der Monarchie resultierten dennoch nicht aus der Disharmonie und den Gegebenheiten des österreichisch-ungarischen Verhältnisses. Diese Probleme wurzelten vor allem darin, daß keiner der beiden Reichsteile bzw. keines der beiden Länder des dualistischen Reiches in der Lage war, der „eigenen" Nationalitätenfragen Herr zu werden.

* „Die Existenz, die Unabhängigkeit und die Souveränität des ungarischen Staates zu sichern, ihm ein festes Bündnis verschaffend, und eben durch dieses Bündnis ihm die Macht eines großen Staates zu sichern, um die bedeutende Rolle, die er allein nicht mehr spielen kann, zu fördern – das ist der vorherrschende politische Gedanke des Ausgleichs."[109]

Die nationalen Fragen

Die dualistische Umgestaltung der alten Donaumonarchie war der spezifische Versuch, eine der ältesten, seit Jahrhunderten konfliktbeladene und nun äußerst akut gewordene Frage des großen ostmitteleuropäischen Reiches zu lösen. Wie im vorangegangenen Kapitel dargelegt, hat sich als Ergebnis der Neuordnung von 1867 im wesentlichen ein Bündnisverhältnis zwischen den beiden traditionellen Reichsteilen, zwischen deren deutscher und magyarischer Führungsschicht, herausgebildet. Gleichzeitig waren sowohl Österreich, bzw. die Erblande und die diesen angeschlossenen sonstigen Provinzen und Länder, als auch Ungarn, d. h. die unter der ungarischen Krone vereinten Länder (Ungarn mit Siebenbürgen, Kroatien und Fiume), souverän in der Handhabung ihrer inneren Angelegenheiten.

Damit wurden aber die Nationalitätenfragen des Vielvölkerreiches keineswegs umfassend gelöst, waren doch die beiden sich separierenden Teile selbst mit schweren internen Nationalitätenproblemen belastet.

An diesem Punkt müssen wir uns aber von jener Auffassung abgrenzen, nach der die dualistische Umgestaltung der multinationalen Habsburgermonarchie die Lösung der *internen* nationalen Fragen in beiden Teilen des Reiches verhindert habe. Diese Auffassung kursierte in der zeitgenössischen Publizistik wie in der späteren historischen Literatur und taucht auch heute noch auf. Unter den zeitgenössischen Vertretern finden wir nicht nur die Sprecher der untergeordnet gebliebenen Nationen, sondern auch jene Gruppen der Führungsschichten sowohl in der einen als auch in der anderen Reichshälfte, die in ihrem eigenen Land bei der Lösung der nationalen Fragen nicht weitergehen wollten.

Bei der Darstellung der österreichischen Nationalitätenfrage treffen wir auch heute noch auf konstruierte Hypothesen etwa der Art, die Lösung der nationalen Frage in Österreich sei durch den Umstand verhindert worden, daß die von den Ungarn erzwungene dualistische Umgestaltung die Gesamtreichsstruktur zerstört habe, die doch viel bessere Lösungen hätte bieten können. Diese These ist ein theoretisches Konstrukt und kann durch die historischen Prozesse nicht belegt werden. Der Dualismus schloß für keine Reichshälfte die Möglichkeit zur Föderationsbildung von vornherein aus. Wir können hier einen amerikanischen Historiker österreichischer Abstammung mit seiner kritischen Feststellung bezüglich derartiger Behauptungen zitieren: Der Ausgleich „...would have left the way open for a federalization of the Austrian part of the monarchy according to due constitutional process".*

Ebensowenig kann jene andere Auffassung bestätigt werden, die sich in der zeitgenössischen ungarischen Publizistik und auch im heutigen Schrifttum manchenorts findet und nach der die Nichtlösung der inneren nationalen Fragen des Vielvölkerstaates Ungarn mit dem Dualismus bzw. damit erklärt wird, daß sich Ungarn nicht vom Habsburgerreich trennte. Die weitgehende Souveränität in den inneren Angelegenheiten – und hierzu gehörte auch die Nationalitätenfrage – schuf Umstände, die auch eine andere, bessere Vorgehensweise zugelassen hätten, wenn dies die führenden Kräfte ernsthaft gewollt hätten. Zitieren wir die Feststellung eines heutigen ungarischen Historikers dieser Periode: „Grundsätzlich wäre ein Prozeß vorstellbar gewesen, in dessen Verlauf die magyarische herrschende Klasse ihre Hegemonie schrittweise aufgibt und anerkennt, daß innerhalb des Landes auch andere, gesonderte Nationen existieren. Aber dies hat die magyarische herrschende Klasse niemals akzeptiert. Und es war nicht 1867, was sie daran gehindert hat."[2]

Die dualistische Beziehung schloß – wie jede Beziehung – gleichermaßen Wirkungen wie Gegenwirkungen ein, aber sie konnte die Führer der dominierenden Nation weder der einen noch der anderen Reichshälfte daran hindern, die internen Nationalitätenangelegenheiten auf der Grundlage der Gleichberechtigung zu behandeln. Wenn auf diesem Gebiet befriedigende Lösungen nicht geschaffen worden sind, resultierte dies nicht aus der dualistischen Partnerschaft, sondern aus den Widersprüchen der inneren Strukturen, aus den Interessen und der hiervon bestimmten Politik, wie sie in beiden Ländern des Reiches jeweils von der politisch dominierenden Nationalität bzw. deren Führungsschicht vertreten wurden. Es ist aber unzweifelhaft, daß die Kräfte, die an der Aufrechterhaltung der deutschösterreichischen Hegemonie in Österreich und der magyarischen Hegemonie in Ungarn interessiert waren, auch danach strebten, den Dualismus für ihre hegemonialen Ziele zu nutzen.

Die dualistische Umgestaltung war – wie bereits erwähnt – ein neuartiger, aber in staatsrechtlichen Voraussetzungen wurzelnder Weg zur Lösung des akutesten nationalen Problems, der schwersten inneren Spannungen. Die Dualität der Staatsstruktur der Habsburgermonarchie entstand nämlich nicht erst 1867, wenn auch die im konstitutionellen Dualismus sich verkörpernde charakteristische konkrete Form dieser Dualität eine neuartige Struktur gegeben hat. Nichtsdestoweniger hatte dies alles gewissermaßen eine Jahrhunderte alte staatsrechtliche Vorgeschichte, d. h.: „Das Problem des österreichisch-ungarischen Dualismus kann geschichtlich tief begründet ... werden."[3]

Das große Habsburgerreich entwickelte sich zu Beginn des 16. Jahrhunderts, als die Habsburger, die im Besitz der sogenannten Erblande waren, die böhmische und die ungarische Krone erwarben und damit die zu den beiden Kronen gehörenden Länder und Provinzen.[4] Die ständemäßig autonomen Provinzen faßte jedoch der gemeinsame Herrscher für geraume Zeit nur lose zusammen, zumal einen großen

* „...hätte den Weg zur Föderalisierung des österreichischen Teiles der Monarchie, dem rechtmäßigen konstitutionellen Prozeß entsprechend, offen gelassen".[1]

Teil der zur ungarischen Krone gehörenden Gebiete die Türken beherrschten. Nachdem die böhmischen Selbständigkeitsbestrebungen in der Schlacht am Weißen Berg (1620) eine vernichtende Niederlage erlitten hatten, schloß der absolutistische Herrscher die Länder der böhmischen Krone unter Anwendung schrecklicher Repressalien mit den Erblanden zusammen und behandelte sie wie ein erobertes Land.[5] Ähnliches wurde nach der Türkenbefreiung auch mit den ungarischen Kronländern Ende des 17. und Anfang des 18. Jahrhunderts versucht, aber mit geringerem Erfolg, wie der Thököly-, dann der Rákóczi-Aufstand und der Kompromiß im Frieden von Sathmar 1711 zeigen.[6]

Auch wie und in welcher Form die Pragmatische Sanktion von Ungarn angenommen wurde, macht deutlich, daß die allgemeine Anerkennung eines gemeinsamen Herrschers und gemeinsamer Sicherheitsbelange im Reich eigentlich die frühere ständische Sonderstellung der Länder der ungarischen Krone innerhalb des Ganzen der Habsburgermonarchie stärkte und kodifizierte.[7]

Die staatsrechtlichen Reformen Maria Theresias lagen auf derselben Linie: Mit der Staatsverwaltungsordnung von 1749 faßte sie die Erblande und die Länder der böhmischen Krone zu einem einheitlichen Staat zusammen. Der Ausbau des bürokratischen Apparats dieser Länder erfolgte nach identischem Prinzip. Die Behörden und die Gerichtsorgane verwendeten einheitlich die deutsche Sprache, und das Deutsche wurde auch die Schulsprache. „Die einzelnen deutschen Erblande und die Länder der böhmischen Krone, die selbst nach der Schlacht am Weißen Berg weiterhin staatsrechtlich nebeneinander bestanden hatten", schreibt der Grazer Historiker Berthold Sutter, „wurden zu einem neuen Einheitsstaat vereinigt, der von Wien aus zentralistisch geleitet wurde und dem nunmehr die Länder der Stephanskrone als zweiter großer Komplex gegenüberstanden."[8] Diese staatsrechtliche Dualität wurde noch mehr durch die Errichtung einer Zollgrenze zwischen den beiden Komplexen betont, die bis 1850 erhalten blieb.[9]

Hans Lentze, der Ende der 1960er Jahre verstorbene Rechtsprofessor an der Wiener Universität, hat diesen historischen Prozeß staatsrechtlicher Strukturbildung in seinem Vortrag anläßlich des 100. Jahrestages des Ausgleichs wie folgt charakterisiert: „Österreich, (Zisleithanien) wurde als Teilstaat der Habsburgermonarchie durch die Staatsreform der Kaiserin Maria Theresia geschaffen. Maria Theresia fügte die deutsch-österreichischen Erbländer und die Länder der böhmischen Krone zu einem einheitlichen Staate zusammen. Dieser von Maria Theresia geschaffene österreichische Staat hat sich in seiner Grundstruktur bis zum Untergang der Monarchie im Jahre 1918 erhalten."[10] Mit Galizien, das mit der Aufteilung Polens erworben wurde, und der Inbesitznahme der Bukowina 1775 wurde der von Maria Theresia geschaffene „zisleithanische" Staat heterogener. Joseph II. versuchte, das gesamte Konglomerat einschließlich der Länder der ungarischen Krone auf zentralistischer Grundlage neu zu organisieren, aber sein Unterfangen scheiterte nach nicht einmal einem Jahrzehnt. Seine Nachfolger unternahmen eine Zeitlang keine ähnlichen Versuche. Auch die Annahme des Titels österreichischer „Kaiser" im Jahr 1804 änderte nichts daran, daß die Länder der ungarischen Krone innerhalb der „Habsburgermonarchie" – und eben nicht innerhalb des „Kaisertums" – einen gesonderten staatsrechtlichen Teil bildeten.[11] Im Zuge der europäischen Umgestaltung nach dem napoleonischen Zeitalter erweiterte sich die

Habsburgermonarchie um zwei italienische Provinzen (Lombardei, Venetien) und Dalmatien. Ihre Heterogenität nahm zu, aber dessenungeachtet wirkte die theresianische Reform weiter, und die Zusammenfassung der Erblande und der Länder der böhmischen Krone zu einer engeren staatlichen Einheit – unter Beibehaltung der Gliederung in Provinzen – erwies sich als dauerhafte staatsrechtliche Struktur.

So kann in dem bunt gescheckten Konglomerat der Habsburgermonarchie die Separierung der Länder in zwei große Teile – einerseits in die Erblande mit den angeschlossenen sonstigen Ländern, andererseits in die Länder der Stephanskrone – auf eine lange historische Vergangenheit zurückblicken. Diese Zweiteilung drückte sich prägnant auch in der Revolution von 1848 aus. Als definitive staatliche Einheit gestalteten sich die Länder der ungarischen Krone im Frühjahr 1848 mit den Aprilgesetzen zur konstitutionellen Monarchie um, während die übrigen Länder des Reiches – ohne die italienischen Provinzen – als eine andere Staatseinheit dasselbe mit dem Kremsierer Verfassungsentwurf versuchten.[12]

Dem Sieg der Reaktion über die Revolutionen folgte als Gegenschlag der Habsburger der neuerliche, eineinhalb Jahrzehnte dauernde Versuch einer zentralistischen Gesamtreichskonstruktion – und dessen neuerliches Scheitern. So bot sich – nach dem Verlust der italienischen Provinzen – in der zweiten Hälfte der sechziger Jahre dem Habsburgerreich als Möglichkeit weiterer Entfaltung nur mehr die Einsicht in seine historisch entstandene dualistische Staatsstruktur und deren modernisierter Ausbau. Der französische Kenner der Habsburgermonarchie, Victor Tapié, faßt dies gut zusammen: „Ainsi à l'ancienne union dynastique qui avait existé à partir de 1526, à l'empire unifié qu'avait voulu établir Félix Schwarzenberg, succédait une association perpétuelle entre deux États modernes: l'Autriche-Hongrie était née à son tour."* Der Ausgleich hat also die Doppelstruktur der Habsburgermonarchie nicht geschaffen, sondern diese duale, Jahrhunderte alte Struktur auf die neue Grundlage des Konstitutionalismus und des Bündnisverhältnisses gestellt. „Die besondere Stellung Ungarns im Rahmen der Gesamtmonarchie war ja schon seit 1526 eine historische Realität", schreibt Robert Kann.[14] Und Hans Lentze schließlich verweist auf die zwei Seiten der ungarischen Inartikulation des Erbfolgegesetzes und betont: „Die Pragmatische Sanktion bildete in der Tat die rechtliche Grundlage des Dualismus."[15]

UNGARNS NATIONALITÄTENZUSAMMENSETZUNG

Das Ungarn des dualistischen Systems war ungefähr 325 000 km² groß, seine Einwohnerzahl betrug zu Beginn der Periode ca. 15, am Ende etwa 21 Millionen, und es war ein Vielvölkerstaat.[16] Staatsrechtlich gesehen bestand es aus drei Teilen: das mit Siebenbürgen vereinigte Ungarn mit 87% der Fläche und der Einwohnerzahl, das über innere Selbstverwaltung verfügende Kroatien mit 13% der Fläche und der Einwohnerzahl sowie die Stadt Fiume mit Umgebung, die ein *Corpus*

* „So folgte auf die alte dynastische Union, die seit 1526 bestanden hatte, und das einheitliche Reich, das Felix Schwarzenberg schaffen wollte, ein dauerhaftes Bündnis zweier moderner Staaten: Es kam zur Geburt Österreich-Ungarns."[13]

separatum von 21 km² Fläche und etwa 39 000 Einwohnern (1900) bildete. In den amtlichen Schriften und Statistiken wurden die drei staatsrechtlichen Teile zusammen, um sie von Ungarn ohne Kroatien unterscheiden zu können, mit dem Namen „Ungarisches Reich" bezeichnet. Die Nationalitätenzusammensetzung des „Ungarischen Reiches" war zur Jahrhundertwende, als die Gesamteinwohnerzahl 19 254 559 betrug, folgende: [17]

Tab. 1: Nationalitäten im „Ungarischen Reich"

Nationalität	Zahl (gerundet, in 1000)	Anteil (%)
Magyaren	8742	45,4
Rumänen	2799	14,5
Deutsche	2135	11,0
Slowaken	2020	10,4
Kroaten	1682	8,7
Serben	1048	5,4
Ruthenen	429	2,2
Slowenen	99	0,5
Sonstige Slawen	203	1,0
Sonstige	95	0,5

Die Nationalitätenzusammensetzung in Ungarn mit Fiume, aber ohne Kroatien, war 1900 bei einer Gesamteinwohnerzahl von 16 838 255 folgende:

Tab. 2: Nationalitäten in Ungarn

Nationalität	Zahl (gerundet, in 1000)	Anteil (%)
Magyaren	8651	51,4
Rumänen	2798	16,6
Slowaken	2002	11,8
Deutsche	1999	11,8
Serben	438	2,6
Ruthenen	425	2,5
Kroaten	191	1,1
Slowenen	79	0,4
Sonstige Slawen	170	1,0
Sonstige	83	0,5

Die amtlichen Statistiken zählen Fiume zu Ungarn. Es ist jedoch lohnend, sich auch die Nationalitätenzusammensetzung der Stadt Fiume und ihrer Umgebung mit zusammen 39 000 Einwohnern (1900) anzusehen:

Tab. 3: Nationalitäten in Fiume

Nationalität	Zahl		Anteil (%)	
Italiener	17 352		44,5	
Kroaten	7492	12 628	19,2	32,3
Dalmater, Illyrer	5136		13,1	
Magyaren	2842		7,2	
Slowenen	2251		5,7	
Deutsche	1945		4,9	
Tschechen	147		0,3	

Die Einwohnerzahl von Kroatien betrug 1900 2 416 304, die Nationalitätenzusammensetzung war folgende:

Tab. 4: Nationalitäten in Kroatien

Nationalität	Zahl (gerundet, in 1000)	Anteil (%)
Kroaten	1491	61,6
Serben	611	25,3
Deutsche	136	5,6
Magyaren	91	3,7
Tschechen	32	1,3
Slowenen	20	0,8
Slowaken	17	0,7

(Die einen Bruchteil bildenden sonstigen oder unbestimmbaren Nationalitäten sind in den letzten beiden Tabellen nicht aufgeführt.)

Bei der Betrachtung der Nationalitätenzusammensetzung von Ungarn und von Kroatien sind einige Zusammenhänge besonders beachtenswert: Vor allem, daß nicht nur Ungarn, sondern auch Kroatien ein Vielvölkerstaat war. In Kroatien umfaßte das stärkste nationale Element, die Kroaten, 61,6% der Bevölkerung, sein Anteil war also etwas größer als der Anteil des stärksten nationalen Elementes in Ungarn – der Magyaren mit 51,4%. Interessant ist aber auch, ihre Anteile zusammen mit der deutschen Nationalität zu betrachten. In Kroatien umfaßten die kroatische und die deutsche Nationalität zusammen 67,2%, in Ungarn die magyarische und deutsche Nationalität zusammen 63,2%. Die Nationalitätenstruktur Ungarns und Kroatiens wies also eine gewisse Ähnlichkeit auf.

Ein zweites beachtenswertes Moment war die Verteilung der serbischen Nationalität auf Ungarn und Kroatien. In Kroatien lebten 610 908 serbische Einwohner, in Ungarn 437 737. Während dies in Ungarn 2,6% der Bevölkerung ausmachte, stellten die Serben in Kroatien mit 25,3% der Bevölkerung die stärkste Nationalität dar.

Weiterhin ist auffällig, daß in beiden Ländern das führende nationale Element des jeweils anderen Landes nur in verschwindend kleiner Anzahl vertreten war. In Ungarn lebten 191 432 Kroaten, fast ausschließlich in Transdanubien, in Kroatien nur 90 781 Magyaren. Diese Nationalitätenzusammensetzung trug – neben den historischen Gegebenheiten natürlich – dazu bei, daß die magyarische Führungsschicht die staatsrechtliche Sonderstellung Kroatiens anerkannte.

In diesem Zusammenhang stellt sich die Frage, warum die magyarische Führungsschicht von Anfang an eine ähnliche Lösung in Siebenbürgen ausschloß, hatte sich doch dort ebenfalls historisch eine gewisse Autonomie herausgebildet. In Siebenbürgen lebten 1900 2 476 998 Menschen, davon 814 994 Magyaren (33%), d. h. ein Drittel der Bevölkerung dieses Landesteiles. Dies entsprach etwa 10% der im Karpatenbecken lebenden Magyaren. Hingegen lebte die Hälfte (1 397 282) der Rumänen des Karpatenbeckens 1900 auf dem Gebiet des historischen Siebenbürgens und machte damit 56% der Einwohnerschaft dieses Landesteiles aus. Die Aufrechterhaltung der staatsrechtlichen Autonomie in Siebenbürgen hätte also völlig andere Nationalitätenzusammenhänge geschaffen als diejenigen, die sich aus der Sonderstellung Kroatiens ergaben. Wäre Siebenbürgen der Provinzstatus erhalten geblieben, wäre ein Drittel der Bevölkerung, also die Minderheit, magyarischer Nationalität gewesen. Als Folge der Union mit Ungarn war das siebenbürgische Magyarentum Bestandteil der Mehrheitsnation des gesamtstaatlichen Ungarn. Wäre also Siebenbürgen innerhalb des „Ungarischen Reiches" zu einer ähnlich autonomen Einheit wie Kroatien geworden, dann wären 10% des im Karpatenbecken lebenden Magyarentums in eine Minderheitenlage geraten, während die kroatische Autonomie lediglich 0,5% der Magyaren des Karpatenbekkens tangierte. Ein weiterer wichtiger und grundlegender Unterschied lag ferner darin, daß in Siebenbürgen die Klasse der magyarischen Grundbesitzer die führende wirtschaftliche und politische Rolle einnahm, in Kroatien dagegen die führende Funktion beim kroatischen Grundbesitz und Bürgertum lag. In Siebenbürgen hatte sich das kulturelle Entwicklungsniveau anders als in Kroatien nicht nach der Größe der Nationalitäten differenziert. Die Anerkennung der Sonderstellung Kroatiens verursachte unter diesen Gesichtspunkten keine Probleme, in Siebenbürgen dagegen waren die Schwierigkeiten offensichtlich.

Wenn wir die potentielle Autonomie Siebenbürgens mit der realen Kroatiens vergleichen, muß auch darauf verwiesen werden, daß die kroatische Autonomie selbstverständlich mit der führenden Rolle des kroatischen nationalen Elements einherging. Und zwar nicht nur infolge des zahlenmäßigen Übergewichts (62%), sondern auch wegen des kulturellen und wirtschaftlichen Entwicklungsstandes des Kroatentums innerhalb des Landes, ganz zu schweigen von den historischen Traditionen. So führte die kroatische Autonomie nicht zur Verschärfung der nationalen Gegensätze innerhalb des Landes, aber auch nicht zu ihrer Lösung. In Siebenbürgen dagegen hätte der Widerspruch zwischen dem unterschiedlichen kulturellen und wirtschaftlichen Entwicklungsstand der Ethnien sowie zwischen den historischen Traditionen der Führung einerseits und der zahlenmäßigen Mehrheit der rumänischen Nationalität (56%) andererseits im Fall einer Autonomie vermutlich zu ähnlichen – wenn nicht noch schärferen – inneren nationalen Spannungen geführt, wie sie Ungarn nach der Union kennzeichneten. Nichtsdestoweniger hätte die Wahrung der Autonomie Siebenbürgens für die Nationalitätenverhältnisse in der Periode des Dualismus wahrscheinlich in mehrfacher Hinsicht auch ein Positivum bedeuten können. Eine Autonomie hätte dem im Karpatenbecken lebenden Rumänentum zu einem bedeutsameren Forum verhelfen können, und sie hätte vielleicht dazu beigetragen, die hier lebenden Nationen zu einem dauerhafteren Kompromiß untereinander finden zu lassen.

Ein weiteres Charakteristikum der Nationalitätenstruktur Ungarns und Kroatiens war, daß einige Nationalitäten als Ganzes, andere nur teilweise innerhalb der Staatsgrenzen lebten. Die Magyaren lebten mit geringfügiger Ausnahme in Ungarn, ebenso die Slowaken. Die große Masse der Kroaten lebte in Kroatien, ein Teil jedoch auf dem Gebiet des österreichischen Staates (Dalmatien, Istrien) bzw. außerhalb der Monarchie (Bosnien). Serben gab es, wie wir gesehen haben, in Ungarn bzw. in Kroatien, ihre entscheidende Mehrheit jedoch war außerhalb der Monarchie zu finden (Serbien, Bosnien-Herzegowina). Der größere Teil der Rumänen lebte außerhalb der Monarchie, die Rumänen innerhalb der Monarchie zum überwiegenden Teil in Ungarn (in der Bukowina lediglich eine Viertelmillion). Die große Mehrheit des ukrainischen Volkes lebte ebenfalls außerhalb der Monarchie, und von den Ukrainern innerhalb der Monarchie nur ein kleiner Teil in Ungarn. Zusammengefaßt: In Ungarn wie im „Ungarischen Reich" gehörten etwa 65% der Bevölkerung einer solchen Nationalität an, die insgesamt oder in ihrer entscheidenden Mehrheit auf dem Gebiet des Landes bzw. des „Reiches" lebte.

Die Angaben zur Zusammensetzung der Nationalitäten in Ungarn sind der amtlichen Statistik von 1900 entnommen. Gerade deshalb muß angeführt werden, daß während der ein halbes Jahrhundert dauernden dualistischen Periode in der Nationalitätenzusammensetzung Ungarns – hier wird jetzt von Kroatien abgesehen – eine gewisse Verschiebung zugunsten des magyarischen nationalen Elementes erfolgt ist. 1880 betrug nach der amtlichen Statistik der Anteil des Magyarentums in Ungarn 46,7%, 1910 nach den amtlichen Angaben 54,5%.

Diese – wenn auch nicht unbedeutende – Verschiebung hat die Nationalitätenstruktur Ungarns im wesentlichen jedoch nicht verändert. Die Verschiebung hatte mehrere Ursachen: Das Magyarentum besaß im Vergleich zur Nationalitätenbevölkerung eine höhere natürliche Wachstumsrate, ferner war die Nationalitätenbevölkerung in stärkerem Maß von der Auswanderung um die Jahrhundertwende betroffen. Und schließlich spielte auch das Faktum eine wichtige Rolle, daß während dieses halben Jahrhunderts in manchen Kreisen der deutschen und slowakischen Nationalität in Ungarn sowie im sprachlich noch nicht voll assimilierten Teil der jüdischen Bevölkerung die Vermagyarisierung beträchtlich war. Die Verschiebung in den prozentualen Bevölkerungsanteilen ergab sich ganz überwiegend aus diesen Faktoren. Hier stellt sich aber bereits die weiterführende Frage nach dem ungarischen Nationsbegriff.

DER NATIONSBEGRIFF DES UNGARISCHEN LIBERALISMUS

Um die Wende vom 18. zum 19. Jahrhundert begann sich ein „modernes" magyarisches Nationalbewußtsein auszubilden. Seine Träger füllten den Begriff „Ungarische Nation" *(Natio Hungarica)* mit neuem Inhalt, der sich aus den Ideen des französischen Rationalismus bzw. der Aufklärung speiste. Nach diesem Denken sind „Staat" und „Nation" deckungsgleiche Begriffe: Der Staat umfaßt die Nation, bzw. das, was der Staat umfaßt, das ist die (französische) Nation. Zu Beginn des Jahrhunderts drückte sich auch die ungarische nationale Idee in diesen Begriffen aus: Es ist nicht mehr nur der Adel des historischen ungarischen Staates, der die

Natio Hungarica bildet, sondern die gesamte Bevölkerung, ungeachtet dessen, daß sie in der Sprache nicht einheitlich, nicht ausschließlich magyarisch ist. Den damaligen Vertretern des ungarischen Nationalgedankens schien es nur eine Frage des Wollens und der entsprechenden Bemühungen, d. h. vor allem der Pflege, Entwicklung und Verbreitung der magyarischen Sprache, und der historische Staat Ungarn in seiner Ausdehnung über das ganze Karpatenbecken würde sich selbstverständlich auch in Sprache und Kultur als magyarische Nation darstellen.[18]

Indessen stellte sich bald heraus, daß dieser Prozeß nicht so selbstverständlich war. Die gleichen Vorstellungen und das Verlangen nach nationaler Entwicklung erfaßte auch die slowakisch, deutsch, rumänisch, südslawisch sprechende Bevölkerung, in erster Linie natürlich die Intelligenzschicht, und trieb sie zur Pflege ihrer eigenen Sprache, zur Ausformung ihrer eigenen Nationalität an. Der Anspruch auf „magyarisch nationale" Füllung des historischen ungarischen Staatsrahmens einerseits und der Anspruch der nichtmagyarischen Nationen auf Herausbildung ihrer eigenen nationalen Identität andererseits wurden zur Quelle ständiger Konflikte.[19]

In den vierziger Jahren des 19. Jahrhunderts, als sich das Gedankengut des magyarischen Liberalismus bereits voll entwickelt hatte, wurde dieser Konflikt heftig und unausweichlich. Ein großer Teil der magyarischen Liberalen wollte eine Lösung im Sinne der ursprünglichen Konzeption erzwingen. Ein Teil des liberalen Lagers nahm jedoch – auf die Einsichten und Warnungen Széchenyis hörend[20] – in den vierziger Jahren zur Kenntnis, daß das Vaterland nicht nur von Menschen ungarischer Muttersprache bewohnt wurde, und auch, daß dies ein dauerhafter Zustand sein würde, gleichwohl sie auf die Verbreitung der ungarischen Sprache vertrauten. Daher hielten sie im Schulwesen und im Sprachgebrauch der Bevölkerung liberale Prinzipien durchaus für anwendungsfähig. Gleichzeitig beharrten aber auch sie auf einem politisch einheitlichen und magyarisch geprägten Staat.

Für Einheitlichkeit und magyarischen Charakter des Staates stand der Begriff der „ungarischen politischen Nation"; die Pflege der nichtungarischen Sprachen und Kulturen war „Nationalitätenrecht". So bedeuteten „Nation" und „Nationalität" grundsätzlich unterschiedliche Kategorien im magyarischen liberalen Denken und in der Publizistik der vierziger Jahre. „Nation" hing engstens mit der politisch-staatlichen Organisation zusammen, gibt doch – nach den Ideen der französischen Aufklärung – die Nation einer staatlichen Organisation den Charakter. Da es aber auf dem zur ungarischen Krone gehörenden Gebiet im Sinne der magyarischen liberalen Auffassung zwei staatsrechtliche (staatliche) Einheiten gab, die ungarische und die kroatische, wurden beide dieser Nationen als politische Nationen anerkannt. Gleichzeitig war innerhalb der ungarischen politischen Nation eine Mehrsprachigkeit der Bevölkerung gegeben, d. h. außerhalb des Ungarischen gab es „Nationalitäten", denen die aus liberalen Prinzipien abzuleitenden Rechte zu gewähren waren, nicht öffentlich-rechtliche und politisch-staatliche also, sondern auf den Sprachgebrauch, auf die kulturellen und die religiösen Bedürfnisse bezogene Rechte.

Unbestritten stellte diese in den vierziger Jahren entwickelte Auffassung des magyarischen Liberalismus einen Fortschritt gegenüber den Ideen am Anfang des 19. Jahrhunderts und der darin verwurzelten Denkweise eines großen Teiles der

Liberalen dar, dennoch entsprach auch sie nicht den realen Verhältnissen. Die in ihren sprachlichen und kulturellen Eigenarten anerkannten „Nationalitäten" betrachteten sich ebenso als „Nationen" bzw. als politische Nationen wie die Ungarn und die Kroaten, auch dann, wenn sie ihre nationale Existenz nicht in selbständiger Staatlichkeit, sondern mit einer die staatliche Einheit nicht verletzenden Autonomie, z. B. einer öffentlich-rechtlichen Sonderstellung auf Komitatsebene, zum Ausdruck bringen wollten. Da sie für ihre Nationen prinzipiell den gleichen Status beanspruchten wie die Ungarn für sich selbst, empfanden sie es als besondere Erschwernis, daß das Ungarische zur „Amstssprache" erhoben wurde, denn gerade darin sahen sie den Ausdruck dessen, daß der Charakter des Staates durch eine Nation bestimmt wird, der gegenüber die eigene Nationalität zur zweitrangigen degradiert wurde. Für besonders diskriminierend erachteten sie deshalb den Gesetzartikel II/1844, welcher nicht nur in den staatlichen Einrichtungen und Ämtern, sondern unter §9 auch in den Schulen („Unterrichtssprache") den Gebrauch der ungarischen Sprache vorschrieb.[21]

Solange die magyarischen Liberalen nicht im Besitz der Staatsgewalt waren, führten diese Diskussionen und Differenzen nicht zu schwereren Konflikten. Im Verlauf von 1848/1849 jedoch, als die magyarischen Liberalen ihre Grundsätze in der nationalen und Nationalitätenfrage nunmehr bereits aus einer Machtposition heraus vertraten, verschärfte sich der Konflikt und führte zu schwerwiegenden Folgen. Sich den Konsequenzen zu stellen ließ sich nicht länger vermeiden, und ein Teil des liberalen Lagers zog seine Lehre daraus. Sein Gesinnungswandel spiegelt sich darin, daß er bereits 1848 den Grundsatz akzeptierte, den Kroaten weitgehende Autonomie, eventuell sogar die völlige Selbständigkeit zu gewähren, und mehr noch im Nationalitätenbeschluß von 1849. Hier wurde zwar für das mit Siebenbürgen vereinigte Ungarn (Kroatien wurde ausgenommen) die Konzeption der einheitlichen ungarischen politischen Nation im Prinzip nicht aufgegeben, die Nationalitätenrechte wurden aber doch weitgehend gesichert. Der Nationalitätenbeschluß war also ein Kompromiß – und wäre rechtzeitig gehandelt worden, hätte auch in der Praxis ein vorläufiger Kompromiß zwischen der ungarischen und den nichtungarischen Nationen zustande kommen können.[22] Nach 1849 basierte die liberale Politik in Ungarn und in der Emigration im wesentlichen auf dieser theoretischen Grundlage.

In der Nationsauffassung des magyarischen Liberalismus erhielt also das Prinzip der „einen politischen Nation" besonderes Gewicht. Dies bedeutete: Das historische Ungarn – Kroatien nicht eingeschlossen – bildet, unabhängig davon, daß ein großer Teil seiner Bevölkerung nicht ungarisch spricht, eine politische Nation und einen einheitlichen – ungarischen – Staat. Innerhalb dieser einheitlich vertretenen Grundkonzeption waren aber mindestens drei Hauptrichtungen zu unterscheiden.

Die eine war der Ansicht, die ungarische politische Nation könne und müsse auch in ihrer Sprache zur ungarischen, d. h. magyarischen gemacht werden, und dies sei mittels tatkräftiger Maßnahmen innerhalb verhältnismäßig kurzer Zeit zu erreichen.

Die andere Richtung nahm die Realität der Sprachenunterschiede zur Kenntnis und hielt dies für einen dauerhaften Zustand, der mit Regierungsmitteln nicht geändert werden konnte. Sie war zu weitgehender Anerkennung der Vielfalt auf sprachlichem, kulturellem, religiösem Gebiet bereit. Gleichzeitig wollte sie ausdrücklich betont wissen, der ungarische Staat bilde „eine politische Nation“, und diese besitze einen magyarischen Charakter, den die Nationalitäten als Gegenleistung für die Gewährung weitgehender Nationalitätenrechte anzuerkennen hätten.

Die dritte Richtung kam nicht nur zur Einsicht, daß die sprachlichen, kulturellen und religiösen Ansprüche der Nationalitäten zu befriedigen und den liberalen Prinzipien gemäß zu behandeln waren, sondern erkannte auch, daß die Konzeption der einheitlichen ungarischen politischen Nation für die Nationalitäten grundsätzlich unannehmbar war. Wenn diese Richtung die Konzeption der einheitlichen ungarischen politischen Nation auch nicht aufgab, so erzwang sie doch nicht deren prinzipielle Anerkennung durch die Nationalitäten und suchte auf diese Weise die Lösung im Kompromiß.

Vom Beginn der österreichisch-ungarischen Einigungsbestrebungen (1865) über den Ausgleich (1867) bis zur Annahme des kroatischen Autonomie- und des Nationalitätengesetzes (1868) waren alle diese drei Richtungen des magyarischen Liberalismus anzutreffen. Und der Standpunkt, der schließlich in die Gesetze von 1868 Eingang fand, hatte sich nicht zuletzt aus den Kämpfen zwischen diesen Richtungen herauskristallisiert. Die erste Richtung, deren wichtigste Sozialbasis die magyarischen Grundbesitzer in den Komitaten der Nationalitätengebiete darstellten, dominierte in den Komitaten und verfügte auch im Reichstag über ziemlich viele Stimmen. Zum Hauptvertreter der zweiten Richtung wurde Deák, während Eötvös der bedeutendste Exponent der dritten Richtung war. So beschränkte sich in diesen Jahren der Streit um die Regelung der Nationalitätenfragen nicht auf Zusammenstöße zwischen den führenden Persönlichkeiten des magyarischen liberalen Lagers und den Nationalitätenabgeordneten, sondern der politische Kampf fand auch im Lager der magyarischen Liberalen selbst, d. h. zwischen deren Hauptrichtungen statt.

Die Führer der Nationalitäten betrachteten die Konzeption der dualistischen Umgestaltung im allgemeinen nicht von vornherein als für ihre nationalen Rechte abträglich und kämpften daher um die Erlangung eines gewissen Autonomiestatus der Nationalitäten innerhalb des ungarischen Staatsrahmens. Die ungarländischen Nationalitäten hatten nämlich auch zur Zeit des Provisoriums – trotz entsprechender Versuche Schmerlings – keine faktischen Begünstigungen von Wien erhalten. Die Siebenbürger Rumänen bildeten in dieser Hinsicht eine Ausnahme; ihre Führer hatten 1863 bedeutenden Einfluß im Siebenbürgischen Landtag gewonnen. Da die dualistische Umgestaltung mit der neuerlichen Sanktionierung der Union bzw. der Aufhebung der Autonomie Siebenbürgens einherging, sahen sie bereits in der dualistischen Umgestaltung an sich eine Erschwernis und boykottierten deshalb den Reichstag von 1865 bis 1868. Die Führer der ungarländischen Rumänen dagegen nahmen aktiv an den Wahlen von 1865 und dann an den Auseinandersetzungen im Abgeordnetenhaus teil.

So stellte sich in der Ausgleichsperiode neben der Neuordnung des österreichisch-ungarischen Verhältnisses also auch die zentrale Frage, wie sich innerhalb der beiden Teile des dualistisch strukturierten Reiches das Verhältnis der dort lebenden Nationen entwickeln würde. Von der Gesamtperspektive der Staatsordnung her gesehen waren diese beiden Fragen gleich bedeutend.

DIE KROATISCHE AUTONOMIE

Die Jahre 1848/49 hatten den Ausbruch schwerer Konflikte zwischen der ungarischen und der kroatischen Nationalbewegung mit sich gebracht. In der Periode des Neoabsolutismus waren die Kroaten mit der Politik Wiens jedoch unzufrieden und deshalb einer Rückkehr zur alten staatlichen Gemeinsamkeit mit Ungarn nicht abgeneigt.[23] Dieser Wunsch kam auch zur Zeit des zentralistischen Systems Schmerlings zur Geltung. Nach Beginn der dualistischen Einigungsbestrebungen 1865 betrachtete die herrschende Schicht Kroatiens die Unterhandlungen zwischen Wien und Pest jedoch mit immer größerem Mißtrauen. Sie mußte damit rechnen, daß mit der dualistischen Umorganisation der Habsburgermonarchie Kroatien Ungarn gegenüber eine untergeordnete Position erlangen würde. Die kroatische Auffassung stellte auch jetzt nicht in Frage, daß Kroatien historisch nach dem Recht der Stephanskrone zur Habsburgermonarchie zählte. Auch wurde nicht bestritten, daß hieraus eine engere Verbindung zwischen Ungarn und Kroatien folgte. Was jedoch nicht anerkannt wurde, war, daß diese Verbindung die Hegemonie Ungarns bedeuten sollte. Die führende Schicht Kroatiens stellte sich das staatsrechtliche Verhältnis zu Ungarn im wesentlichen als Personalunion vor. Der kroatische Landtag brach den 1861 zum ungarischen Reichstag aufgenommenen Kontakt nicht ab, beharrte aber darauf, der ungarische Reichstag solle die Einheit, Selbständigkeit und gleichwertige Rechtsposition Kroatiens bzw. das paritätische Prinzip bei der Ordnung des Verhältnisses zwischen den beiden Ländern noch vor der konkreten Bestimmung der kroatisch-ungarischen staatsrechtlichen Beziehungen im Vorwege anerkennen. Unter solchen Bedingungen war der ungarische Landtag nicht zu Verhandlungen bereit.

Die Ernennung der Regierung Andrássy, dann die Krönung und die Sanktionierung des Ausgleichsgesetzes stärkten Ungarns Position gegenüber Kroatien. Ende April 1868 begannen die Delegationen des ungarischen Reichstags und des kroatischen Landtags, substantielle Verhandlungen über die kroatische Autonomie zu führen.[24]

Schließlich wurde zwischen den Abgesandten eine Vereinbarung erzielt, die in die ungarische Gesetzsammlung als Gesetzartikel XXX/1868, in die kroatische als Gesetzartikel I/1868 inartikuliert wurde.[25]

Die prinzipielle Grundfeststellung des kroatischen Autonomiegesetzes lautete, daß Kroatien eine „ein besonderes Territorium besitzende politische Nation" ist und „in seinen inneren Angelegenheiten eine eigene Gesetzgebung und Regierung besitzt" (§59). Gleichzeitig „bilden" Ungarn und Kroatien „eine und dieselbe Staatsgemeinschaft" sowohl innerhalb der Monarchie als auch darüber hinaus gegenüber anderen Ländern (§1). Im weiteren beschreibt das Gesetz detailliert diese Gemeinschaft, sowohl auf der legislativen wie der exekutiven Ebene, um dann – weniger ausführlich – den Autonomiebereich zu behandeln.

Aus der staatlichen Gemeinschaft folgt, daß der König Ungarns und der König Kroatiens im Sinne der Pragmatischen Sanktion ein und dieselbe Person ist „und mit einer und derselben Krönungshandlung gekrönt wird" (§2). In den Angelegenheiten, die als gemeinsame Angelegenheiten Österreichs und Ungarns oder als in gemeinsamem Einverständnis zu regelnd festgelegt worden sind, gilt auch die

Staatsgemeinschaft zwischen Kroatien und Ungarn sowohl in der Legislative wie in der Regierung (§§3,4). Darüber hinaus gibt es weitere gemeinsame Angelegenheiten zwischen Ungarn und Kroatien. Hierzu gehört die Abstimmung über den Haushalt der Hofhaltung (§6), weiter jene Rechte, die der österreichisch-ungarische Ausgleich den Ländern der ungarischen Krone im Militärbereich zugesichert hatte, wie z. B. die Rekrutenaushebung. Der Verteilungsschlüssel für die jeweilige Rekrutenaushebung in Ungarn und in Kroatien bestimmt sich nach dem Bevölkerungsanteil der beiden Länder. Außerdem besagte das Gesetz, daß „die auf Kroatien, Slawonien und Dalmatien entfallenden Rekruten ... in die Regimenter dieser Länder eingereiht [werden]" (§7).

Das Gesetz erklärt die Finanzen ziemlich umfassend zu Gemeinsamen Angelegenheiten. Und zwar nicht nur die Finanzangelegenheiten, die bereits im österreichisch-ungarischen Verhältnis als gemeinsame galten, also den gemeinsamen Haushalt, die Banknotenemission usw., sondern wesentlich mehr, z. B. die staatliche Kreditaufnahme und das gesamte Steuersystem. Als Ausführungsorgan bestimmt das Gesetz den ungarischen Finanzminister (§§8, 9). Der Finanzminister übt seine Regierungsgewalt über die von ihm ernannte Finanzdirektion in Agram aus (§22), also nicht über die kroatische Landesregierung. Der kroatisch-ungarische Ausgleich zählt zu den gemeinsamen Gegenständen auch den Gesamtbereich dessen, was unter die Bestimmungen des österreichisch-ungarischen Zoll- und Handelsbündnisses fällt (§9). Darüber hinaus erklärt er allgemein das Industriewesen, die Paßordnung sowie Staatsbürgerschafts- und Einbürgerungsbelange zu gemeinsamen Angelegenheiten auf der Ebene der Legislative, beläßt aber die Exekutive in diesen Angelegenheiten bei der Länderregierung (§10).

Der auf die ungarische Krone entfallende Anteil an den Kosten der österreichisch-ungarischen gemeinsamen Angelegenheiten sowie die Lasten der kroatisch-ungarischen gemeinsamen Angelegenheiten wurden im Verhältnis der Steuerfähigkeit verteilt. Als Verhältnis wurde 93,56:6,44 festgelegt (§11).

Das Gesetzgebungsrecht in den Gemeinsamen Angelegenheiten besaß der jährlich nach Pest einzuberufende „gemeinsame Reichstag" (§31). Im Reichstag konnten die kroatischen Abgeordneten ihre eigene Sprache gebrauchen (§59) und „ihr Recht der persönlichen Äußerung und Abstimmung" in den Angelegenheiten ausüben, die als Gemeinsame Angelegenheiten zum Reichstag gehörten (§35).

In das Abgeordnetenhaus der gemeinsamen Legislative konnte der kroatische Landtag entsprechend dem Bevölkerungsanteil 29 Abgeordnete entsenden. Diese Zahl wurde später mit dem Wiederanschluß der Militärgrenze auf 34, 1881 dann auf 40 erhöht. Dies bedeutete auch, daß fast die Hälfte der kroatischen Landtagsabgeordneten auch Mitglied des Pester gemeinsamen Reichstages war, wo sie auch in kroatischer Sprache das Wort ergreifen konnten. Der kroatische Landtag besaß nach dem neuen Landtagsgesetz von 1888 90 Mitglieder, bis dahin hatte er 120 Mitglieder.[26] Die kroatischen Abgeordneten stellten jedoch im Abgeordnetenhaus des Buda-Pester gemeinsamen Parlamentes keine 10%, besaß dieses zu jener Zeit doch 413 Mitglieder.

Das Gesetz schrieb vor, daß der kroatische Landtag zwei Gesandte in das Oberhaus des Parlaments entsenden konnte (§§32–36). Davon unabhängig behielten die kroatischen weltlichen und kirchlichen Würdenträger ihre frühere Mitgliedschaft im Oberhaus (§37). Auch in den Delegationen war die Teilnahme des kroatischen Landtages gesichert, und zwar in der Weise, daß unter den vom ungarischen Abgeordnetenhaus zu entsendenden Mitgliedern 4, und unter den vom Oberhaus zu entsendenden Mitgliedern 1 kroatischer Abgeordneter des ungarischen Reichstages sein mußte (§41).

Was den Geltungsbereich der kroatischen Autonomie betrifft, stellt das Gesetz allgemein fest: „Hinsichtlich aller jener Gegenstände, welche in diesem Übereinkommen nicht dem gemeinsamen Reichstage und der Zentralregierung vorbehalten sind, steht Kroatien, Slawonien und Dalmatien sowohl im Bereiche der Gesetzgebung, als der Exekutive die volle Autonomie zu" (§47). In mehreren Punkten ging das Gesetz auch konkret darauf ein, was zu diesem Gegenstandsbereich gehört: Angelegenheiten der inneren Verwaltung, Religions- und Unterrichtsbelange, das Justizwesen auf allen Ebenen (§48). Das Gesetz erklärt auf dem gesamten Territorium Kroatiens das Kroatische zur Sprache von Gesetzgebung, Verwaltung und Rechtsprechung (§56). Es bestimmt ferner, daß die Sprache der in Kroatien tätigen gemeinsamen ungarisch-kroatischen Regierungsorgane und -ämter ebenfalls kroatisch zu sein hat (§57), Kroatien auch mit der gemeinsamen Regierung in Buda-Pest in kroatischer Sprache verkehrt (§58) und die gemeinsamen Gesetze dem kroatischen Landtag in kroatischer Sprache zuzustellen sind (§60).

Innerhalb Kroatiens sind die kroatische Flagge und das kroatische Wappen mit der Maßgabe zu benutzen, daß das kroatische Wappen mit der Stephanskrone überdacht werden muß (§61). Das Gesetz enthält ferner die Bestimmung, daß auf dem Pester Reichstag neben der ungarischen auch die kroatische Flagge gehißt werden muß, wenn eine gemeinsame kroatisch-ungarische Angelegenheit behandelt wird (§63), wenn also der Reichstag als gemeinsames Parlament fungiert.

Für die Exekutive in ungarisch-kroatischen gemeinsamen Angelegenheiten ist laut Gesetz „die in Buda-Pest residierende" zentrale Regierung zuständig (§43). Die zentrale Regierung übt die Exekutivgewalt durch ihre eigenen Organe aus, ist sie aber hierzu nicht in der Lage, muß sich auch die Landesregierung an der Exekutive beteiligen (§45). Die zentrale Regierung ist bestrebt, mit der kroatischen Regierung einvernehmlich zu verfahren, ist aber nur dem gemeinsamen Reichstag verantwortlich (§45). Die zentrale Regierung erhält einen „die Interessen Kroatiens vertretenden" kroatischen Minister mit Stimmrecht, aber ohne Portefeuille, der jedoch dem gemeinsamen Reichstag verantwortlich ist (§44). Sowohl an den nach Kroatien ausgelagerten Ämtern der zentralen Regierung als auch an den kroatischen Abteilungen der zentralen Ministerien sollen möglichst Kroaten angestellt werden (§46). Kroatische Abteilungen wurden in den Ministerien eingerichtet, deren Tätigkeitsbereich sich auch auf Kroatien erstreckte – so in den Ministerien für Landwirtschaft, für Industrie und Handel, für Erdarbeiten und Verkehr sowie im Finanz- und im Landesverteidigungsministerium.

Hinsichtlich der Exekutive Kroatiens bestimmt das Gesetz, daß an der Spitze der autonomen Regierung der Banus steht, der dem Landtag verantwortlich ist (§50). Der Banus wird auf Vorschlag des Ministerpräsidenten der zentralen Regierung vom Herrscher ernannt (§51). Der Banus ist Mitglied des Oberhauses des Buda-Pester Parlamentes (§53). Die weitere Organisation der Landesregierung steht dem Landtag zu, dessen Maßnahmen selbstverständlich der Zustimmung des Herrschers bedürfen (§54). Die Verantwortlichkeit des Banus gegenüber dem Landtag war mehr eine juristische Formalität; dennoch wurde 1874 ein Landesgesetz geschaffen, wonach diese Verantwortlichkeit im Falle der bewußten und schweren Verletzung der Landesgesetze geltend gemacht werden konnte, wenn zwei Drittel des Landtages die Rechenschaftslegung verlangten.

Im Gesetz wurde festgehalten, daß der Wiederanschluß Dalmatiens an Kroatien auch von Ungarn gewünscht wird, aber „über die Bedingungen dieser Reinkorporierung ist indessen auch Dalmatien zu hören" (§65). Die Vereinbarung bezüglich Dalmatiens bedeutete die ungarische Anerkennung der kroatischen Ansprüche, ging aber nicht mit einer faktischen Änderung der Lage des zu Österreich gehörenden Dalmatiens einher. Später wurde zur staatsrechtlichen Bestimmung der Lage Dalmatiens folgende Formel verwendet: „Staatsrechtlich ein Nebenland Ungarns, verwaltungsmäßig eine Provinz des österreichischen Kaisertums."

Was Fiume betrifft, stellt das Gesetz dessen Status als *Corpus separatum* fest, sowie, daß zur konkreten Bestimmung seiner Autonomie Delegationen Ungarns, Kroatiens und Fiumes beratschlagen werden (§66). Die Sonderstellung Fiumes als Land war während der gesamten Periode ein politisches Faktum, aber den Autonomiestatus bestimmte die ungarische Regierung unter Ausschluß Kroatiens in einem 1870 erlassenen Provisorium. Danach wurde Fiume von einem Gouverneur verwaltet, der ausschließlich unter der Aufsicht der ungarischen Regierung stand. Dieses Provisorium blieb bis zum Ende der Periode gültig. Im kroatischen Landtag waren zwei Sitze für die Abgeordneten Fiumes reserviert, blieben aber unbesetzt.

Vielleicht bedarf in der Bezeichnung Kroatien, Slawonien und Dalmatien auch noch der Begriff „Slawonien" einiger Erläuterung. Ursprünglich wurde er im Sinne von „Slavia" (Land der Slawen) gebraucht und bezeichnete den in der Mitte, um Agram gelegenen Teil Kroatiens. Er kann deshalb, vom Ursprung her, auch als Synonym für den Begriff „Kroatien" betrachtet werden. Im späteren Verlauf jedoch wurden die drei im östlichen Teil Kroatiens gelegenen Komitate (Pozsega/Požega, Verőce/Virovitica, Szerém/Srijem) als slawonische Komitate betrachtet.

Wie in der Frage des österreichisch-ungarischen Ausgleichs fand auch um die kroatische Autonomie eine lebhafte Diskussion unter den Zeitgenossen statt. Die Kontroverse wurde in der späteren historischen Literatur beträchtlichen Umfangs fortgesetzt, und bis heute sind in der Historiographie konträre Standpunkte zum Thema zu finden. Manche Interpretationen wissen die Autonomie in keinerlei Hinsicht zu würdigen oder betonen gerade deren Negativa.[27] Nach anderer Ansicht war die kroatische Autonomie innerhalb der dualistischen Habsburgermonarchie die weitestgehende und hielt auch zeitgenössischen europäischen Vergleichen stand. Hierauf weist auch der französische Historiker Victor Tapié hin: „Le royaume de Croatie était placé dans une situation subordonnée, mais avantageuse, á l'intérieur de la Hongrie."* Die historisch gewachsenen nationalen Ansprüche Kroatiens konnte die Autonomie ohnedies nicht befriedigen. Einige magyarische liberale Führer verschlossen sich daher auch nicht dem Gedanken einer Erweite-

* „Dem Königreich Kroatien war eine untergeordnete, aber vorteilhafte Position innerhalb Ungarns gegeben."[28]

rung der kroatischen Autonomie. Béni Kállay, der damalige Generalkonsul in Belgrad, suchte am 24. Oktober 1872 Deák auf und notierte in seinem Tagebuch über die Besprechung: „Deák wäre nicht dagegen, wenn Kroatien eine viel größere Autonomie erhalten würde."[29] Der kroatische nationale Anspruch zielte aber nicht auf eine mehr oder weniger starke Erweiterung der Autonomie, sondern auf die Herausbildung einer südslawischen Einheit unter kroatischer Führung und auf die rechtliche Gleichstellung dieser Staatseinheit mit allen anderen Staatseinheiten innerhalb der Habsburgermonarchie.

Die zeitgenössische Führungsschicht Kroatiens war gespalten in der Frage, ob maximale Ziele zu vertreten seien und auf dieser Grundlage jede Form von kroatischer Autonomie im ungarischen Reich abgelehnt werden müsse. Ein beträchtlicher Teil vertrat die Kompromißlösung und strebte eine Ausweitung der Autonomie an. Gleichzeitig blieb die Kroatische Nationale Liberale Partei, später die Rechtspartei, bei der Forderung nach einer gegenüber den dualistischen Staatseinheiten gleichen Rechtsstellung. Dies bedeutete eigentlich eine trialistische Lösung bzw. Konzeption. Wenngleich unter den Südslawen innerhalb der Monarchie die Kroaten zur besten Position gelangt waren, konnten sie die Vereinigung der südslawischen Völker – eine Forderung nicht nur der Rechtspartei – nicht erreichen. Auch nicht mit der faktischen Anbindung Dalmatiens an Kroatien.

Von einer „Lösung" der kroatischen Frage konnte also trotz des Kompromisses keine Rede sein. Noch weniger bedeutete die kroatische Autonomie eine umfassende Regelung der südslawischen Frage. Vielmehr wuchsen sich die Spannungen, die hieraus resultierten, bald zum Dauerzustand aus.

DAS UNGARISCHE NATIONALITÄTENGESETZ VON 1868

Parallel zu den kroatisch-ungarischen Verhandlungen fanden Vorbereitungen zur gesetzlichen Regelung der ungarischen Nationalitätenfragen statt. Das ungarische Abgeordnetenhaus setzte am 28. April 1866 eine vierzigköpfige Kommission mit der Aufgabe ein, eine Vorlage auszuarbeiten.

In der Kommission wurde im März 1867 eine kleinere Unterkommission geschaffen, die unter dem Vorsitz von Pál Nyári und unter Berücksichtigung der Intentionen von Eötvös innerhalb von drei Monaten einen Vorschlag ausarbeitete und vorlegte.

Der Vorschlag der Unterkommission war im Geist des Beschlusses von 1849 abgefaßt und intentional auf einen Kompromiß ausgerichtet. Diese grundsätzliche Intention spiegelte sich auch darin wider, daß die Unterkommission nicht nur den Entwurf der Gesetzesvorlage, sondern in der Anlage auch fünf weitere, früher angefertigte Nationalitätenvorschläge unterbreitete.

Im Entwurf der Unterkommission war keine Rede von der so viel und heftig diskutierten „ungarischen politischen Nation", obgleich „die politische Einheit des Landes, also die territoriale Integrität, die Einheit der Gesetzgebung und der staatlichen Regierung" bereits in der Einleitung betont wurde. Die politische Einheit des Landes konnte aber, wenn sie nicht einseitig magyarisch definiert war, von den Nationalitäten zur Kenntnis genommen werden.

Der genannte Gesetzentwurf, wir können ihn den Eötvös-Entwurf nennen, stellte den Nationalitäten weitgehende Rechte auf dem Gebiet der Gemeinde- und der kirchlichen Verwaltung (Kapitel I), der Munizipien (Kapitel II), hinsichtlich der Vereinigungen (Schulen usw., Kapitel IV) und der Rechtsprechung (Kapitel V) in Aussicht. Diese Kapitel wurden später auch in den endgültigen Text des Nationalitätengesetzes aufgenommen und bildeten dessen positiven Inhalt.

Besondere Beachtung verdienen die Kapitel III, VI und VII, weil wichtige Bestandteile von ihnen im späteren Gesetz ausgelassen oder grundsätzlich verändert wurden. So bezeichnete der Entwurf der Unterkommission die ungarische Sprache als „Verwaltungssprache der Staatsregierung" und als „Beratungs- und Verwaltungssprache des Reichstages", während sie das spätere Gesetz als „Staatssprache" und „amtliche Sprache des Staates" benannte. Die erstere Bezeichnung war für die Nationalitäten akzeptabel, die letztere grundsätzlich inakzeptabel. Der Vorschlag der Unterkommission erklärte die Gleichberechtigung der Nationalitäten – im letzten Satz, also an betonter Stelle – zum fundamentalen Rechtssatz des Landes, während dies im Text des späteren Gesetzes entfiel. Der wichtigste prinzipielle Unterschied lag jedoch darin, daß im Entwurf die These von der „einheitlichen ungarischen politischen Nation" nicht vorkam, in dem späteren Gesetz aber sehr wohl.[30]

Unter den Nationalitätenanträgen, die der Vorlage der Unterkommission beigefügt waren, verdient der Vorschlag vom 11. Februar 1867 besondere Beachtung, den 24 Nationalitätenabgeordnete – 16 Rumänen, 7 Serben, 1 Ukrainer – unterschrieben hatten und der, ähnlich wie die Konzeption der Unterkommission, Kompromißbereitschaft signalisierte. An Stelle einer geschlossenen territorialen Autonomie forderte er eine der Schweizer Kantonsordnung ähnliche Lösung. Das wichtigste Moment lag hier in einem „Zuschnitt" der Wahlbezirke und der Komitate von der Art, daß sich in den Verwaltungseinheiten und Wahlbezirken eine relative Nationalitätenhomogenität hätte ausbilden können.

Obgleich dieser Plan für jede Nationalität des Landes die eigene amtliche Sprache forderte, akzeptierte er das Ungarische als amtliche Sprache der *Gesetzgebung* und der *zentralen* Behörden, nicht allgemein des Staates: „Die Sprache der die Mehrheit bildenden magyarischen Landesnation ist die amtliche Sprache der Gesetzgebung und der zentralen Behörden" (§4).[31]

Die Unterkommission fügte dies, obgleich sie die ungarische Sprache als amtliche Sprache des Staates betrachtete, so in den Gesetzentwurf ein, daß es für die Nationalitäten, wenigstens als Kompromiß, annehmbar erscheinen mußte.

Nachdem der Vorschlag der Unterkommission mit den Anlagen unter die Mitglieder des Abgeordnetenhauses verteilt worden war, begann die nationalistische Gegenaktion. Es wurde immer offensichtlicher, daß ein großer, vermutlich der überwiegende Teil der Abgeordneten den Entwurf für unzureichend erachtete und darin ein übertriebenes Zugeständnis an die Nationalitäten sah. Unter solchen Umständen verzögerte die Kommission die Behandlung des Vorschlags der Unterkommission. Es verging mehr als ein Jahr, bis die vierzigköpfige Kommission am 28. Oktober 1868 ihren eigenen Vorschlag einreichte, der sich wesentlich vom Entwurf der Unterkommission unterschied.

Der Kommissionsvorschlag bewegte sich bereits jenseits der Grenze eines noch realisierbaren Kompromisses. Ausdrücklich wird die ungarische Sprache als „amtliche Sprache des Staates" erwähnt, etwas, dem die Nationalitätenabgeordneten offenkundig nicht zustimmen konnten. Trotzdem wies diese Vorlage im Vergleich zum späteren Gesetz immer noch bedeutsame Positiva auf: So enthielt sie zum Beispiel nicht die These der einen ungarischen politischen Nation.

Im weiteren Verfahren gelangte der Kommissionsbericht dann zur „Zentralen Kommission" des Abgeordnetenhauses. Die Zentrale Kommission unterbreitete die Vorlage am 12. November 1868 dem Abgeordnetenhaus. Sie stimmte mit dem Vorschlag der für die Behandlung der Nationalitätenfrage gebildeten vierzigköpfigen Kommission überein, betonte aber, was nicht ohne prinzipielle Bedeutung war, in ihrer Einleitung: Im Bereich der Gleichberechtigung der Nationalitäten müssen Regelungen „allein hinsichtlich des amtlichen Gebrauchs der im Lande gebräuchlichen Sprachen" festgesetzt werden.[32]

Der Gegenstand kam am 24. November auf die Tagesordnung des Abgeordnetenhauses. Grundlage der Debatte bildete die Vorlage der Zentralen Kommission. Die Nationalitätenabgeordneten reichten ihren am 11. Februar 1867 erstellten, bereits erwähnten gemeinsamen Vorschlag gesondert ein, den Eötvös' ursprünglicher Entwurf berücksichtigt hatte, so daß nun zwei Gesetzvorschläge dem Parlament vorlagen. Gleich zu Beginn der Debatte bat Deák um das Wort und legte dar, er habe Einwände gegen die Vorlage der Zentralen Kommission. Nachdem er sie umformuliert und mit einer neuen Einleitung versehen hatte, stellte er den eigenen vollständigen Text zur Diskussion. In Deáks Entwurf erhielt der wichtigste neue Textteil seine akzentuierte Form in der Einleitung: „Alle Bürger Ungarns... bilden in politischer Hinsicht eine Nation, die unteilbare einheitliche ungarische Nation." Deák hatte die Vorlage der Zentralen Kommission auch umstrukturiert, indem er als erstes den Sprachgebrauch der zentralen Einrichtungen bestimmte und von dort zu den Munizipien und den Gemeinden bzw. zu den Kirchen und den Schulen weiterschritt. So unterstrich er unter Berücksichtigung der einleitenden These noch mehr die Bedeutung der Staatssprache.[33]

Auf diese Weise lagen in der allgemeinen Debatte, die vom 24. bis 28. November dauerte, insgesamt drei Vorschläge vor den Mitgliedern des Abgeordnetenhauses: die Vorlage der Zentralen Kommission, der Vorschlag der Nationalitäten und der Entwurf Deáks. Als erstes mußte entschieden werden, welcher der drei als Grundlage für die detaillierte Beratung genommen werden sollte. Schließlich stimmte für die Vorlage der Zentralen Kommission niemand, für den Nationalitätenvorschlag die 24 Nationalitätenabgeordneten, für Deáks Entwurf jedoch die überwiegende Mehrheit des Abgeordnetenhauses.

Am 29. November begann die detaillierte Behandlung des von Deák eingebrachten Vorschlages. Die Nationalitätenabgeordneten verließen den Sitzungssaal.

Im Nationalitätengesetz von 1868 kam also nicht jene Richtung des ungarischen Liberalismus zum Ausdruck, die in der Nationalitätenfrage am weitesten ging und die sich im Nationalitätenbeschluß von 1849 wie in der Position von Eötvös widerspiegelt, aber auch nicht jene ganz strikte Richtung, wie sie am prägnantesten von den Grundbesitzern in den Komitaten der Nationalitätengebiete vertreten wurde, sondern der von Deák lancierte Mittelweg. Diese Richtung schloß aber in ähnlicher Weise die Möglichkeit eines tragfähigen und dauerhaften Kompromisses aus wie die extreme. Sie enthielt Widersprüche, die sich in der Praxis der Nationalitätenpolitik als unlösbar erwiesen. An dieser Stelle muß erwähnt werden, daß zwei Jahre später eine Gruppe magyarischer oppositioneller Abgeordneter (Dániel Irányi, Ernő Simonyi, Ödön Kállay und József Madarász in Zusammenarbeit mit dem Serben Miletić und den Rumänen Hodoşiu und Mocsonyi) einen neuen Vorschlag ausarbeitete, der Eötvös' ursprünglicher Konzeption folgte. Der Vorschlag erklärte die Magyaren, Rumänen, Serben, Slowaken, Ruthenen und Deutschen in Ungarn zu „gleichberechtigten historischen Nationen". An Stelle des Ungarischen als „Staatssprache" erhob der Entwurf überall „die Sprache der Mehrheit der Landesbewohner" zur Sprache der Gesetzgebung und der zentralen Behörden.[34] Dies zeigt gut, daß ein nach dem ursprünglichen Vorschlag von Eötvös formuliertes Gesetz ein angemessener Kompromiß hätte sein können.

Das Nationalitätengesetz wurde als Gesetzartikel XLIV/1868 in das ungarische Corpus juris aufgenommen. Sein negatives Element war – wie erwähnt – das in der Einleitung erklärte Prinzip der einen ungarischen politischen Nation. Damit hängt eng zusammen, daß das Gesetz keine grundsätzliche Deklaration der Gleichberechtigung der Nationen bzw. Nationalitäten in Ungarn enthält, sondern lediglich jedem Bürger, „welcher Nationalität er auch angehören mag", die Gleichberechtigung ausspricht.

Das zweite problematische Element war, daß die ungarische Sprache zur „Staatssprache", zur „amtlichen Sprache des Staates" erklärt wurde. Wie bereits gesehen, hatten auch die Führer der Nationalitäten die dominierende Rolle des Ungarischen als der Sprache der Mehrheitsnation anerkannt, also die Zweckmäßigkeit einer „Verwaltungssprache" nicht angezweifelt, wozu die Sprache der Majorität der Bevölkerung, eben das Ungarische, am geeignetsten schien. Dem Ungarischen jedoch den Rang der „Staatssprache" zuzuerkennen war für sie eine prinzipielle Frage und gleichbedeutend damit, daß die ungarische Sprache über die Nationalitätensprachen gestellt wurde.

Als Positivum des Gesetzes kann gelten, daß es die Möglichkeiten der Benutzung der Muttersprache auf dem Gebiet der Verwaltung, des Gerichtswesens, der kirchlichen Organisation und des Schulwesens außerordentlich weit und detailliert faßt. Das Gesetz ermöglicht den Gebrauch der Muttersprache der Minderheitennationen in einem Umfang, der in Ost- und Mitteleuropa einzigartig und selbst in Westeuropa zu jener Zeit selten war. Eine derart umfassende Kodifizierung wiederum hatte nirgendwo stattgefunden.

Laut Gesetzestext war – dem Prinzip der Staatssprache folgend – die Sprache der Regierung und des Reichstages das Ungarische, wurden die Gesetze auf ungarisch abgefaßt, gleichzeitig aber auch in allen Nationalitätensprachen des Landes in offizieller Übersetzung herausgegeben (§1). Die Protokolle der Munizipien waren in der amtlichen Sprache des Staates zu führen, daneben aber auch – auf jeweiligen Antrag eines Fünftels der Vertretungskörperschaft des Munizipiums – in allen geforderten Nationalitätensprachen (§2). In den Munizipialversammlungen sollte jedermann freistehen, seine Muttersprache zu benutzen (§3). Ihre an die Regierung gerichteten Schriftstücke hatten die Munizipien in der Amtssprasche des Staates abzufassen, konnten aber „daneben in Spalten" jede der Sprachen verwenden, die in den Protokollen benutzt wurden (§4). Das Gesetz schrieb vor, die Beamten der Munizipien sollten im amtlichen Verkehr mit den Gemeinden, Verbänden und Privatpersonen möglichst deren Sprache verwenden (§6).

Was die Rechtsprechung betrifft, konnte jedermann vor dem Gemeindegericht seine Muttersprache, vor dem Kreisgericht die Verwaltungs- oder Protokollsprache seiner eigenen Gemeinde benutzen (§7).

Hinsichtlich der amtlichen Tätigkeit der Kirchen (Kirchengerichte, Führung der Personenstandsregister usw.) folgt das Gesetz dem Grundsatz, diese selbst über den Sprachgebrauch entscheiden zu lassen (§§10, 14–16). „Nicht anderes können sie – im Rahmen des Landesschulgesetzes – über die Unterrichtssprache in ihren Schulen nach Belieben entscheiden" (§14).

Die Festlegung der Unterrichtssprache in den vom Staat errichteten oder zu errichtenden Lehranstalten gehört zur Befugnis des Unterrichtsministers. Er ist jedoch verpflichtet, in diesen staatlichen Lehreinrichtungen möglichst dafür zu sorgen, daß die in größerer Anzahl geschlossen siedelnden Bürger gleich welcher Nationalität sich in der Nähe der von ihnen bewohnten Gebiete in ihren Muttersprachen bilden können bis zu dem Grad, wo die höhere akademische Bildung beginnt (§17). In den staatlichen mittleren und höheren Lehranstalten ist, wenn in dem Gebiet mehrere Sprachen gebräuchlich sind, für jede dieser Sprachen ein Lehrstuhl für Sprache und Literatur einzurichten (§18). An der Universität ist das Ungarische die Vorlesungssprache, aber für die im Land gebräuchlichen Sprachen und Literaturen sind Lehrstühle einzurichten (§19).

Das Gesetz besagt im weiteren, daß Gemeinden, Kirchen, Privatpersonen bzw. Verbände aus eigenen Mitteln niedere, mittlere und höhere Lehranstalten einrichten können, in denen sie als Gründungsorgane die Unterrichtssprache selbst bestimmen (§26).

Mehrere Paragraphen behandeln den Sprachgebrauch der Gemeinden in inneren Angelegenheiten und bei deren Verkehr mit höheren Organen. Hier wurde dem Gebrauch der Muttersprache nahezu uneingeschränkt Platz gegeben (§§20–24).

Außerordentlich wichtig ist der Schlußpassus: Die Nationalität darf für keinerlei Amt und Würden ein Hindernis darstellen. „Vielmehr wird die Staatsregierung bestrebt sein, daß auf den Gerichts- und Verwaltungsämtern des Landes und besonders in den Obergespanschaften möglichst viele Personen aus den verschiedenen Nationalitäten beschäftigt werden, die die erforderlichen Sprachen völlig beherrschen und auch sonst befähigt sind." (§27)

Eine historische Wertung des Nationalitätengesetzes hat als erstes zu fragen, ob es zur Schaffung eines dauerhaften Kompromisses zwischen den Nationen bzw. Nationalitäten beigetragen oder aber diesen verhindert hat. Die objektive Aufgabe des Gesetzes hätte nämlich sein können, die Grundlagen für einen dauerhaften Kompromiß in einem Vielvölkerstaat zu legen. Diese Funktion hat es unzweifelhaft nur teilweise erfüllt.[35] Die Nationalitäten waren mit dem Gesetz unzufrieden, weil es ihnen die Rechtsstellung als politische Nation versagt und die Institution der Staatssprache kodifiziert hatte. Gleichzeitig förderte das Gesetz eben wegen seiner Grundintention einer gerechten Behandlung der Nationalitäten deren Entwicklung und Selbstbewußtsein, was wiederum bei denjenigen, die starr am Prinzip der einen ungarischen politischen Nation festhielten, Mißfallen erregte. Auch hierin spiegelte sich der innere Widerspruch des Gesetzes von 1868 wider. Die

Gestalter der Nationalitätenpolitik mußten früher oder später entscheiden, ob sie die im Gesetz enthaltenen liberalen Bestimmungen konsequent durchführen wollten. In diesem Fall mußten sie damit rechnen, daß die Durchführung des Gesetzes die Entwicklung der Nationalitäten begünstigte und sie deshalb früher oder später die starre Ablehnung des Status der politischen Nation für die Nationalitäten aufgeben mußten. Die andere Möglichkeit, auf Biegen und Brechen an der Anerkennung der einen ungarischen politischen Nation und der Staatssprache seitens der Nationalitäten festzuhalten, zwang sie wiederum zur Beschränkung des die Entwicklung der Nationalitäten fördernden Liberalismus. Das Nationalitätengesetz enthielt also einen derartigen Widerspruch, daß seine Durchführung in seiner Gesamtheit unmöglich war. Die Frage war, welcher Faktor in der Praxis stärkeres Gewicht gewinnen würde; schließlich war es das Beharren auf den Prinzipien der „einen politischen Nation" und der „Staatssprache", d. h. die Praxis wurde nur eingeschränkt vom liberalen Geist des Gesetzes bestimmt.

Aus den Kreisen der magyarischen progressiven Oppositionspolitiker, die ihrerseits durchaus zu den Prinzipien der einen politischen Nation und der Staatssprache standen, wurde die Forderung laut, den Liberalismus des Gesetzes von 1868 zur Geltung zu bringen. Bekannt sind in diesem Zusammenhang die Auftritte von Lajos Mocsáry, der auf die Durchführung des Gesetzes drängte.[36] Gegen Ende der Periode kritisierte vor allem Oszkár Jászi ständig die offizielle Politik wegen ihrer Verleugnung des liberalen Geistes des Nationalitätengesetzes von 1868 und forderte dessen Durchführung.

Und dennoch beeinflußte dieser Geist selbst in dem eingeschränkten Rahmen noch die Behandlung der Nationalitätenfrage in vielerlei Hinsicht positiv. Obgleich auf der Grundlage des Nationalitätengesetzes ein *tragfähiger und dauerhafter* Kompromiß mit den Nationalitäten in Ungarn nicht zustande kommen konnte, war doch trotz ständiger Diskussion und ständigen Kampfes ein sehr *zerbrechlicher* Kompromiß zwischen den Nationen Ungarns bis 1914 mehr oder weniger Realität.

Ein Ausfluß des liberalen Geistes zeigte sich aber auch darin, daß die Behandlung der Nationalitätenfrage auf „rassischer" Grundlage und die Abwertung einzelner Ethnien in der Dualismuszeit sowohl der offiziellen ungarischen nationalistischen Auffassung als auch dem Nationalitätengesetz selbst fernstanden. Im Gegenteil, das Nationskonzept des ungarischen Liberalismus begünstigte weitestgehend eine Vermischung der verschiedenen Ethnien, und dem stand auch die Betonung des ungarischen Charakters der einen politischen Nation nicht entgegen.

Die Praxis der Nationalitätenpolitik im Dualismus wich zwar generell von der liberalen Auffassung des Gesetzes von 1868 ab, folgte ihr aber andererseits auch wieder in vielerlei Hinsicht. Auf dem Gebiet des Sprachgebrauchs und des Schulwesens gewährleistete sie keine vollständige Umsetzung der Gesetzesbestimmungen. Sie ermöglichte die sprachliche und kulturelle Entwicklung der nichtmagyarischen Nationen. Deshalb war die ein halbes Jahrhundert währende Periode des dualistischen Vielvölkerstaates Ungarn zugleich die Periode einer ziemlich bedeutsamen Entwicklung der slowakischen, rumänischen, südslawischen und deutschen Ethnien und ihrer Kultur, obgleich die nationalitätenpolitische Praxis diese Entwicklung auch beschränkte.

Die in Ungarn versammelten Ethnien – Magyaren, Rumänen, Deutsche, Slowaken und Südslawen – konnten auf der Grundlage des Nationalitätengesetzes, das für die Entwicklung einer der Multinationalität entsprechenden Staatsstruktur zweifellos ein problematisches Element darstellte, nicht die *Staats*ordnung schaffen, die für ein dauerhaftes Zusammenleben unabdingbar gewesen wäre, aber sie konnten ihre Nationalität entwickeln und untereinander in einen fruchtbaren Austausch ihrer kulturellen und nationalen Werte treten.

ÖSTERREICHS NATIONALITÄTENZUSAMMENSETZUNG

Die österreichische Staatshälfte des dualistischen Reiches war hinsichtlich der ethnischen bzw. muttersprachlichen Zusammensetzung der Bevölkerung ähnlich strukturiert wie Ungarn. Österreich besaß zur Zeit des Ausgleichs etwa 20 Millionen, am Ende der Periode ungefähr 28,5 Millionen Einwohner. Nach der Volkszählung von 1900 verteilte sich die österreichische Bevölkerung von 26 Millionen auf folgende einzelne nationale Elemente:[37]

Tab. 5: Nationalitäten in Österreich

Nationalität	Zahl (gerundet, in 1000)	Anteil (%)
Deutsche	9170	35,8
Tschechen	5955	22,2
Polen	4252	16,6
Ukrainer	3382	13,2
Slowenen	1193	4,6
Italiener	727	2,8
Serbokroaten	711	2,8
Rumänen	231	0,9

Es ist sinnvoll, die Nationalitätenzusammensetzung Österreichs auch ohne Galizien, das seine Autonomie erhalten hatte, zu betrachten. Danach betrug die Einwohnerzahl 1900 etwa 18 348 000. Die Nationalitätenzusammensetzung war folgende:

Tab. 6: Nationalitäten in Österreich (ohne Galizien)

Nationalität	Zahl (gerundet, in 1000)	Anteil (%)
Deutsche	8959	48,8
Tschechen	5946	32,4
Slowenen	1193	6,5
Italiener	727	4,0
Serbokroaten	711	3,9
Ukrainer	301	1,6
Polen	270	1,5
Rumänen	231	1,2

Diese Anteile sind im wesentlichen für die gesamte Periode charakteristisch. In Österreich einschließlich Galizien sank der Anteil des deutschen Elements an der gesamten Bevölkerung um 1%. Im gleichen Zeitraum ging der Anteil der Tschechen um 0,75%, der der Slowenen um 0,5% und der der Italiener um 0,25% zurück. Allein der Anteil der Polen stieg beträchtlich, nach der Statistik von 1910 war er beinahe 3% höher als 1880. Darüber hinaus stiegen nur die Anteile der serbokroatischen und der rumänischen Nationalität, mit 0,2% allerdings unbedeutend.

Wenn wir den gleichen Prozeß ohne Galizien betrachten, sind die Abweichungen unbedeutend: Zwischen 1880 und 1910 wuchs der Anteil der deutschen Nationalität um 1%, der der Tschechen und Slowenen sank um jeweils 0,5%.[38]

Die Untersuchung des österreichischen Vielvölkerstaates unter dem Aspekt, welche Nationen insgesamt oder zum überwiegenden Teil innerhalb des Staates gelebt haben, ist eine komplizierte Frage, für deren Beantwortung geklärt werden muß, ob die deutschösterreichische Nation als „deutsche" oder als „österreichische" zu betrachten ist. Geht man vom letzteren aus, dann lebten die deutschösterreichische, die tschechische und die slowenische Nation in ihrer Gesamtheit innerhalb des Staates und umfaßten zusammen 63,6% der Bevölkerung. Von allen anderen Nationalitäten kann gesagt werden, daß deren überwiegender Teil außerhalb Österreichs bzw. der Monarchie lebte.

DIE GLIEDERUNG IN KRONLÄNDER UND DIE NATIONALITÄTEN IN ÖSTERREICH

Die historisch entstandene Gliederung der österreichischen Staatshälfte in Kronländer war wesentlich vielfältiger als die der ungarischen Staatseinheit, welche außer Ungarn nur Kroatien bzw. früher Siebenbürgen umfaßte. Die Grundgesetze vom Dezember 1867 über die Reichsvertretung bzw. über die Regierungs- und exekutive Gewalt haben die Gliederung in Kronländer – sowohl in der Gesetzgebung wie in der Exekutive – unberührt gelassen. Zur Zeit des Ausgleichs gliederte sich die österreichische Hälfte der dualistischen Monarchie in 17 Kronländer. Die Kronländer waren (in der Reihenfolge ihrer Einwohnerzahl): Galizien, Böhmen, Niederösterreich, Mähren, Steiermark, Tirol, Oberösterreich, Schlesien, Krain, Bukowina, Dalmatien, Kärnten, Istrien, Görz und Gradisca, Salzburg, Triest, Vorarlberg.

Die Kronländerstruktur entsprach nicht der Nationalitätenstruktur, sondern beide Strukturen überschnitten sich in verschiedensten Variationen. Es gab einige Kronländer, in denen nur eine Nationalität lebte, die also, unter nationalem Aspekt betrachtet, homogen waren. Mit Ausnahme des von Slowenen bewohnten Krain und des serbokroatischen Dalmatien waren es deutsche Kronländer. Die Bevölkerung der anderen Nationalitäten lebte meistens entweder in solchen Kronländern, in denen sie bestenfalls eine Mehrheit bildeten, aber keineswegs den allein bestimmenden nationalen Faktor darstellten, oder in denen sie eine Minderheit bildeten.

Betrachten wir diese Aufteilung an Hand der ersten amtlichen Statistik von 1880, als Österreichs Bevölkerung 21 750 000 betrug.[39] Die Bevölkerung der Kronländer Niederösterreich, Oberösterreich, Salzburg und Vorarlberg war mit einer verschwindenden Ausnahme (1–2%) deutsch. In drei weiteren Kronländern befand sich das deutschösterreichische Element in absoluter Mehrheit. So gab es in der Steiermark 67% Deutsche und 33% Slowenen, in Kärnten 70% Deutsche und 30% Slowenen sowie in Tirol 55% Deutsche und 45% Italiener. Darüber hinaus gab es ein weiteres Kronland, in dem die Deutschen das größte nationale Element bildeten, sich aber nicht in absoluter Mehrheit befanden: in Schlesien mit 49% Deutschen, 28% Polen und 23% Tschechen.

Bei der Betrachtung der Nationalitätenaufteilung ergibt sich folgendes Bild: Die stärkste Nationalität in Österreich, die Tschechen, bildeten in zwei Kronländern die Mehrheit, in einem dritten eine bedeutende Minderheit. In diesen drei – den böhmischen – Kronländern lebten 1880 5 100 000 Tschechen, mit Ausnahme von 80 000 die Gesamtheit der Tschechen in Österreich. In allen drei Kronländern mit tschechischer Bevölkerung war der deutsche Anteil außerordentlich groß. So waren von der Bevölkerung Böhmens 63% Tschechen und 37% Deutsche, von der Mährens 70% Tschechen und 30% Deutsche und von der Schlesiens – wie bereits erwähnt – 23% Tschechen und 49% Deutsche. Zusammenfassend: In diesen drei Ländern der böhmischen Krone mit 5 100 000 Tschechen gab es mit 3 000 000 auch eine sehr große deutsche Nationalität. Außerdem lebten hier noch 160 000 Polen und einige tausend Angehörige sonstiger Nationalitäten. Bereits an dieser Stelle ist anzumerken, daß der tschechische nationale Anspruch – ebenso wie der ungarische – sich niemals auf die Souveränität über die rein tschechischen Gebiete beschränkte, sondern immer auf die Verfügungsgewalt über die historischen Länder der böhmischen Krone sowie auf die nationale Hegemonie in diesen Ländern abzielte, unabhängig davon, daß in diesen auch andere Nationalitäten in beträchtlicher Zahl lebten. Die Bevölkerung der böhmischen Kronländer zählte 1880 8 000 218, davon waren 62% tschechischer, 35% deutscher und 2% polnischer Nationalität.

Für die nächstgrößte Nationalität in Österreich, die Polen, war die Situation eine andere. Die Polen lebten beinahe zur Gänze in einem Kronland, in Galizien, wo sie mit 3 060 000 Personen die absolute Mehrheit bildeten und im Vergleich dazu das deutsche Element mit 125 000 Personen winzig war. Die zweite große Nationalität des Kronlandes bildeten mit 2 500 000 Personen (43%) die Ukrainer. Darüber hinaus lebten Polen noch in Schlesien, wo sie mit 155 000 Personen 28% der Bevölkerung ausmachten. Die polnische führende Schicht Galiziens forderte die Hegemonie über das gesamte Kronland – ähnlich wie die Tschechen –, unabhängig davon, daß fast die Hälfte der Bevölkerung anderer Nationalität war. In Wien bewertete man jedoch den Anspruch der tschechischen und polnischen Hegemonie ganz unterschiedlich. Während die Realisierung der tschechischen Forderung in den böhmischen Kronländern führende Rolle über die Deutschen bedeutet hätte, wäre dies bei den Polen auf eine Hegemonie über die Ukrainer hinausgelaufen.

Die nach den Polen der Zahl nach bedeutendste Nationalität, die ukrainische, lebte, wie bereits ausgeführt, hauptsächlich in Galizien, wo sie fast die Hälfte der Bevölkerung, aber doch nur die Minderheit ausmachte. Ferner bildeten die Ukrainer in der Bukowina, die 570 000 Einwohner hatte, das bedeutendste nationale Element, besaßen mit 42% aber auch hier nicht die Mehrheit. In diesem Land gab es außerdem 38% Rumänen und 20% Deutsche.

Was die Slowenen betrifft, so stellten diese in einem Kronland, in Krain, 94% der Bevölkerung, die restlichen 6% dort waren Deutsche. Damit ist aber nicht einmal die Hälfte der in Österreich lebenden slowenischen Bevölkerung erfaßt. Der größere Teil der Slowenen lebte in der Steiermark und in Kärnten, wo jeweils die Deutschen in der Mehrheit waren. Die Bevölkerung von Görz und Gradisca bestand zu 63% aus Slowenen und zu 36% aus Italienern, aber dieses Land besaß mit 206 000 eine derartig kleine Bevölkerung, daß es hinsichtlich der Nationalitätenfrage keine ernsthafte Bedeutung besaß.

Die große Masse des anderen bedeutenden südslawischen Elementes, die serbokroatische Nationalität, lebte in Dalmatien, wo sie 93% der Bevölkerung ausmachte. Mit einer Größenordnung von beinahe einer halben Million umfaßte sie nicht einmal 20% der in der Monarchie lebenden serbokroatischen Nationalität. Darüber hinaus lebte in Istrien (284 000 Einwohner) ein beträchtliches südslawisches Element (43%). Die italienische Bevölkerung bildete in einem Kronland, in Triest, 74% der Bevölkerung; die nächstgrößte Nationalität waren hier die Slowenen mit 22%, aber die Gesamtbevölkerung von Triest betrug nur 120 000.

Die Bewahrung der Kronländergliederung und das den Ländern in einem gewissen Ausmaß gewährte Selbstverwaltungsrecht konnten zur Lösung der nationalen Fragen nichts beitragen, selbst dann nicht, wenn die Rechte der Länder zugenommen hätten, bedeutete doch die Autonomie der Länder nicht zugleich eine nationale Autonomie.

DIE AUTONOMIE GALIZIENS

Die Befriedigung der Mehrheitsnationalität eines Kronlandes durch Erweiterung der Autonomierechte war auf der Grundlage der gegebenen Nationalitätenzusammensetzung – wenn man nicht wollte, daß diese mit der Majorisierung der deutschen Bevölkerung einhergehen soll – ein gangbarer Weg in Galizien. Dort war ein solcher nicht nur möglich, sondern versprach auch viele Vorteile. Galizien war das bevölkerungsreichste Kronland. Nach der Volkszählung von 1880 hatte es etwa 6 Millionen Einwohner. Polen lebten in anderen Kronländern nicht in bedeutender Zahl: in Schlesien 155 000, in der Bukowina 18 000. Gleichzeitig gab es in Galizien eine kleine deutsche Minderheit (5,5%). In Österreich ohne Galizien war die Zusammensetzung der Nationalitäten für die Verwirklichung der deutschen Hegemonie günstiger. Wie oben ausgeführt, war die Bevölkerung Österreichs ohne Galizien zu nahezu 50% deutsch. Von der städtischen Bevölkerung, ebenfalls ohne Galizien, waren 75% deutsch. In Österreich ohne Galizien war es leichter, die deutsche Hegemonie zu konsolidieren, schon deshalb, weil die damit verbleibende Einheit – von der nicht unbedeutenden Bukowina einmal abgesehen – mit dem zisleithanischen Staat zur Zeit Maria Theresias, dessen Kronländerstruktur und Bürokratie deutschen Charakters eine über hundert Jahre alte Vergangenheit hatten, identisch war.

Auch historische und außenpolitische Umstände ermöglichten die Autonomie Galiziens. Die polnische Führungsschicht Galiziens sympathisierte natürlich nicht mit den Teilungsmächten Polens, also auch nicht mit der Habsburgermonarchie.

Da aber Österreich nach dem Krimkrieg in ein kühles Verhältnis zu Rußland und in den sechziger Jahren in einen Gegensatz zu Preußen geraten war und da in den beiden anderen Reichen die Lage der Polen schlechter als in der Habsburgermonarchie war, betrachtete die polnische Führungsschicht Galiziens die Habsburgermonarchie als das kleinere Übel. Deshalb verfolgte sie eine nach Wien orientierte Politik. Natürlich wollte sie diese Politik nur so lange fortführen, solange sie keine reale Möglichkeit zur Wiederherstellung des dreigeteilten Polens sah. Dafür bestand aber Ende der sechziger Jahre und noch über längere Zeit hinweg keine Aussicht.

Die polnische Führungsschicht opponierte nicht gegen die dualistische Umgestaltung, rechnete sie doch damit, ihre Ansprüche in deren Rahmen realisieren zu können. In diesem Sinne erhielt sie übrigens auch Versprechungen aus Hofkreisen sowie von magyarischen Liberalen.[40] Am 24. September 1868 bat der galizische Landtag, in dem es eine polnische Mehrheit gab, in einem Beschluß um Erweiterung seiner Kompetenzen zu Lasten des Reichsrates. Einerseits wünschte er eine weitgehende Kompetenz für die innere Verwaltung des Kronlandes (Aufbau des Verwaltungsapparates, Nationalitätenfragen, Justizwesen, Unterrichts- und Erziehungswesen usw.), andererseits eine solche Verwaltungsstruktur, innerhalb der die Exekutive in den Händen einer dem Landtag verantwortlichen Regierung des Kronlandes lag. Der Landtag forderte auch für sich das Recht, selbständig bestimmen zu können, auf welche Weise er seine Abgeordneten für den Wiener Reichsrat auswählt.[41]

Die Vertreter des Wiener Zentralismus hielten diese Forderungen für zu extrem, auch aus Berlin kamen Proteste in der Befürchtung, daß eine solch weitgehende Autonomie auch die Polen in Preußen stimulieren würde, ähnliche Ziele anzustreben. Die Wiener Politik reagierte trotzdem positiv auf diese Wünsche und befriedigte sie schrittweise und in verhüllter Form. Von 1868 bis 1882 erhielt Galizien mehrere Rechte, die ihm eine Sonderstellung in Österreich sicherten.[42] In den Jahren nach dem österreichisch-ungarischen Ausgleich verwirklichte sich als Ergebnis aufeinanderfolgender Maßnahmen der „kleine Ausgleich“: Galizien verschaffte sich eine weitgehende Autonomie. „Galizien war faktisch so gut wie vollkommen aus dem Bereiche der historischen Wiener Zentralverwaltung herausgehoben“, stellt Hans Lentze, der Wiener Rechtshistoriker, fest. „...Dank ihrer geschmeidigen Politik, die die Wiener Regierung immer wieder im Reichsrate unterstützte, war es den Polen gelungen, auf kaltem Wege für Galizien eine weitgehende Föderalisierung durchzusetzen.“[43] Robert Kann kommt zu einer ähnlichen Wertung: „Zwischen 1867 und 1869 hatten die Polen in Österreich eine in der Praxis sich immer weiter ausdehnende verwaltungsmäßige Autonomie errungen.“[44]

Über die Kronländerrechte hinaus wurde die privilegierte Lage der Polen in Galizien auch dadurch verstärkt, daß die polnische Aristokratie über traditionell gute Beziehungen zu den Hofkreisen verfügte und gute Positionen in den Wiener Zentralbehörden innehatte. In der österreichischen Regierung gab es in der Gestalt des polnischen Landsmannministers immer einen Vertreter der Polen. Erwähnenswert ist auch, daß es, obgleich der Ministerpräsident der österreichischen Regierung im allgemeinen ein Deutschösterreicher war, ausnahmsweise auch polnische

Ministerpräsidenten gab: Potocki 1870–1871, Badeni 1895–1897. Ministerpräsidenten anderer Nationalität hat es während des ganzen halben Jahrhunderts nicht gegeben. In der Regierung war die polnische führende Schicht neben dem polnischen Landsmannminister auch als Inhaber anderer Ministerien nahezu immer vertreten. In der gemeinsamen Regierung sind außer den deutschen und ungarischen führenden Persönlichkeiten nur Polen vorzufinden (Biliński, Gołuchowski). In erheblicher Zahl waren sie auch im diplomatischen Korps sowie im höchsten Offizierskorps vertreten. Die polnische Abgeordnetengruppe war sehr stark im Reichsrat (der polnische Klub), und zweimal stellte sie auch den Präsidenten des österreichischen Abgeordnetenhauses.

Diese günstige Rechtsstellung vermochte jedoch an der Rückständigkeit der Bevölkerung Galiziens, Polen wie Ukrainer, nichts zu ändern. Neben der wirtschaftlichen Rückständigkeit verursachte die nationale Spannung innerhalb des Kronlandes, der Gegensatz zwischen Polen und Ukrainern, schwere Probleme. Die Hegemonie der Polen setzte sich auf allen Gebieten durch. Obgleich mehr als 40% der Bevölkerung Ukrainer waren, befanden sich ihre Abgeordneten im Landtag in einer verschwindenden Minderheit und kamen auch kaum in den Reichsrat.

Innerhalb des Kronlandes war die wirtschaftliche Rückständigkeit der Ukrainer ebenfalls größer als die der Polen. Hinzu kam noch, daß auch die Großgrundbesitzer in ihren Gebieten Polen waren.

Besonders stark setzte sich die polnische Hegemonie im Schulwesen durch.

Aufschlußreich ist ein Vergleich der Autonomie Galiziens mit der Kroatiens. Die kroatische Autonomie war wesentlich ausgedehnter als die polnische, gleichzeitig war jedoch die kroatische führende Schicht mit ihr weniger zufrieden als die Polen mit der Autonomie Galiziens. Die Erklärung hierfür liegt in erster Linie darin, daß ein großer Teil der kroatischen Führungsschicht nicht bereit war, den beträchtlichen Unterschied zwischen dem Programm des kroatischen Nationalismus und der verwirklichten Autonomie des Kronlandes zu akzeptieren, und sei es auch nur als Übergangslösung. Denn sie war der Ansicht, selbst unter den gegebenen europäischen Verhältnissen könnte innerhalb des Reiches eine bessere Lösung (Trialismus) geschaffen werden. Unbestritten war auch der Unterschied zwischen dem polnischen Nationalprogramm und der Autonomie Galiziens sehr groß, hatte sich doch das polnische Programm die nationale Einigung Polens zum Ziel gesetzt. Diese hing aber von der allgemeinen europäischen Situation ab, und deshalb forderten die Polen diese nicht gegen Wien oder gegen den Dualismus. Die polnische Führungsschicht konnte die Autonomie Galiziens zumindest für diese historische Periode akzeptieren, solange keine reale Möglichkeit der Verwirklichung der polnischen nationalen Einheit bestand. Dies bedeutete freilich nicht, daß zwischen der polnischen Führungsschicht und der Wiener Führung hinsichtlich der polnischen nationalen Frage innerhalb der Monarchie keine ernsthafteren Gegensätze bestanden. Diese Gegensätze resultierten vor allem daraus, daß die polnische führende Schicht das zu Schlesien gehörende Teschener Gebiet gern an Galizien angeschlossen hätte, da die Bevölkerung dieses Gebietes hauptsächlich polnisch war. Obgleich sich der Wunsch der Polen nicht erfüllte, führte dies niemals zu solchen Spannungen wie z. B. die Nichtverwirklichung der Forderung der südslawischen Einheit innerhalb der Monarchie.

Freilich konnte auch die weitgehend kompromißbereite Behandlung der polnischen Frage keine Perspektive für deren Lösung eröffnen und das Polentum dauerhaft in das Reich integrieren. „Infolge der günstigen Verhältnisse in der Verfassungsära wurde das Habsburgerreich von den Polen nicht als Feind betrachtet", schreibt Henryk Batowski, „vielmehr als Verbündeter gegen den damaligen Hauptfeind, das zaristische Rußland. Man wollte mit Österreichs Hilfe das nationale Endziel erlangen und dann auf möglichst freundschaftliche Weise den Abschied nehmen."[45] Die polnische Frage war eine allgemeine europäische Frage, und einerlei, welch günstige Lage die Monarchie dem geteilten Polentum innerhalb der Habsburgermonarchie auch gesichert hätte, eine Lösung der nationalen Frage konnte sie natürlich nicht bieten. Es erscheint sonderbar, aber verständlich, daß eben gerade dieser Umstand die polnische Politik auf den Kompromißweg lenkte, im Gegensatz zur radikalen nationalen Richtung der kroatischen Politik, welche gerade deshalb, weil sie ihre nationalen Ziele für innerhalb der Habsburgermonarchie erreichbar hielt, mit einer Kompromißlösung auch vorübergehend nicht zufrieden war, obgleich die kroatische Autonomie weitgehender war als die polnische.

DER NATIONALITÄTENARTIKEL DES ÖSTERREICHISCHEN GRUNDGESETZES

In der Auslegung und Behandlung der österreichischen Nationalitätenfrage war in der Dualismusperiode der Nationalitätenpassus der Dezemberverfassung von grundlegender Bedeutung. In der Reihe der Dezembergrundgesetze gab es kein gesondertes Nationalitätengesetz. Der sich auf die Nationalitäten- bzw. Sprachenfrage beziehende Passus wurde in das Grundgesetz über die Rechte der Staatsbürger eingebaut (Nr. 124/1867, Artikel 19). Der Artikel 19 bestand aus insgesamt drei Sätzen, diese waren aber sehr vielsagend:

„Alle Volksstämme des Staates sind gleichberechtigt, und jeder Volksstamm hat ein unverletzliches Recht auf Wahrung und Pflege seiner Nationalität und Sprache. Die Gleichberechtigung aller landesüblichen Sprachen in Schule, Amt und öffentlichem Leben wird vom Staate anerkannt.

In den Ländern, in welchen mehrere Volksstämme wohnen, sollen die öffentlichen Unterrichtsanstalten derart eingerichtet sein, daß ohne Anwendung eines Zwanges zur Erlernung einer zweiten Landessprache jeder dieser Volksstämme die erforderlichen Mittel zur Ausbildung in seiner Sprache erhält."[46]

Die Verwandtschaft der ersten beiden Sätze mit dem Kremsierer Verfassungsentwurf ist offensichtlich, stimmen sie doch beinahe wortwörtlich mit dessen Paragraph 21 überein. Ein wenn auch nicht unwesentlicher Unterschied besteht nur darin, daß dort der Staat die Gleichberechtigung des Sprachgebrauches „garantiert", während hier der wesentlich schwächere Begriff „Anerkennung" steht. Die Korrektur hatte das Herrenhaus verlangt.[47]

Ein wichtiges Produkt der österreichischen Revolution von 1848 war der Kremsierer Verfassungsentwurf, der mit der allgemeinen Proklamation der Gleichberechtigung der Nationalitäten einen der progressivsten Gedanken der Periode in einen verfassungsmäßigen Rahmen faßte. Der Kremsierer Entwurf tendierte, über die Garantie der sprachlichen Gleichberechtigung hinausgehend, in die Richtung, innerhalb der Kronländer Bezirke zu bilden und die Nationalitäten voneinander zu trennen. Er schrieb auch vor, daß bei der Wahl der Landtage „die Wahlbezirke ... mit möglichster Berücksichtigung der Nationalität zu bilden [sind]“ (§112).[48] All dies weist darauf hin, daß damals ein Kompromiß zwischen den zisleithanischen deutschen Liberalen und den Vertretern der slawischen Völker, in erster Linie der Tschechen, geschaffen worden ist. Das zeigt sich auch darin, daß die Kommission, die den Entwurf ausgearbeitet hat, schließlich der verfassungsgebenden Versammlung einen einstimmigen Vorschlag vorlegte.[49]

Die Dezemberverfassung von 1867 hat vom Kremsierer Entwurf den Satz über die allgemeine Gleichberechtigung der Nationalitäten wörtlich nur mit einer Änderung und damit die These von der sprachlichen Gleichberechtigung übernommen, zugleich hat sie jedoch die Stellen ausgelassen, die das System der Trennung der Nationalitäten innerhalb der Kronländer sowie die Einteilung der Wahlbezirke nach dem nationalen Prinzip vorsehen.

Die Dezemberverfassung von 1867 hat also in allgemeiner Form die Gleichberechtigung der Völker Österreichs sowie deren Recht erklärt, ihre Nationalität und Sprache zu pflegen; weiter hat sie bestimmt, daß der Staat die Gleichberechtigung der landesüblichen Sprachen in der Schule, in den Ämtern und im öffentlichen Leben anerkennt. Im ursprünglichen Vorschlag war eigentlich nur diese Bestimmung enthalten. Im Verlaufe der vorbereitenden Verhandlungen wurde aber auf Initiative und Forderung der deutschen Abgeordneten Böhmens auch der dritte Satz aufgenommen. Wie bereits erwähnt, hat der böhmische Landtag 1866, als die deutschen Abgeordneten seine Sitzung boykottierten, eine Verordnung verabschiedet, derzufolge der Unterricht der tschechischen Sprache in allen Schulen innerhalb des Kronlandes verbindlich sein sollte. Die Intervention der deutschen Abgeordneten Böhmens und ihr Beharren auf diese inhaltliche Ergänzung ist daher verständlich. Sie zielte darauf ab, jene Landtagsverordnung außer Kraft zu setzen und die Zustimmung zur Verfassung von der Aufnahme dieses Satzes abhängig zu machen.[50] Ohne diese Abgeordneten besaßen die deutschen Zentralisten nicht die Mehrheit im Reichsrat. Zusammen mit dieser Ergänzung war die im Grundgesetz enthaltene Regelung auch so äußerst knapp, und ihr Gebrauch der Begriffe war nicht völlig eindeutig, so daß später Debatten um die Regelung stattfanden. Nach einigen zeitgenössischen Interpretationen waren die im zweiten und dritten Satz verwendeten Begriffe „landesübliche Sprache“ bzw. „Landessprache“ nicht synonym zu verstehen. Daraus wurden weitreichende Konsequenzen für die Anwendungspraxis in der Sprachenfrage abgeleitet. Nach Auffassung der heutigen österreichischen historischen Literatur besaßen diese Diskussionen keine reale juristische Grundlage, weil das Gesetz diese Begriffe synonym verwendete.[51]

Als sehr bedeutsam erwies sich, daß die österreichische Verfassung – wenn sie auch in den konkreten Fragen der Nationalitätenrechte vage war – jene Institutionen schuf, die über die Einhaltung der Verfassung wachten und in strittigen Fällen Entscheidungen fällen konnten, die für die Interpretation der Verfassung zu Präzedenzfällen wurden. Das Verfassungsgericht, das durch eines der zur Dezemberverfassung von 1867 gehörenden Grundgesetze (Nr. 144) geschaffen wurde, konnte unter anderem auch über die legislative Tätigkeit der Landtage richten, wenn diese gegen die Verfassung verstießen. Das 1875 errichtete Verwaltungsgericht wiederum konnte die Verordnungen der Exekutive, soweit sie gegen die Verfassung verstießen, außer Kraft setzen.[52] Die Tätigkeit des Verfassungsgerichtes und des Verwaltungsgerichtes erwies sich als sehr wichtig für die Nationalitätenfragen.[53] Diese Gerichte konnten aber die Widersprüche bei der Regelung der nationalen Fragen nicht beseitigen.[54]

Die grundsätzliche Deklaration der nationalen Gleichberechtigung und die auf die Sprachen- (Schul-) Fragen bezogenen Stellen waren zusammen mit der Tätigkeit des Verfassungsgerichtes und des Verwaltungsgerichtes sehr bedeutsame Errungenschaften für die Behandlung der Nationalitätenfragen Österreichs. Das alles hatte aber keinen Bezug zur grundlegendsten Frage, nämlich zum Problem der nationalen territorialen Autonomie. Auch die österreichische Verfassung anerkannte die Nationalitäten nicht als „juristischen Körper" (als politische Nation) und glich darin trotz der völlig anderen Struktur dem ungarischen Verfahren. Gewisse Ähnlichkeiten zeigten sich auf anderem Gebiet: Auch die österreichischen Verfassungsbestimmungen wurden nicht völlig durchgeführt.[55] Nur im Falle des Kronlandes Galizien können wir davon sprechen, daß die zentrale Macht der örtlichen Landesführung soviel Selbständigkeit einräumte, daß sich als deren Resultat eine faktische territoriale Autonomie herausbildete. Und da sich die Landesführung nicht in den Händen der deutschen Bürokratie, sondern in denen einer Nationalität, der polnischen, befand, können wir hier von einer polnischen nationalen Autonomie sprechen. Eine andere Sache ist, daß Galizien selbst ein Land mit mehreren Nationalitäten war und daß sich im Rahmen der Autonomie eine polnische Hegemonie über die Ukrainer durchgesetzt hatte.

In den übrigen Kronländern wurde während der gesamten Periode keine ähnliche Lösung gefunden.[56] Die vom Herrscher ernannten Statthalter hielten den Exekutivapparat in fester Hand, die Beschlüsse der Landtage bedurften jedoch der Zustimmung des Herrschers.

Versuche zur Errichtung einer tatsächlichen Landesautonomie gab es auch in anderen Kronländern. Diese Versuche scheiterten der Reihe nach offensichtlich daran, daß in jedem Kronland mit einer bedeutenderen Nationalitätenmehrheit – Galizien ausgenommen – eine sehr große deutsche Minderheit lebte, für die die Durchsetzung solcher Versuche den Verlust ihrer Hegemonie bedeutet hätte. Die zentrale Regierung konnte nicht so weit gehen. Es hätte die Herausbildung und Stärkung der Kompromisse zwischen den Nationen vielleicht begünstigt, wenn sich die historische Gliederung der Kronländer aufgelöst und bei modifizierten Grenzen nationale Landesautonomien entwickelt hätten. Unter diesem Aspekt ähnelte das Problem dem in Ungarn. In Ungarn war die Hauptfrage die, ob der auf der Verfassung der einen politischen Nation aufgebaute Staat fähig war, sich in Richtung von nationalen territorialen Autonomien zu entwickeln. In Österreich jedoch war die Hauptfrage die, ob der auf Grund der historisch entstandenen Kronländerverfassung aufgebaute Staat zu einer Umgestaltung fähig war, die auf eine Herausbildung von nationalen territorialen Autonomien hinauslief. Der Kremsierer Verfassungsentwurf schrieb die Bildung von nationalen territorialen Autonomien innerhalb der Kronländer vor. In der Dualismusperiode war indessen die in Österreich sich in einer Hegemonialstellung behauptende deutschösterreichische Nation einer solchen Tendenz ebenso abgeneigt wie die magyarische Nation in Ungarn. Bemerkenswerterweise verschloß sich nicht nur die Wiener zentrale Gewalt einer Umformung der Kronländergliederung nach den ethnischen Grenzen. Es war auch nicht das Ziel der Tschechen, innerhalb Österreichs eine tschechisch-nationale ethnische Einheit zu schaffen, sondern vielmehr die historischen böhmischen Kronländer, Böhmen, Mähren und Schlesien, staatsrechtlich zu vereinigen und in diesem Gebilde – unabhängig davon, daß dort beinahe 40% der Bevölkerung anderen Nationalitäten angehören würden – die Hegemonie und die Souveränität zu erlangen. Eigentlich wollten sie genau das gleiche, was die Ungarn in Ungarn bzw. die Polen in Galizien erreicht hatten.

Bedeutende österreichische Persönlichkeiten, die sich um ein friedliches Verhältnis der Nationalitäten zueinander bemühten, meinten um die Jahrhundertwende, daß eine Reform des Wahlrechts, im äußersten Fall die Einführung des allgemeinen Wahlrechts, bei den Wahlen zum Reichsrat eine Lösung bringen könnte. Das Wahlsystem in den Kronländern, das überall die in beträchtlicher Zahl, aber in der Minderheit befindliche deutsche Nationalität begünstigte, wollten sie nicht ändern, weil dann in den wichtigsten Kronländern die Deutschen unter die Hegemonie anderer Nationalitäten geraten wären. Demgegenüber – so meinten sie – konnte der Reichsrat die reale nationale Zusammensetzung widerspiegeln und aus sich heraus ein solches kompromißhaftes Gleichgewicht entwickeln, das die Kronländerstruktur und die führende deutsche Rolle in den Kronländern nicht gefährdete.

Die bedeutendste Reform fand 1907 statt, als das allgemeine Wahlrecht für die Reichsratswahlen eingeführt wurde.

Bei der Wahl zu den Landtagen blieb es aber beim bisherigen Zustand.[57] Erst unmittelbar vor dem Weltkrieg kam es in einigen Kronländern zu Kompromissen. Wenn man die unveränderte Lage der Kronländer und auch den ungebrochenen Einfluß der Zentralbehörden berücksichtigt, dann hat sich am Faktum der deutschösterreichischen Hegemonie nichts Wesentliches geändert. „Die Einführung des allgemeinen Wahlrechts in Österreich im Jahre 1907 hat die Vorzugsstellung der Deutschen einigermaßen eingeschränkt, aber keineswegs gebrochen", schreibt Robert Kann.[58] Dies wird auch dadurch belegt, daß in Österreich während der gesamten Periode, also auch nach 1907, die deutsche Sprache praktisch Staatssprache gewesen ist, obgleich die Verfassung – und dies ist ein großes Positivum – ein solches Prinzip nicht ausgesprochen hatte.[59] Der auf der Basis des allgemeinen Wahlrechts funktionierende Reichsrat änderte nichts daran, daß sich die zentrale Exekutivgewalt in deutschösterreichischer Hand befand. Anfang 1914 waren vom Personalbestand der österreichischen Ministerien 81,7% (3957 von 4847 Personen) deutscher Nationalität.[60] Unbestritten hat ein Großteil der deutschösterreichischen Mitglieder dieser Bürokratie eine Art „unbetontes" Deutschtum dadurch vertreten, daß die Treue zum österreichischen Herrscher der Grundtenor ihrer Einstellung war. Dies änderte aber nichts daran, daß die Bürokratie im wesentlichen die deutschösterreichische Hegemonie verkörperte.

Von Professor Lentze stammt die zutreffende Charakterisierung: „Allerdings war es ein national unbetontes Deutschtum, das durchaus fähig und willig war, die Angehörigen anderer Nationalitäten ohne jeden Druck zu assimilieren. Die deutschzentralistische Bürokratie hat allen Nationalitäten gegenüber die gleiche Distanz gehalten und die deutsch-österreichische Vorzugsstellung nicht im Sinne sozialer Diskriminierung vor dem Gesetz und gewaltsamer Germanisierung ausgenützt."[61]

INTEGRATION ODER DESINTEGRATION

Bei der Betrachtung der inneren Nationalitätenprobleme der dualistischen Monarchie können wir der häufig aufgeworfenen Frage nicht ausweichen: Hat in der ein halbes Jahrhundert währenden Periode in der heterogenen Struktur der Habsburgermonarchie ein Integrations- oder ein Desintegrationsprozeß stattgefunden, bzw. welcher war der gewichtigere? In den Jahrzehnten nach dem Zusammenbruch der Habsburgermonarchie war dies eine der umstrittensten Fragen, und seitdem wird sie auch in der historischen Literatur, vor allem in den letzten Jahrzehnten, lebhaft diskutiert.[62] Auch heute noch gehen die Meinungen darüber extrem auseinander. Die eine Konzeption betonte, daß die Desintegration des heterogenen Reiches nicht nur immer eine Gegebenheit war, sondern auch ständig zugenommen hat und daß das Reich besonders in dem letzten halben Jahrhundert nur noch durch die bloße Gewalt, durch die „die unterdrückten Völker hegemonisierende Kraft" zusammengehalten wurde. Hierzu ist der extreme Gegenpol, daß die Heterogenität der Habsburgermonarchie nur eine Erscheinung an der Oberfläche war, daß das Reich in Wirklichkeit ein organisches einheitliches System bildete, das nur durch eine äußere Gewalt zerbrochen werden konnte. Diese extremen und polarisierten Ansichten tauchen auch heute noch hier und dort auf, sind aber für die historische Literatur der vergangenen Jahrzehnte nicht mehr charakteristisch.

Heute zeigt bereits jede ernsthaftere Darstellung auf, daß die Heterogenität des dualistischen Reiches keine oberflächliche, sondern eine wesentliche Erscheinung war und daß die Heterogenität Spiegel und Manifestation eines Mangels an Integration war. Das Gebilde der Habsburgermonarchie entwickelte sich über vier Jahrhunderte hinweg nicht zu einer integrierten Einheit, und dies trifft auch auf das letzte halbe Jahrhundert zu.

Im weiteren entfernen sich die Meinungen aber voneinander. In vielen Darstellungen verknüpft sich die Feststellung des Mangels an Integration mit der Auffassung, daß dieser Mangel in der Periode des letzten halben Jahrhunderts ein eher dynamisch sich verstärkender Faktor war und daß der Desintegrationsprozeß dabei die Haupttendenz darstellte. Nach anderen Meinungen war das Stadium der Nichtintegration nicht mit einem Desintegrationsprozeß verbunden; im Gegenteil, die Integration kann in vielerlei Hinsicht nachgewiesen werden, sie wurde zu einer die charakteristischen Hauptprozesse bestimmenden Tendenz, wenn sie auch nicht bis zum Stadium der tatsächlichen Integration führte. Jene Analysen, die die gemeinsame und wechselseitige Existenz des Integrations- und Desintegrationsprozesses darstellen oder die dominierende Rolle entweder der Integration oder der Desintegration herausstellen, bilden lediglich Varianten dieser hier aufgeführten Meinungen.

Die gründliche wissenschaftliche Analyse dieser Frage wäre wohl die richtige

Methode ihrer Behandlung. Der gegenwärtige Stand der Untersuchungen gewährt aber noch nicht genügend sichere Anhaltspunkte für ihre Beantwortung. Jene Charakterisierung erscheint akzeptabel, die die Integrationsfakten in den Prozessen des halben Jahrhunderts herausstellt, indem sie insbesondere auf die ökonomischen Prozesse verweist, zugleich aber die Aufmerksamkeit auch auf die Desintegrationsprozesse lenkt, indem sie die Spannungen aufzeigt, die zwischen den einzelnen Nationen, häufig in sehr heftiger Form, aufgetreten sind. Es ist jedoch fraglich, ob in der relativ kurzen Periode – es ist lediglich von einem halben Jahrhundert die Rede – die übergewichtige Existenz entweder der einen oder der anderen Tendenz festgestellt werden kann.

Die erwähnten Debatten hängen häufig auch mit anderen Fragen zusammen. Die eine: Waren die Nationalitätengegensätze innerhalb der Habsburgermonarchie überhaupt innerhalb einer längeren Frist lösbar, oder waren letzten Endes – auch wenn das Übergewicht der Integrationstendenz in einzelnen Perioden festgestellt werden kann – die Probleme der Art, daß deren Lösung im Grunde genommen nicht möglich war? Unvermeidbar erhebt sich auch die Frage, ob dieses historische Problem des Habsburgerreiches überhaupt aus der allgemeinen europäischen Situation herausgelöst untersucht werden kann. Es ist vielleicht einer der wichtigsten Charakteristika des Vielvölkerreiches in der Mitte Europas, daß seine inneren Prozesse untrennbar mit dem europäischen Umfeld zusammenhingen und mit diesem in engster Wechselwirkung standen.

Innerhalb der Habsburgermonarchie hingen die Integrations- und Desintegrationsprozesse und deren Schwerpunkt nicht nur deshalb mit den allgemeinen europäischen Prozessen zusammen, weil von mehreren Völkern lediglich ein Teil in der Habsburgermonarchie lebte, sondern auch deshalb, weil für einen heterogenen und nichtintegrierten Staat jeder – innerer wie äußerer – Faktor in Betracht zu ziehen ist, der als Alternative in Richtung Auflösung oder zumindest Reorganisation des Staates interpretiert werden kann. Das soll jedoch keineswegs eine in diese Richtung führende Orientierung bedeuten und eine derartige Bilanz, genausowenig irgendein gleichgerichtetes Interesse. Im letzten Drittel des 19. Jahrhunderts war die europäische Ordnung – die Furcht der Donauvölker vor dem zaristischen Rußland und vor der Expansion des Deutschen Reiches – vom Standpunkt der dualistischen Monarchie ein eher stabilisierender und die innere Integration begünstigender Faktor.

Dies alles zusammenfassend scheint die Analyse jener Historiker der historischen Wahrheit am nähesten zu kommen, die den Zustand der „Nichtintegration" hervorheben, aber auch die Tatsache, daß sich in engem Zusammenhang damit vor dem Krieg eine gewisse Ordnungsstruktur entwickelt hat. Die Analyse des englischen Historikers Zeman erscheint annehmbar: „In fact, by the outbreak of the war, the nationalities had found their place in an intricate hierarchical system."* Ähnlich bewertet auch der österreichische Historiker Adam Wandruszka, daß „...vor 1914 nur wenige und überdies nur politisch einflußlose Gruppen entschieden und eindeutig gegen die Existenz der Habsburgermonarchie eingestellt waren,

* „In der Tat, als der Krieg ausbrach, hatten die Nationalitäten ihren Platz im verwickelten hierarchischen System gefunden."[63]

oder mit anderen Worten, die überwiegende Mehrheit in der Gesamtbevölkerung wie innerhalb jeder der zwölf und mehr Nationalitäten und ethnischen Gruppen den Fortbestand dieses Staatswesens wünschte".[64]

Indessen setzt auch – egal wie wir die Nationalitätenverhältnisse der dualistischen Monarchie und deren Entwicklungsmöglichkeiten beurteilen – die optimistischeste Auffassung in jedem Fall ein friedliches Zeitalter voraus. Damit kommen wir zur Frage der Gestaltung der Außenpolitik der dualistischen Monarchie.

Die Außenpolitik

Die Außenpolitik stand mit den inneren Fragen, der Struktur, den gesellschaftlichen Prozessen und der Perspektive der dualistischen Monarchie in engem Zusammenhang. Wie wir gesehen haben, war auch die Umgestaltung der Habsburgermonarchie 1867 selbst mit internationalen Faktoren, mit dem Abschluß der mitteleuropäischen bürgerlichen Umgestaltung verknüpft. Schließlich wurde sie besonders durch die Entwicklung der deutschen Frage bestimmt und stand im unmittelbaren Zusammenhang mit dem Preußisch-Österreichischen Krieg von 1866 und dessen Ergebnis.

Für die Außenpolitik der dualistischen Monarchie waren Ende der sechziger Jahre gewisse Faktoren vorgegeben: vor allem die Konfrontation mit dem zaristischen Rußland und, damit zusammenhängend, die nicht unähnliche Position gegenüber dem unter preußischer Führung stehenden Deutschland.

Mit diesen außenpolitischen Gegebenheiten hängt zusammen, daß zu Ende der sechziger Jahre die Habsburgermonarchie eine andere historische Rolle in der europäischen Politik erhielt: Als Gegengewicht gegenüber dem zaristischen Rußland und, zum Teil damit zusammenhängend, gegenüber Preußen übernahm sie eine wichtige historische Funktion.

Position und Rolle der Habsburgermonarchie in den europäischen internationalen Verhältnissen hatten sich also in dieser Zeit gegenüber 1848/49 verändert. Für die bürgerliche Entwicklung der Völker des Reiches bedeutete die innere Umgestaltung der Habsburgermonarchie in den sechziger Jahren – der Konstitutionalismus, der Dualismus, der kroatische und der polnische Ausgleich usw. – einen Fortschritt. Auf jeden Fall bessere Bedingungen, als die benachbarten Großmächte sie gewähren konnten.

Die außenpolitische Funktion der Habsburgermonarchie war nach 1867, ihren Völkern mit der Kraft eines größeren Reiches Schutz zu geben gegen die massiveren Gefahren, die diesen Raum bedrohten: die russische und die unter preußischer Führung stehende deutsche Expansion. Im Reichsinneren jedoch, d. h. in der internen Verfassung des Reiches und der Stellung der Völker im Reichsverband, herrschten keine Gleichheitsverhältnisse. Die objektive außenpolitische Funktion des Reiches und das hegemoniale System der inneren Ordnung schufen einen Widerspruch, der praktisch ohne Krisen nicht aufzulösen war – insbesondere wegen der äußerst komplizierten internen Komponenten für die Außenpolitik der Monarchie: Die untergeordneten Nationen kämpften gegen die hegemonialen

Nationen, die sich die Lenkung des Staates angeeignet hatten, gleichzeitig benötigten sie aber diesen Staat wegen seiner außenpolitischen Funktion. Dieser Gegensatz, der für die gesamte Periode charakteristisch war, erschwerte, ja gefährdete sogar die Erfüllung der außenpolitischen Aufgaben und spielte dann beim Zusammenbruch des Reiches eine entscheidende Rolle.

DIE DEUTSCHE FRAGE

Alle bedeutsamen Kräfte der dualistischen Monarchie hießen die gegenüber Rußland betriebene Außenpolitik gut. Auch die Politik der Behauptung gegenüber Preußen, das in enger Verbindung zum zaristischen Rußland stand, wurde in weiten Kreisen der dualistischen Monarchie unterstützt. Insoweit war die Außenpolitik von Beust auch realisierbar; in zahlreichen weiteren Fragen jedoch waren eindeutige Schritte nicht möglich, weil gravierende interne Diskussionen stattfanden. Wie weit muß die dualistische Monarchie in ihrer Preußenpolitik gehen, was ist das größere, das Fernziel dieser Politik – das waren die Fragen, die im Kreis der für die Außenpolitik relevanten internen Kräfte bereits Diskussionen hervorriefen. Sollte man sich nur konsequent gegen den preußischen Druck behaupten oder, darüber hinaus, Revanche für Königgrätz nehmen? Es ist offensichtlich, daß diese Streitfrage aufs engste mit der Bündnispolitik, vor allem mit dem Verhältnis zu Frankreich zusammenhing. Voraussetzung für ein gutes Verhältnis zu Frankreich war die Konfrontation mit Preußen, aber das österreichisch-ungarische Militärbündnis mit Frankreich bedeutete bereits mehr, es war Bestandteil der Revanchekonzeption. Die Debatte bezüglich Preußen stand auch im Kontext der Frage nach dem zukünftigen Verhältnis zu Rußland. Die Politik der Behauptung gegen den preußischen Druck vertrug sich durchaus mit einer aktiveren Außenpolitik gegenüber Rußland. Eine Politik der Revanche gegen Preußen wiederum hatte auf jeden Fall nach einem guten Verhältnis zum zweiten großen Nachbarn, Rußland, zu streben, selbst um den Preis von Zugeständnissen. Die Diskussion wirkte sich nach dem Ausgleich auch auf die Balkanpolitik aus. Wohl herrschte Übereinstimmung darüber, daß es im Interesse Österreich-Ungarns liegen mußte, sich entsprechenden Einfluß über die früher oder später von den Türken befreiten Balkanvölker zu verschaffen. Aber mit welchen Methoden und wann dies zu geschehen habe, war eine Frage, die bereits mit der Politik bezüglich Preußen zusammenhing. Obgleich alle politischen Kräfte zur Kenntnis nehmen mußten, daß auf dem Balkan keine besonderen Aktivitäten entfaltet werden konnten, solange sich die Situation mit Preußen nicht deutlicher geklärt hatte, gingen die Meinungen darüber auseinander, an welcher weiterreichenden Politik unter diesen Umständen vorbereitend gearbeitet werden sollte.

Zusammenfassend läßt sich also feststellen, daß sich die Außenpolitik nach 1867 im Grunde genommen auf eine breite innere Zustimmung stützen konnte, in zahlreichen Detailfragen und in der Konkretisierung der Vorstellungen aber ernsthafte Meinungsverschiedenheiten und Diskussionen bestanden. Vor allem die Hofkreise vertraten die außenpolitische Linie der „Revanche für Königgrätz". Hinter den säbelrasselnden revanchistischen Bestrebungen standen die Militärkreise mit Erzherzog Albrecht an der Spitze. Diese Kreise betrachteten und akzeptierten auch den österreichisch-ungarischen Ausgleich in erster Linie in diesem Zusammenhang.

Nach dem Sieg von 1866 suchte Bismarck die Freundschaft des besiegten Gegners; er unterbreitete der Monarchie auch ein konkretes Bündnisangebot. Bismarck beabsichtigte nämlich nach dem Kriege nicht die Monarchie zu schwächen, sondern hätte lieber deren Unterstützung oder wenigstens Neutralität für seine weiteren deutschen Pläne gewonnen. Auch den österreichisch-ungarischen Ausgleich beurteilte er wohlwollend. Nach einigen Historikern hatte er bei dessen Zustandekommen eine Rolle gespielt, weil er vom Einfluß der Ungarn erwartete, das Reich werde sich stärker in andere Richtung wenden, den gegen Rußland gerichteten außenpolitischen Kurs intensivieren und größere Aufmerksamkeit auf den Balkan legen.

Beust wich aber den Bismarckschen Bemühungen wie dem Bündnisangebot aus. Er versuchte, das Bündnissystem der Monarchie in völlig andere Richtung auszubauen. Nach 1867 wandte er sich Frankreich zu: Sein Ziel war ein Österreich-Ungarn, Frankreich und Italien umfassendes Bündnissystem. Beust arbeitete auch entsprechende Pläne aus, eine konkrete Vereinbarung kam jedoch nicht zustande.[1]

Eigentlich wollte auch Beust kein offenes militärisches Auftreten gegen Preußen im Bündnis mit Frankreich, aber er hätte gern Frankreich zu einem solchen Krieg veranlaßt und wollte für diesen Fall nicht nur die Neutralität und die wohlwollende Haltung der Monarchie garantieren, sondern mit einer Mobilisierungs- und Aufmarschdrohung auch aktive Unterstützung gewähren. Sicherlich rechnete er damit, daß sich in einem solchen Krieg Frankreich als stärker erweisen würde, war aber der Meinung, den Franzosen müsse die Ausdehnung ihres Einflußbereiches bis zum Rhein gestattet werden, damit die Monarchie so ihren Einfluß auf die süddeutschen Staaten verwirklichen und ihre führende Rolle auf dem deutschen Gebiet wiedererlangen könne. Dies war der Kern der Beustschen Konzeption einer Revanche gegen Preußen.

Die deutschösterreichischen Liberalen standen hinter der Politik von Beust, wenn auch mit ziemlichem Vorbehalt. Letztlich entsprachen die Ziele des Hofes und Beusts ihren Interessen, hätte sich doch so die deutsche Einheit unter der Führungsrolle des österreichischen Deutschtums verwirklichen lassen. Ihre Vorsicht resultierte in erster Linie daraus, daß sie auf keinen Fall einen neuerlichen militärischen Zusammenstoß mit Preußen wünschten. Den Krieg von 1866 betrachteten sie als bedauerlichen „Bruderkrieg“, dessen Wiederholung sie unbedingt zu vermeiden suchten. Deshalb unterstützten sie die Außenpolitik von Beust insoweit, als sich diese einem weiteren Raumgewinn Preußens entgegenstellte und verhinderte, daß die süddeutschen Staaten an Preußen fielen. Bis zu diesem Punkt befürworteten sie auch die Verbesserung der Beziehung zu Frankreich. In der Außenpolitik gab es also zwischen Beust und den deutschösterreichischen Liberalen eine ganze Reihe von Berührungspunkten. In den Zielen bestand im Grunde genommen die erwünschte Übereinstimmung, aber die Liberalen beurteilten die Politik von Beust insofern als zu kühn und zu riskant, als diese einen Revanchekrieg nicht vermeiden wollte. Über die entschiedene Uterstützung der Hofkreise und über die reservierte Befürwortung der deutschösterreichischen Liberalen hinaus fand Beust für sein außenpolitisches Fernziel keine Resonanz in politisch maßgeblichen Kreisen. Unter diesem Aspekt kam vor allem der ungarischen Stellungnahme Bedeutung zu, war doch die ungarische Regierung qua Gesetz an der Gestaltung der Außenpolitik beteiligt. Ohne ihre Zustimmung konnte der Außenminister keinen einzigen außenpolitischen Schritt setzen. Beust war es also nicht möglich, die ungarische Regierung zu umgehen. Andrássy nahm sehr aktiv an der Lenkung der Außenpolitik teil und plazierte seinen Mann auch im Außenministerium. Sein Vertrauter, Béla Baron Orczy, erhielt Ende Mai 1868 das Amt eines Sektionschefs, also eine sehr hohe Position, im gemeinsamen Außenministerium.[2] Durch ihn war Andrássy über die Tätigkeit des Außenministeriums genauestens informiert.

Andrássy, der die ungarische Regierung vertrat, bzw. die hinter ihm stehende liberale Mehrheit des Parlaments, die Deák-Partei, unterstützte keinesfalls eine Außenpolitik, die die Habsburgermonarchie möglicherweise in einen provozierten Krieg gegen Preußen trieb. Die ungarischen Liberalen perzipierten die 1866 erfolgte Regelung der deutschen Frage als nicht mehr zu ändernde Konsequenz der realen Kräfteverhältnisse. Ihre Befürchtungen galten eher einer weiteren Ausdehnung Preußens, in der sie nunmehr eine Gefährdung jener Monarchie erblickten, in der sie eine entsprechende Position innehatten. Für den Fall, daß Preußen sich weitere deutsche Gebiete, also auch Staaten, aneignen sollte, drohte Österreich nach ihrer Meinung der Beginn eines Zerfallsprozesses. Ein solcher Prozeß mußte – und dies erregte ihre besondere Besorgnis – dem zaristischen Rußland in die Hände spielen und ihm die Möglichkeit geben, seinen Einfluß auf die nichtdeutschen Gebiete der Monarchie auszudehnen. In diesem Zusammenhang wird verständlich, daß die Abgeordneten der Deák-Partei in der ersten Sitzungsperiode der Delegationen (Januar–März 1868) die Verabschiedung des eingereichten Militärhaushaltes entschieden unterstützten. Ihre Meinung zur russischen wie zur preußischen Gefahr hat vielleicht Ágoston Trefort am prägnantesten ausgedrückt: „Die Gefahren, die die gesamte Monarchie bedrohen, bedrohen die Integrität der ungarischen Krone und die Selbständigkeit Ungarns im selben, vielleicht sogar noch größeren Ausmaß."[3]

Die ungarischen Liberalen, deren Politik die Regierung bzw. Andrássy vertrat, unterstützten also die gegen Preußen gerichtete Politik von Beust, um eine weitere Expansion Preußens aufzuhalten, keinesfalls jedoch den Plan eines Revanchekrieges.

Die außenpolitischen Differenzen zwischen Beust und Andrássy waren in diplomatischen Kreisen wohlbekannt. Beust selbst schrieb in seinen Memoiren, man habe zu jener Zeit gescherzt, Andrássy halte ihn am Mantel fest, damit er nicht in das französische Bündnis springe.[4]

Die führenden Schichten anderer Nationalitäten von gewissem Einfluß in der dualistischen Habsburgermonarchie vertraten in der preußischen Frage einen den Ungarn ähnlichen Standpunkt. Was die Polen betraf, war es für sie offensichtlich, daß sich Preußen im Falle eines provozierten Revanchefeldzuges mit Rußland verbünden würde. Es bestand also die Gefahr, daß Österreich-Ungarn gegen eine preußisch-russische Koalition antreten mußte und eine Niederlage erlitt, Rußland sich Galizien aneignete oder die preußisch-russischen Bündnispartner die zur Monarchie gehörenden polnischen Gebiete untereinander aufteilten.

Die tschechische führende Schicht machte in der preußischen Frage ihren Einfluß ähnlich geltend wie die Ungarn und die Polen. Ein erneuter preußisch-österreichischer militärischer Zusammenstoß wäre, gleichgültig ob mit Sieg oder mit Niederlage endend, für sie in keinem Falle günstig gewesen. Ein Sieg der Habsburgermonarchie hätte offenkundig die Forderung nach Eingliederung der von allen Seiten von Deutschen umgebenen Tschechen verstärkt, und zum gleichen Ergebnis hätte auch eine Niederlage der Monarchie geführt, nur wäre der Druck aus preußischer Richtung dann gewachsen. Es schien ihnen deshalb notwendig, eine preußische Expansion zu verhindern, aber unter gar keinen Umständen wünschenswert, einen Krieg zu provozieren.

Die zweite wichtige Streitfrage der Außenpolitik war die Balkanpolitik. Auch was die Grundkonzeption der Balkanpolitik Österreich-Ungarns betraf, bestand zwischen Beust und Andrássy Übereinstimmung: Der Status quo und die Integrität des Osmanischen Reiches mußten, zumindest vorläufig, unter allen Umständen aufrechterhalten werden, und eben deshalb waren dort liberale Reformen im Inneren erforderlich.[5] Zur gleichen Zeit wollte Andrássy zur Vorbereitung einer späteren und weiterreichenden Balkanpolitik die gegebenen Möglichkeiten nützen, ohne einen Konflikt mit Rußland heraufzubeschwören. Es gelang ihm, neben Béla Orczy einen weiteren, damals noch jungen Vertrauten, Béni Kállay, in eine wichtige Position zu bringen: Er wurde zum Generalkonsul und Geschäftsträger in Belgrad ernannt. Benjámin Kállay, der später, ab 1882, das Amt des gemeinsamen Finanzministers innehatte, war in Belgrad äußerst aktiv und verfolgte im Rahmen der generellen Interessen der österreichisch-ungarischen Monarchie vor allem die Intentionen der ungarischen Regierung bzw. handelte nach den Anleitungen von Andrássy.

Mitte 1868 kam es zwischen Beust und Andrássy erstmals wegen der Balkanpolitik zu einer ernsthafteren Kontroverse. Im Sommer 1868 wurde der serbische Fürst Michael Obrenović ermordet.[6] Nach Meinung Andrássys war dieser Vorfall zur Wahl eines aus der Sicht der Monarchie genehmeren neuen Fürsten auszunutzen. Béni Kállay notierte nach dem Attentat in sein Tagebuch: „Ich schrieb Andrássy einen langen Brief und schlug vor, die Gelegenheit zu ergreifen, einen Einfluß auf die Angelegenheiten Serbiens zu gewinnen."[7] Aus seiner Eintragung wenige Tage später wird deutlich, daß Andrássy ebenfalls so dachte und in diesem Sinne auf den gemeinsamen Außenminister einzuwirken versuchte, Beust jedoch abgewinkt hatte: „Beust ist für die Neutralität, aber Andrássy glaubt, daß wir handeln müssen, und nimmt in diesem Part alle Verantwortung auf sich."[8]

Die Diskussion im Sommer 1868 verlangte selbstredend, daß Andrássy seine Balkanpläne genauer umriß. Aus zahlreichen Äußerungen zwischen Sommer 1868 und 1870 läßt sich seine Vorstellung klar entnehmen: Grundlegendes Interesse der Monarchie war der Gewinn Serbiens in dem Sinne, daß Österreich-Ungarn dort den entscheidenden Einfluß erhielt. Andrássy war der Ansicht, beim früher oder später zu erwartenden Zusammenbruch des Osmanischen Reiches stelle Serbien eine Schlüsselposition dar. Sollte es Rußland gelingen, in Serbien entscheidenden Einfluß zu erlangen, würde Rußland mit Sicherheit den Zerfall des Balkan zu nutzen wissen. Gelänge es hingegen Österreich-Ungarn, Serbien an sich zu ziehen, könnte beim Rückzug der türkischen Oberherrschaft vom Balkan vor allem Österreich-Ungarn mit Hilfe Serbiens seinen Einfluß sichern. Nach Andrássys Vorstellung mußte Serbien auf jeden Fall gewonnen werden. Dies war möglich, wenn Serbien mit Unterstützung der Monarchie einen großen Teil von Bosnien und der Herzegowina erhielt. Der nördliche und westliche Teil von Bosnien-Herzegowina wäre an Kroatien bzw. an Dalmatien anzuschließen, der überwiegende, östliche und südliche Teil jedoch an Serbien. Das Tal der Vrbas und der Neretva sollte in etwa die Grenzlinie bilden. Außerdem würde sich so auch ein Gleichgewicht zwischen Kroaten und Serben herausbilden können.[9] Wenngleich bereits im Sommer 1868 sichtbar war, daß sich Andrássy mit diesem Plan bei Beust nicht durchsetzen konnte, drang er dennoch auch später immer wieder darauf, wie zahlreiche Tagebucheintragungen von Béni Kállay bezeugen. Kállay notierte über seine im Herbst 1868 in Pest mit Andrássy geführte Besprechung folgendes: „Den bosnischen Plan hält er noch immer für richtig, deshalb läßt er davon nicht ab und wird ausführlicher sowohl mit dem Kaiser wie mit Beust reden.“[10] Im Februar unterrichtete Orczy Kállay davon, daß Andrássy diese Frage mit dem Herrscher selbst und dann erneut mit Beust besprochen hatte. Beide hatten den Plan nicht abgelehnt, aber „sie sehen sehr große Schwierigkeiten“, und das reichte, wie Orczy sagte, „daß sie überhaupt nichts tun“.[11] Andrássy und Kállay dagegen waren mit unveränderter Aktivität für ihren Plan tätig. Trotz aller Ambitionen konnte der ungarische Ministerpräsident weder bei Beust noch beim Herrscher die Annahme seines bosnischen Planes erwirken. Er ließ ihn dennoch nicht fallen. Wie aus der Tagebucheintragung von Kállay am 10. Juli 1870 ersichtlich, vertrat Andrássy quasi am Vorabend des preußisch-französischen Zusammenstoßes – und vermutlich gerade im Zusammenhang hiermit – noch immer sehr ernsthaft die bosnische Konzeption: „Andrássy erklärte sich sehr günstig über die bosnische Frage und sagte, daß er auf diesem Gebiet bald diplomatische Schritte unternehmen wird.“ Nicht viel später schienen die Entwicklungen Andrássy zu bestätigen, der zu Recht befürchtet hatte, der bevorstehende französisch-preußische Zusammenstoß, in dem Rußland wohlwollend hinter Preußen stand, werde die Politik Serbiens in eine Richtung lenken, die für die Monarchie gefährlich sein könnte, wenn es ihr nicht gelinge, Serbien vorher an sich zu binden. Béni Kállay war über die Stimmung in Belgrad ausgezeichnet informiert und notierte beim Ausbruch des französisch-preußischen Krieges nicht nur, daß „hier die Allgemeinheit hinter Preußen steht“, sondern auch, daß auf die Nachricht vom preußischen Sieg hin im Kreise der führenden Männer Serbiens eine Wendung von Österreich-Ungarn weg hin zu Rußland spürbar war.[12] Seine Enttäuschung über die verpaßte Möglichkeit spricht aus seinem Tagebuch: „Unsere völlige Tatenlosigkeit und Schweigen ruft in mir die Besorgnis hervor, daß wir diese gute Gelegenheit versäumt haben, und die Frucht der viel traktierten bosnischen Frage andere vor uns pflücken werden ... einer solch tatenlosen Politik zu dienen, die ihre eigenen Interessen nicht erkennt, nicht zu verwirklichen weiß, – habe ich keine Lust.“[13]

Mit Andrássys Konzeption einer engeren Verbindung zwischen der Monarchie und Serbien hing der Plan für den Bau einer Serbien von Norden nach Süden durchquerenden Eisenbahnlinie zusammen, den die ungarische Regierung und die mit der ungarischen Regierung verbundenen Konsortien weitgehend unterstützen wollten.

Obgleich es über die Balkanpolitik und die serbische Frage zahlreiche Diskussionen zwischen Beust und Andrássy gab, stand diese damals nicht im Mittelpunkt der Außenpolitik Österreich-Ungarns.

Beachtung verdient auch die außenpolitische Einstellung der kroatischen Führungsschicht in diesen Jahren. Von ihrem Standpunkt aus betrachtet, bedeutete die Revanchepolitik, daß die Monarchie auf dem Balkan zu Passivität und vielleicht auch zu Zugeständnissen gezwungen war. Ihr wiederum war es gerade wichtig, daß die dualistisch gewordene Habsburgermonarchie auf dem Balkan größere Aktivität zeigte, damit sich dort die Ereignisse nicht zum Vorteil Serbiens entwickeln konnten. Deshalb konnte die kroatische Führungsschicht die Revanchepolitik keinesfalls mit Wohlwollen betrachten oder gar unterstützen. Insofern stimmte sie mit den Bestrebungen der ungarischen Regierung überein, freilich niemals mit der Auffassung Andrássys, erhob sie doch einen Anspruch auf das gesamte Territorium Bosnien-Herzegowinas und war nicht für eine Aufteilung mit Serbien.

Zwischenzeitlich entwickelten sich einige Umstände zugunsten der Politik von Beust. Vor allem der, daß sich in den Jahren nach 1867 bereits eine innere Stabilisierung des dualistisch gewordenen Reiches zeigte. Dies war nicht nur eine Folge des österreichisch-ungarischen Ausgleichs, sondern hierzu trugen in hohem Maße auch der Ausgleich mit den Polen sowie die kroatische Autonomie bei, also die Einfügung zweier bedeutender nationaler Elemente in das Gefüge der dualistischen Monarchie.[14]

Gegen Beust arbeitete, daß der Deutsch-Französische Krieg früher ausbrach, als er erwartet hatte.

Der schnelle Erfolg der preußischen Armee begrub endgültig die Hoffnung auf eine Revanche gegen Preußen. Aber nun erwuchsen neue Sorgen. Der Erfolg Preußens ermutigte nämlich Rußland zu einer aktiveren Politik: Im November 1870 erklärte es die nach dem Krimkrieg vereinbarte Pontus-Klausel, die seine Positionen am Schwarzen Meer beeinträchtigten, für ungültig.

Die Stärkung Preußens bzw. die Entstehung des Deutschen Reiches und gleichzeitig die Verbesserung der Positionen Rußlands schufen eine ziemlich gefährliche Lage für Österreich-Ungarn, besonders wenn man berücksichtigt, daß das Verhältnis zwischen Deutschland und Rußland sehr gut, Österreich-Ungarns Beziehung hingegen zu keinem der beiden auch nur zufriedenstellend war.

DIE ORIENTALISCHE FRAGE

Aus den Ereignissen der Jahre 1870/71 bzw. dem Endergebnis des Deutsch-Französischen Krieges zog Beust bereits die Konsequenz, daß die Politik gegenüber Preußen – bzw. nun bereits gegenüber dem Deutschen Kaiserreich – gründlich geändert werden mußte, und unternahm auch die ersten Schritte in diese Richtung. „Eine Annäherung an Rußland-Preußen ist nicht unmöglich“, teilte der über die politischen Bestrebungen des Außenministers gut informierte Béla Orczy Mitte März 1871 Béni Kállay mit.[15] Orczys etwas merkwürdige Wortwahl hatte ihre

Gründe: Beust versuchte nämlich, sich nicht nur Deutschland, sondern auch Rußland anzunähern, und dachte an eine gemeinsam mit Rußland durchzuführende Aufteilung auf dem Balkan.[16]

Andrássy, den Beust auch schon vor dem Krieg als Rivalen im Amt des Außenministers betrachtet hatte, war offensichtlich geeigneter, die Orientierung nach Deutschland einzuleiten. Nicht nur deshalb, weil sich Beust mit seiner Preußenfeindlichkeit allzusehr kompromittiert hatte, sondern auch deshalb, weil sowohl in den führenden Kreisen der Monarchie als auch bei Bismarck bekannt war, daß sich Andrássy auch früher schon zur Notwendigkeit eines guten Verhältnisses zu Preußen bzw. Deutschland bekannt hatte.

So führte z. B. am 15. Januar 1869 der Vertraute Andrássys, der Belgrader Generalkonsul Béni Kállay, vor seinem dortigen preußischen Kollegen aus, „die richtigste österreichische Politik wäre mit Preußen zu halten, und dies wünscht auch die ungarische Regierung". Eine Woche später teilte ihm der deutsche Kollege mit, er habe diese Unterredung Bismarck gemeldet, worauf Béni Kállay erneut erklärte: „Die ungarische Regierung will nicht und wird sich nicht in die deutschen Angelegenheiten einmischen."[17] Ähnliche Informationen gelangten auch auf anderen Kanälen nach Berlin. Der enge Kreis, der in Wien über die Besetzung des Außenministerpostens zu entscheiden hatte, war sich im klaren, daß zur Vertretung der neuen Politik Andrássy die geeignetere Person darstellte als Beust. Ein wichtiges Moment lag hier auch darin, daß Andrássys parlamentarische Basis auch hinsichtlich der Außenpolitik wesentlich überzeugender war als der parlamentarische Hintergrund von Beust.

Andrássy, der im November 1871 am Ballhausplatz einzog, hatte auch zur Zeit des österreichisch-preußischen Antagonismus hauptsächlich gegenüber Rußland Befürchtungen gehegt und sah den Vorteil einer Zusammenarbeit mit Deutschland jetzt darin, Unterstützung gegen Rußland zu finden. Auf einer solchen Basis war aber Bismarck keineswegs zu einer Annäherung bereit, wollte er doch gerade durch die Zusammenarbeit mit Österreich-Ungarn die Russenfeindlichkeit der Monarchie abschwächen. Für Bismarck wäre die Zusammenarbeit wertlos geworden, wenn er damit Rußland erzürnt hätte. Der Wert einer Freundschaft mit der Monarchie war für ihn gerade dadurch gegeben, daß er auf diese Weise ein gutes Verhältnis zu seinen beiden östlichen Nachbarn erlangt hätte. Auf eine Zusammenarbeit mit Deutschland auf der Grundlage einer Gegnerschaft zu Rußland konnte also nicht gerechnet werden. Dennoch waren für Andrássy auch unter solchen Voraussetzungen die Vorteile eines freundschaftlichen Verhältnisses mit Deutschland zu erwägen.

Vor allem mußte er berücksichtigen, daß die dualistische Monarchie für den Fall, daß sie in keinem Verhältnis zu Deutschland stand, beide Nachbarn im Norden zu fürchten hatte und es fraglich war, ob ihre Kräfte gegen diese – selbst einzeln genommen – ausreichen würden.

Aus dieser spezifischen Kombination der Interessen, daß nämlich Österreich-Ungarn und Deutschland wechselseitig auf ein gutes Verhältnis miteinander angewiesen waren und gleichzeitig das Interesse Deutschlands eine Gegnerschaft zu Rußland verbot, kam auf der Basis des Status quo der Dreikaiserbund zustande.

Der Schöpfer des Dreikaiserbundes war eigentlich Bismarck.[18] Andrássy konnte nicht ausweichen, mußte er doch vor allem verhindern, daß sich Rußland und Deutschland gegen die Monarchie zusammentaten.[19]

Zu Beginn seiner Außenministerzeit galten Andrássys hauptsächliche Befürchtungen der Möglichkeit eines preußisch-russischen Bündnisses. „Ich vertraue sehr darauf", sagte er im Frühjahr 1872 zu Béni Kállay, „daß die russisch-preußische Freundschaft keine aufrichtige ist, und daß diese beiden Mächte wenigstens nicht gegen uns übereinstimmen werden."[20] Andrássy hatte richtig gesehen, daß er unter der Bedingung seiner Teilnahme an dem Bündnis, welches sich zwischen Rußland und Deutschland anbahnte, also unter der Bedingung nicht eines Zwei-, sondern eines Dreikaiserbundes erreichen konnte, daß sich die Verbindung der zwei benachbarten Kaiserreiche nicht gegen Österreich-Ungarn richtete. Auf Initiative Deutschlands kam es im Herbst 1872 zum Treffen der drei Kaiser in Berlin, und 1873 wurde das Abkommen zwischen ihnen geschlossen. Im Rahmen des so geschaffenen Gleichgewichtes der Mächte vereinbarten die beiden auf dem Balkan Rivalisierenden, dort den Status quo aufrechtzuerhalten. „Bezüglich des Orients haben sie sich dahingehend geeinigt", teilte Andrássy Kállay mit, „daß keine der beiden Seiten nach einer Aufhebung des Status quo streben wird, und nicht nur, daß sie derartige Bestrebungen der Völker der Balkan-Halbinsel nicht unterstützen werden, sondern sie werden auch in dieser Hinsicht beschwichtigend auftreten."[21]

Österreich-Ungarn und Rußland konnten zwar ihre Balkanpolitik bis zu einem gewissen Grad aufeinander abstimmen, damit aber die Prozesse auf dem Balkan selbst und deren Dynamik kaum beeinflussen oder zumindest nicht verhindern.

Ein großer Teil des Balkans – Bosnien, die Herzegowina, der Sandschak von Novibazar, Bulgarien, Albanien, Mazedonien – befand sich damals noch unter türkischer Oberherrschaft, aber das geschwächte Osmanische Reich konnte sich in diesen Gebieten nicht mehr lange halten. Die Großmächte – insbesondere Rußland – bereiteten sich darauf vor, das Erbe der Türken auf dem Balkan anzutreten. Das Schicksal dieser Gebiete konnte aber auch der Monarchie nicht gleichgültig sein.

Andrássy erklärte mehrfach auch vor der Delegation, daß er zur Unterstützung seiner Außenpolitik eine Verstärkung des gemeinsamen Heeres für außerordentlich wichtig halte. Einmal sagte er auch gegenüber Béni Kállay: „Das Heer muß um den Preis größter Opfer aufrechterhalten, ja ausgebaut werden, weil wir damit Ansehen bei Rußland und Deutschland genießen."[22]

Mitte der siebziger Jahre traten immer mehr türkenfeindliche nationale Bewegungen auf und zeigten an, daß der Status quo auf dem Balkan nicht aufrechterhalten werden konnte. Im Sommer 1875 kam es in der Herzegowina zu einem größeren Aufstand gegen die Türken, der sich innerhalb kurzer Zeit auf Bosnien ausbreitete. Auf die Erhaltung des Status quo verpflichtet, agierte die Monarchie im Sinne innerer Reformen des Osmanischen Reiches.

Rußland verweigerte dieser Aktion der Monarchie nicht die Unterstützung, obwohl es selbst eine andere, größeren Vorteil versprechende Möglichkeit gehabt hätte: die Erhebung direkt zu fördern und zu einem Krieg gegen die Türken zu entwickeln. Im April 1876 brach auch in Bulgarien der Aufstand aus. Wenn es überhaupt noch möglich war, den in Flammen stehenden Balkan mit Reformen zu beruhigen, dann war dies der letzte Moment. Bismarck, Andrássy und Gorčakov hielten im Mai 1876 eine Besprechung in Berlin ab. Als Grundlage für eine Vermittlung zwischen der Pforte und den Aufständischen wurde ein gemeinsamer Kompromißvorschlag ausgearbeitet, das sogenannte Berliner Memorandum. Dies bedeutete eigentlich, daß die Politik der Monarchie akzeptiert wurde, hatte Rußland doch bereits an der diplomatischen Vorbereitung eines Krieges gegen die Türken gearbeitet. Andrássy war mit dem Ergebnis zufrieden. Nach der Verhandlung notierte er in seinem Tagebuch: „Ich kam nach Hause und holte tief Luft. Ich kam mit dem Wissen nach Berlin, daß der Russe den Italiener in seiner Tasche hat, und ebenso den sich ständig anbietenden Franzosen. Diese drei waren bereits zusammen. Deutschland war unentschieden und zurückhaltend, England, wie das heutige Stadium zeigt, aus Angst imstande, sich mit dem Russen zu transigieren. Ich sah die Monarchie im wahrsten Sinne des Wortes allein in Europa. Wenn man mit solchen Karten ein derartiges Spiel macht, hat man das Recht tief Luft zu holen und zu sagen, daß man nicht schlecht gespielt hat."[23]

Die Aufständischen gaben sich jedoch mit kleineren oder größeren Reformen nicht zufrieden. Die Pforte wiederum, anfangs zu Zugeständnissen bereit, versteifte sich, vor allem von England dazu ermutigt, mehr und mehr. Bald entsandte sie Strafexpeditionen in das Gebiet der Aufständischen. Nun forderten Serbien und Montenegro, daß die Truppen zurückgezogen wurden. Da dies nicht geschah, erklärten sie am 30. Juni 1876 dem Osmanischen Reich den Krieg. Rußland bereitete die militärische Intervention gegen die Türken vor, wollte sich aber nicht in kriegerische Aktionen verwickeln, solange es ihm nicht gelungen war, mit Österreich-Ungarn ein Rekompensationsabkommen abzuschließen. In den Verhandlungen in Reichstadt im Juli 1876 und dann in Budapest im Januar 1877 wurde eine derartige Vereinbarung getroffen. Mit diesem Geheimabkommen, das die westliche Hälfte des Balkans zur Interessensphäre der Monarchie, die östliche Hälfte zu der Rußlands erklärte, wurde der Status quo aufgegeben. Sollte einer der Partner seinen Einfluß in der ihm zugesprochenen Zone steigern, hatte der andere in seinem Gebiet dasselbe Recht dazu. Dieses Parallelitätsprinzip wurde noch um die Bestimmung ergänzt, daß sich auf dem Balkan auf keinen Fall ein großer Staat herausbilden dürfe. Das Abkommen sicherte außerdem die Neutralität Österreich-Ungarns für den Fall eines russisch-türkischen Krieges. Laut der geheimen Vereinbarung sollte die Monarchie im Falle eines russischen Sieges und der Entstehung eines von den Türken unabhängigen, unter russischer Schutzherrschaft stehenden Bulgarien, als Kompensation das unter türkischer Oberherrschaft stehende Bosnien und die Herzegowina erhalten. Andrássy hatte zu diesem Zeitpunkt bereits endgültig von seinem früheren bosnischen Plan Abstand genommen und vertrat nun schon den Grundgedanken – der auch später die Konzeption der dualistischen Monarchie bestimmte –, daß diese unmittelbar an die Monarchie grenzenden slawischen Länder nicht mit Serbien vereinigt werden durften. Wenn es keine andere Alternative gab, mußte die Monarchie diese Länder okkupieren.[24]

Das Wesentliche der Politik Andrássys während dieser krisenhaften Zeiten war also primär die Aufrechterhaltung des Status quo auf dem Balkan auf dem Wege von Reformen und erst dann, falls sich dies als unmöglich erweisen sollte, die Sicherung eines parallelen Raumgewinnes durch ein mit Rußland abgestimmtes Vorgehen.

Die ungarische politische Öffentlichkeit unterstützte Andrássys Politik nicht einhellig. Die Bestrebungen, durch Reformen den Status quo zu bewahren, fanden allgemeine Zustimmung. Für den Fall jedoch, daß diese scheitern sollten, dachten viele an eine militärische Einmischung auf seiten der Türken, da es ihnen nicht geboten schien, sich mit Rußland über den Einfluß auf dem Balkan zu einigen, sondern vielmehr, diesen gegen Rußland auszubauen. Mehr noch, die Steigerung des Einflusses auf dem Balkan bei gleichzeitigem Raumgewinn auch Rußlands schien ihnen wertlos, ja sogar schädlich.

Im April 1877, nachdem sich Rußland der Monarchie versichert hatte, begann der Russisch-Türkische Krieg auf dem Balkan wie jenseits des Kaukasus. Neben Serbien und Montenegro schloß sich auch Rumänien dem Kampf gegen die Türken an. Diese kleinen Staaten sagten sich nun bereits vollständig vom Osmanischen Reich los und deklarierten auch formell ihre Unabhängigkeit. Der Russisch-Türkische Krieg endete mit dem Sieg Rußlands. Der am 3. März 1878 unterzeichnete Vertrag von San Stefano sanktionierte die unmittelbaren Eroberungen des zaristischen Rußlands jenseits des Kaukasus und in Bessarabien, sicherte die Unabhängigkeit Serbiens, Montenegros und Rumäniens und deren territoriale Gewinne gegenüber der Türkei und schuf das von der Türkei unabhängige Bulgarien. Mit der Schaffung des großen, auch Mazedonien und Thrakien umfassenden bulgarischen Staates wuchs der russische Einfluß auf dem Balkan außerordentlich. Rußland nahm auf seine mit der Monarchie getroffenen Vereinbarungen von Reichstadt und Budapest insofern keine Rücksicht, als sich mit der Gestaltung der Grenzen Bulgariens die Konturen eines großen Balkanstaates abzeichneten. Es schloß diesem Staat nun auch solche Gebiete an, auf die auch Rumänien und Serbien Anspruch erhoben hatten (Süddobrudscha bzw. das Gebiet von Pirot und Vranje).

Der Machtzuwachs Rußlands rief bei allen europäischen Großmächten Widerstreben hervor. Sie forderten eine internationale Überprüfung des Friedens von San Stefano, mit dem auch die Balkanstaaten unzufrieden waren. Zum Gutteil beriefen sich die Großmächte gerade hierauf, und Rußland konnte sich Verhandlungen nicht entziehen, wollte es nicht erneut Komplikationen herbeiführen.

Der internationale Kongreß trat am 13. Juni 1878 in Berlin zusammen. Rußland rechnete mit der Unterstützung Deutschlands, sah sich aber in dieser Erwartung enttäuscht. Wenn Bismarck auch bestrebt war, weiterhin ein gutes Verhältnis zu seinem großen östlichen Nachbarn aufrechtzuerhalten, so betrachtete er doch die Ausdehnung von dessen Macht nicht mit Wohlwollen. Daneben bot ihm der Kongreß eine gute Gelegenheit, nicht nur zu Österreich-Ungarn einen Weg zu bahnen, sondern auch zu England, das ebenfalls gegen den Frieden von San Stefano opponierte. Der Berliner Kongreß – am 13. Juli wurde der „Berliner Vertrag" unterzeichnet – zwang Rußland zu beträchtlichen Zugeständnissen. Bulgarien wurde im Vergleich zu den im Frieden von San Stefano festgelegten Grenzen wesentlich verkleinert. Mazedonien wurde der Türkei zurückgegeben, Ostrumelien von Bulgarien abgetrennt und erhielt – neuerlich unter türkischer Oberhoheit – Autonomie. Der Kongreß ermächtigte Österreich-Ungarn, auf unbestimmte Zeit Bosnien und die Herzegowina zu okkupieren, Herrscher des Landes blieb aber weiterhin der Sultan.[25] Der Serbien und Montenegro trennende Sandschak von

Novibazar, der im Frieden von San Stefano zwischen beiden aufgeteilt worden war, wurde wieder unter türkische Oberherrschaft gestellt, der Monarchie aber freigestellt, hier eine Garnison zur Sicherung der Verbindungen nach Süden zu stationieren.

Nach dem Berliner Kongreß begann die Monarchie mit der diplomatischen und militärischen Vorbereitung der Okkupation von Bosnien und der Herzegowina. Auf dem Kongreß hatte die Monarchie die Zustimmung der Großmächte erlangt, aber Andrássy hätte gern auch die Einwilligung der türkischen Regierung erhalten. Obgleich sich das reguläre türkische Militär zurückzog, stachelte Konstantinopel die Bevölkerung der beiden Länder zum Widerstand an. Unter solchen Umständen wurde die Okkupation zu einer militärischen Operation.

Im Laufe der Ereignisse von 1877/78 stellten sich der Außenpolitik nach Meinung der Kritiker durchaus Alternativen, weshalb ihre Bewertung der Ergebnisse auch von der Auffassung der Regierung abwich. Die eine kritische Richtung – mit Vertretern in Österreich wie in Ungarn – trug der Außenpolitik das Versäumnis eines Krieges gegen Rußland nach. Ihre Anhänger meinten, ein gemeinsames militärisches Auftreten mit England an der Seite Konstantinopels hätte Rußland völlig und endgültig vom Balkan vertreiben können. Diese Möglichkeit war auch am Ballhausplatz erwogen worden. Daß man sie dennoch nicht ergriff, hatte mehrere Gründe. Zum einen mußte berücksichtigt werden, daß es eine beträchtliche interne Opposition gegen diese Lösung gab, zum anderen, daß die Haltung Deutschlands in einem solchen Krieg keineswegs sicher war. Und schließlich schien auch die Erwartung nicht unrealistisch, die Monarchie könne ihre Interessen auch ohne Krieg verwirklichen.

Die zweite große Streitfrage im Zusammenhang mit der Okkupation war die, welche Politik in der südslawischen Frage eigentlich zu verfolgen sei. Hier differierten die Meinungen in einem solchen Ausmaß, daß jede mögliche Lösung auf bedeutende Opposition stieß. Daneben waren die verschiedenen kritischen Standpunkte auch in sich widersprüchlich. Zweifellos gab die Okkupation der südslawischen Frage im allgemeinen und auch innerhalb der Monarchie andere Dimensionen. Die Monarchie erhielt einen großen Zuwachs an südslawischer Bevölkerung, der Anteil der inner- und außerhalb der Monarchie lebenden Südslawen änderte sich wesentlich. Die Kroaten, d. h. die katholischen Südslawen, befanden sich nun insgesamt in der Monarchie. Der serbische nationale Schwerpunkt lag weiterhin außerhalb der Monarchie – aber auch hier trat eine beachtenswerte Verschiebung des Anteils ein. Mit der Okkupation wurde die Monarchie noch stärker in die südslawischen Bewegungen involviert.

DAS DEUTSCHE BÜNDNIS UND DIE AUSSENPOLITISCHEN ERFOLGE DER ACHTZIGER JAHRE

Die maximale Ausnutzung des Sieges gegen die Türkei wurde Rußland durch den internationalen Zusammenschluß der Großmächte verwehrt. Am meisten verschlechterte sich dadurch sein Verhältnis zu Österreich-Ungarn. Zwar war die unmittelbare Gefahr eines Zusammenstoßes zwischen den beiden vornehmlich am

Balkan interessierten Großmächten gebannt, doch ließen es die nachhaltig gestörten Beziehungen zu Rußland den Außenpolitikern der österreichisch-ungarischen Monarchie geraten scheinen, mit der Möglichkeit eines Krieges zu rechnen, unabhängig davon, ob sie nun dessen Ausbruch oder eher dessen Vermeidung für wünschenswert erachteten.

Vom Standpunkt der Außenpolitik Österreich-Ungarns war unter solchen Umständen eine positive Antwort auf die Chance eines Bündnisses mit Deutschland nahezu eine Selbstverständlichkeit, zumal es unter den gegebenen Umständen keine Alternativkonzeption geben konnte. Die Initiative für das Bündnis mit Deutschland ging nicht von Österreich-Ungarn aus, sondern von Deutschland bzw. dessen Kanzler, Bismarck. Eine Ablehnung des Bündnisangebotes Bismarcks hätte zur Folge gehabt, daß Deutschland gezwungen gewesen wäre, sich Rußland zu nähern. „Germany had either to tie up with Russia or Austria or be left in diplomatic isolation", schreibt May über diese Situation.* Wenn sich also die Monarchie Bismarcks Angebot verschloß, riskierte sie die deutsch-russische Annäherung bis hin zum Bündnis. Und der Verlierer in einem solchen Fall konnte nur die Monarchie sein.

Für ein Bündnis mit Deutschland sprach außerdem, daß England, der damals stärksten Weltmacht, ein Bündnis zwischen Deutschland und Österreich-Ungarn nicht ungelegen kommen konnte, waren seine Antipoden in diesen Jahren doch Rußland und Frankreich. England vertrat unverändert die Politik des Status quo, des Kräftegleichgewichtes auf dem Kontinent; es hielt ein Bündnis der Zentralmächte für ein adäquates Gegengewicht gegen Frankreich und Rußland und unterstützte daher ein solches, ohne sich allerdings selbst anzuschließen.

Andrássy, der sich nach dem Ende der Orientkrise auf seinen Rücktritt vorbereitete, da das Vertrauen ihm gegenüber außerordentlich nachgelassen hatte, hätte noch gern den Bündnisvertrag mit Deutschland unter Dach und Fach gebracht. Er war sich über die Gefahren im klaren, die die Monarchie bedrohten, und meinte deshalb, mit dem Abschluß eines Bündnisses zwischen Österreich-Ungarn und Deutschland seine Orientpolitik sicher zu Ende bringen zu können. Bismarck drängte ebenfalls auf einen möglichst schnellen Bündnisabschluß, wünschte aber ein Verteidigungsbündnis gegen jedweden Angriff, egal von welcher Seite, das er in Wirklichkeit gegen Frankreich benutzen wollte. Andrássy dagegen wünschte ein Bündnis nur für den Fall eines von Rußland ausgehenden Angriffes und suchte unter allen Umständen zu vermeiden, daß das Bündnis eine Spitze gegen Frankreich erhielt. Dem konnte Bismarck vorläufig nicht zustimmen, da politisch sehr bedeutende Kräfte, u. a. der deutsche Kaiser selbst, die Beziehungen zu Rußland verbessern und einen ausgesprochen rußlandfeindlichen Vertrag nicht akzeptieren wollten.

Auf diese Weise zog sich der Abschluß des Bündnisses hin. Da sich aber in der Zwischenzeit das russisch-deutsche Verhältnis weiter verschlechterte, gewann Bismarck die Zustimmung des Kaisers auch für die gegen Rußland gerichtete Tendenz des Bündnisses. Ende September setzten Bismarck und Andrássy die Verhandlun-

* „Deutschland hatte sich entweder mit Rußland oder Österreich zu verbünden oder mußte in diplomatischer Isolation verbleiben."[26]

gen in Wien fort, arbeiteten den endgültigen Vertragstext aus, den bereits einige Tage später am 7. Oktober von seiten der Monarchie Andrássy und von deutscher Seite Reuß, der Botschafter in Wien, unterzeichneten. Der geheime Vertrag wurde nicht dem Parlament unterbreitet, sondern, wie es Artikel V vorschrieb, mit der Zustimmung beider Kaiser ratifiziert. Die kaiserliche Zustimmung erfolgte noch im selben Monat. Eine amtliche öffentliche Mitteilung wurde von beiden Regierungen erst fast zehn Jahre später herausgegeben.[27] Im vollen Wortlaut wurde der Text erst nach dem Krieg in Pribrams Dokumentensammlung veröffentlicht.[28]

Nach dem ersten Artikel des Vertrages waren beide vertragschließenden Parteien verpflichtet, im Falle kriegerischer Verwicklungen mit Rußland einander mit ihrer gesamten militärischen Kraft Hilfe zu leisten. Frieden konnte nur gemeinsam und in Übereinstimmung geschlossen werden. Die Verpflichtung zur gegenseitigen Hilfeleistung trat gemäß der Vertragsbestimmung im Falle eines russischen Angriffes ein.

Sollte einer der Vertragspartner in einen Krieg mit einer anderen Macht verwikkelt werden, hatte nach Vertragsartikel II der andere wohlwollende Neutralität zu wahren, wurde aber dieser Kriegsgegner durch aktive Kooperation oder durch bedrohliche militärische Maßnahmen von Rußland unterstützt, sollte die Verpflichtung gemäß Artikel I gelten. Nach Artikel III wurde der Vertrag auf fünf Jahre abgeschlossen, sollte sich aber, falls keine der beiden Seiten vor Ablauf der Vertragsfrist eine Änderung oder Kündigung beantragte, automatisch um drei weitere Jahre verlängern. Artikel IV schrieb die Geheimhaltung des Vertrages vor sowie, daß er einer dritten Macht nur in Übereinstimmung beider Seiten und nach Maßgabe einer gesonderten Vereinbarung bekanntgegeben werden durfte. Artikel V regelte die Ratifizierung in der bereits erwähnten Weise.

Dieser Vertrag blieb ohne wesentliche Änderung bis zum Ende des Weltkrieges gültig. Zum ersten Mal wurde er 1884 mit den gleichen Fristen verlängert, also um fünf plus drei Jahre. Nach deren Ablauf 1892 wurde er wieder erneuert, jetzt aber mit der Änderung (Artikel III), daß sich der Vertrag alle drei Jahre verlängerte, wenn nicht eine der Seiten eine Änderung oder eine Kündigung vorschlug.

Aus größerer historischer Distanz betrachtet, treten die Nachteiligkeit und die negativen Züge des deutschen Bündnisses für die dualistische Monarchie deutlicher hervor. Wir werden hierauf später noch zurückkommen. Zum Zeitpunkt des Abschlusses wurde der Bündnisvertrag von allen für die Gestaltung der Außenpolitik wichtigen verfassungsmäßigen Faktoren für richtig gehalten, von den ungarischen und österreichischen Führungskräften wie von den Hofkreisen. Bemerkenswerterweise unterstützten auch die Vertreter der polnischen führenden Schicht den außenpolitischen Kurs des Bündnisses mit Deutschland. Die Polen hatten vor allem daran zu denken, was im Falle der Ablehnung des deutschen Bündnisses bevorstand: nämlich die wachsende Gefahr eines – den polnischen Interessen besonders abträglichen – deutsch-russischen Bündnisses. Auf den Grund für die zustimmende Annahme in weiten Kreisen weist auch die Feststellung von Robert Kann hin: Das deutsche Bündnis war seinerzeit vorteilhaft für die Monarchie, weil es ihr Schutz vor dem Zarismus bieten konnte.[29]

Das deutsche Bündnis sicherte für eineinhalb Jahrzehnte nicht nur einen Schutz, sondern gewährte der Monarchie auch außenpolitische Vorteile und trug dazu bei, ihren Einfluß auf dem Balkan zu stärken.[30] Bezeichnend ist das Telegramm von Andrássy, das er dem Herrscher aus Gastein schickte, als die Einigung bereits sicher war. „Ich beglückwünsche Euer Majestät, nun ist der Monarchie der Weg nach dem Orient frei.“[31]

Die Befreiung der kleinen Balkanvölker von den Türken war nur halbwegs geglückt. Aus der Sicht Bulgariens war die Zurückdrängung Rußlands auf dem Balkan sehr nachteilig, das gleiche konnte aber nicht von Rumänien und Serbien gesagt werden. Diese beiden Staaten hatten im Frieden von San Stefano wesentlich weniger erhalten, als sie sich vom Krieg erhofft hatten. Dagegen ließ sie der Berliner Vertrag Gebiete erlangen, die im Falle der internationalen Anerkennung des russischen Sieges zu Bulgarien gekommen wären, und so wären ihre Ansprüche auf keinen Fall befriedigt worden. Aber Serbien und Rumänien beurteilten auch unabhängig von den territorialen Fragen die im Frieden von San Stefano vorgesehene Bildung eines großen Bulgarien als nachteilig, weil sich das Kräftegleichgewicht auf dem Balkan ungünstig für sie entwickelt hätte.

Diese Umstände boten der Monarchie Möglichkeiten, nach 1879 politische Positionen in Serbien und Rumänien zu erlangen. Die serbische und die rumänische Politik ließ jedoch große Vorsicht walten, da ihr der zugespitzten österreichisch-ungarisch-russischen Rivalität wegen ein eindeutiger Anschluß an eine der beiden Seiten nicht wünschenswert schien. Dies alles war ungünstig für die Monarchie und zeigte zugleich, daß eine Stärkung und Ausdehnung der Positionen auf dem Balkan bei einem gespannten Verhältnis zu Rußland kaum möglich war. Erforderlich wäre hierzu gerade das Gegenteil – zumindest ein relativ gutes Verhältnis – gewesen.

Den neuen Außenminister, Haymerle, bewogen auch andere Momente zu derartigen Bestrebungen. Hof- und Militärkreise erwogen einen Präventivkrieg gegen Italien. Sollte ein Zweifrontenkrieg vermieden werden, verlangte dies ebenfalls einen Abbau der zu Rußland bestehenden Spannungen.[32] Noch wichtiger war, daß sich Bismarck nach dem Abschluß des Zweibundes Rußland zu nähern versuchte und bereits diplomatische Schritte einleitete, die auf eine Erneuerung des Dreikaiserbundes abzielten. Haymerle konnte nicht umhin, diese außenpolitischen Veränderungen zur Kenntnis zu nehmen.

Im Sommer 1881 gelang es, die Balkaninteressen mit dem zaristischen Rußland in etwa abzustimmen, und das Verhältnis zwischen den beiden Ländern entspannte sich merklich. Dies begünstigte die orientalischen Aspirationen der Monarchie. Ein weiteres Positivum war das im Juni 1881 erneuerte Bündnis zwischen den drei Kaisern, das 1884 um weitere drei Jahre verlängert wurde.[33] Die Erneuerung des Dreikaiserbundes berührte nicht die Gültigkeit des Zweibundes gegen Rußland, hierüber tauschten dessen Mitglieder auch eine geheime Ministererklärung aus.[34]

Die Monarchie verfügte nun bereits über eine sehr gute Ausgangsposition. 1881 kam ein Geheimvertrag zustande mit dem serbischen Fürsten, der sich kurze Zeit später selbst zum König ausrief. Serbien lehnte sich immer enger an die Monarchie an.[35] In den achtziger Jahren verstärkten sich außerdem die wirtschaftlichen Beziehungen, was auch für Serbien Vorteile brachte. Bis 1888 wurde die direkte Eisenbahnverbindung zwischen Wien und Konstantinopel hergestellt, die über Budapest, Belgrad und die Stadt Nisch verlief.[36]

Während sich das offizielle Serbien also in den achtziger Jahren eng an die

Monarchie anlehnte, organisierte sich im Land eine Opposition gegen diese Politik. 1881 gründete Pašić seine radikale Partei. In ihrem außenpolitischen Programm vertrat sie ein selbständiges Serbien und wandte sich gegen die Türkei und Österreich-Ungarn. Pašić' Partei gewann die Wahl 1883, aber der König ließ sie nicht an die Regierung. Nach einem mißglückten Putschversuch flüchtete er ins Ausland und konnte erst 1889 wieder zurückkehren.[37]

In der Abschlußphase der Orientkrise kam wieder Unruhe in das italienisch-österreichische Verhältnis. Die Monarchie hielt noch immer von Italienern bewohnte Gebiete in ihrem Besitz, außerdem wurde die westliche Seite der Balkanhalbinsel, das Italien gegenüberliegende Ufer des Adriatischen Meeres, nicht nur von den österreichisch-ungarischen, sondern auch von den italienischen führenden Kreisen als jeweilige Interessensphäre betrachtet. Zur Zeit des Berliner Kongresses und der Okkupation meldeten sie ihre Ansprüche an.

Die zunehmende Rivalität um die Besetzung und Kolonisierung der noch freien Gebiete beeinträchtigte auch die gute Beziehung zwischen Italien und Frankreich. Wegen Tunis – damals der westlichste Besitz des sich auflösenden Osmanischen Reiches in Nordafrika – waren bereits in den siebziger Jahren Spannungen zwischen Frankreich und dem noch über keinerlei Kolonien verfügenden Italien aufgetreten. 1881 besetzten die Franzosen Tunis, und Italien suchte das Bündnis mit Deutschland, Frankreichs größtem Feind. Deutschlands Führer griffen freudig nach der Möglichkeit eines Bündnisses gegen Frankreich, da sie aber die österreichisch-ungarische Monarchie für den wichtigeren Partner hielten, verhandelten sie mit der Regierung in Rom nur mit Wiens Einverständnis.

Nun erwies sich der Gegensatz Italiens zu Frankreich stärker als der zur Monarchie, weshalb die italienische Regierung bereit war, den Weg nach Berlin auch über Wien zu gehen.

Am 20. Mai 1882 unterzeichneten der österreichisch-ungarische Außenminister – den Platz des verstorbenen Haymerle hatte Ende 1881 Gusztáv Kálnoky eingenommen –, der deutsche und der italienische Botschafter in Wien den Dreibund.[38] Der Vertrag verpflichtete die Partner, nicht gegeneinander Krieg zu führen, nicht an gegen einen von ihnen gerichteten Bündnissen teilzunehmen und sie gemeinschaftlich betreffende politische und wirtschaftliche Fragen miteinander zu besprechen (Artikel I). Im Falle des Angriffs einer vierten Macht auf einen der Partner hatten die anderen das Recht, in den Krieg einzutreten oder sich fernzuhalten, auf jeden Fall aber die Pflicht, wohlwollende Neutralität zu üben (Artikel IV). Italien erhielt eine Beistandsgarantie der beiden anderen Partner gegen einen französischen Angriff und versprach seinerseits Deutschland Unterstützung gegen einen Angriff Frankreichs (Artikel II). Die Monarchie war also in einem Krieg zwischen Frankreich und Deutschland lediglich zur Neutralität verpflichtet. Falls sich jedoch an der Seite Frankreichs eine weitere Macht gegen Deutschland wenden sollte, war die Monarchie zum Kriegseintritt verpflichtet, weil Artikel III des Vertrages für den Fall, daß einer der Bündnispartner in einen Krieg gegen zwei Mächte verwickelt werden sollte, für die anderen beiden Beistandspflicht vorschrieb. Artikel V verpflichtete die Vertragspartner, sich im Falle der Kriegsgefahr für irgendeinen von ihnen rechtzeitig über die eventuell erforderlichen gemeinsamen militärischen Maßnahmen zu einigen und in einem gemeinsam geführten

Krieg einen Waffenstillstand bzw. Frieden nur auf der Basis einer gegenseitigen Vereinbarung zu schließen. Artikel VI schrieb die Geheimhaltung des Vertrages vor. Die Geltungsdauer des geheimen Vertrages wurde auf fünf Jahre festgesetzt (Artikel VII). Bei der ersten Verlängerung 1887 wurden Ergänzungen vorgenommen. Nach der einen Ergänzungsvereinbarung stand Italien bzw. Österreich-Ungarn bei Raumgewinn des anderen auf dem Balkan jeweils Rekompensation zu. In einer zweiten Ergänzung verpflichtete sich Deutschland zur Unterstützung der italienischen Kolonialansprüche in Nordafrika. Bei der Verlängerung des Dreibundes wurde bekanntgegeben, daß zwischen den drei Staaten ein Bündnis besteht. Details und Einzelbestimmungen blieben weiterhin unveröffentlicht.[39]

Der Dreibund richtete sich in erster Linie gegen Frankreich. Insofern bedeutete er tatsächlich eine Abkehr vom Geist des Zweibundes, wie ihn Andrássy im Beharren darauf vertreten hatte, die Monarchie könne ein Bündnis nur gegen Rußland eingehen, so daß er einen Vertragsabschluß zu Lasten Frankreichs konsequent vermieden hatte.[40] Der Dreibund war am vorteilhaftesten für das Deutsche Reich, weil er ihm Bundesgenossen gegen den Hauptfeind eintrug. Für die Monarchie lag der Vorteil in der Neutralitätsgarantie Italiens für den Fall einer Aktion gegen Rußland, der Preis in der Beteiligung an frankreichfeindlichen Operationen.

Obgleich der Dreibund formal infolge mehrfacher Verlängerungen und Ergänzungen[41] formal bis zum Weltkrieg, ja sogar bis Mai 1915, d. h. bis zum Kriegseintritt Italiens, gültig war, erwies er sich nicht als effektiv, weil die Monarchie und Italien ihre Gegensätze nicht überbrücken konnten. Von diesen Gegensätzen sollte sich später herausstellen, daß sie tiefer und stärker waren als die italienisch-französischen. Dies berührte aber nicht die Faktizität des Zweibundes von 1879.

Zunächst stärkten der Zweibund wie der Dreibund den Einfluß der Monarchie auf dem Balkan, da sie die Unterstützung Deutschlands und die Neutralität Italiens für den Fall eines Konfliktes mit Rußland sicherten. Die Stärkung Österreich-Ungarns und die Isolierung Rußlands bewogen die rumänische Regierung – auch auf Veranlassung Bismarcks[42] –, den französischen Einfluß zurückzudrängen und sich der Monarchie anzunähern. Die Monarchie schloß 1883 einen Bündnisvertrag mit Rumänien. Er sah eine Beistandsleistung der Monarchie für Rumänien im Falle jedweden Angriffs vor (Artikel I), verpflichtete Rumänien aber nur für den Fall zur Unterstützung der Monarchie, daß der Angriff aus Rumänien benachbarten Gebieten erfolgte (Artikel II). Es handelte sich offensichtlich um ein rußlandfeindliches Bündnis. Die Gültigkeitsdauer des Vertrages wurde in ähnlicher Weise wie beim Zweibund (fünf plus drei Jahre) festgelegt.[43] Noch am Tag des Vertragsabschlusses gab die deutsche Regierung eine zustimmende Erklärung ab, später am 15. Mai 1888 dann auch die italienische Regierung.[44] Der Vertrag wurde mehrmals – 1892, 1896, 1902, 1913 – verlängert. Obgleich sich Rumänien nicht ausdrücklich dem Dreibund anschloß, wird der Vertrag von 1883 im wesentlichen in der historischen Literatur als eine Erweiterung des Dreibundes verstanden.[45] Wenn sich auch später der Gegensatz zwischen Rumänien und der Monarchie als stärker erwies als der zwischen Rumänien und Rußland, kam in dem Bündnis doch der Erfolg der Bestrebungen der Monarchie auf dem Balkan in den achtziger Jahren zum Ausdruck. Damals wurde die Monarchie zur einflußreichsten Macht auf dem Balkan. Ihr wachsendes Prestige wurde auch darin deutlich, daß zu Beginn der achtziger Jahre die unversöhnlichen Gegner auf dem Balkan, Griechenland und der osmanische Staat, beide um ein Bündnis mit ihr nachsuchten. Die griechische Regierung bot 1880 und 1883 ein Bündnis an, das die Monarchie ablehnte; desungeachtet gestaltete sich die Beziehung zwischen den beiden Regierungen aber ausgesprochen freundlich. 1882 wandte sich der Sultan mit einem Bündnisangebot an die Monarchie und an Deutschland, das aber beide Partner des Zweibundes ablehnten. Ab diesem Zeitpunkt nahmen jedoch preußische Offiziere an der Neuorganisation des türkischen Heeres teil.[46] Damit legten sie den Grund für eine neue Art der Zusammenarbeit, die Jahrzehnte später eine besondere Bedeutung gewann.

Den dominierenden Einfluß der Monarchie zeigten besonders die bulgarischen Ereignisse in der zweiten Hälfte der achtziger Jahre: Die Diplomatie der Monarchie zog die führende Schicht Bulgariens über die zunehmend intensivierten Wirtschaftsbeziehungen hinaus auch politisch in den Bann des dualistischen Reiches.

Die außenpolitischen Erfolge der achtziger Jahre festigten die Machtposition der Monarchie. Diese Jahre können als die Glanzzeit der dualistischen Monarchie gelten; sowohl in Österreich als auch in Ungarn herrschte innenpolitisch relative Stabilität, während in der Außenpolitik bedeutende Erfolge zu verzeichnen waren. Die Monarchie stand – von ihrem großen Gegner Rußland abgesehen – mit allen ihren Nachbarn in einem Bündnisverhältnis, und sie genoß auch das Wohlwollen Englands. Ihr Gegner dagegen war in Isolation geraten. Unter diesen günstigen Umständen unterstellte die Monarchie nahezu den gesamten Balkan, von dem Rußland verdrängt wurde, ihrem Einfluß, den sie nun auch in der südslawischen Frage, vor allem in Serbien bzw. in der westlichen Hälfte der Balkanhalbinsel, längerfristig geltend machen konnte.

Die Führung der Monarchie nutzte diese Möglichkeit, setzte direkt aber nur wirtschaftliche Mittel ein. Um Serbien an die Monarchie zu binden, wurde dessen wirtschaftliche Entwicklung nicht behindert, sondern in gewisser Hinsicht sogar befördert, natürlich nicht zum Nachteil der Monarchie.

Das umfassendere Ziel der in den achtziger Jahren von der Monarchie verfolgten südslawischen Politik war, die Südslawen auf kleinere Staats- bzw. Ländereinheiten aufgeteilt zu halten, teils innerhalb, teils außerhalb der Monarchie. Damit versuchte man, bei gleichzeitiger Gewährung gewisser wirtschaftlicher Vorteile, die Südslawen an die Monarchie zu binden. Indessen, der Kern der südslawischen Frage war gerade der Anspruch auf nationale Einigung. Der Monarchie bot sich damals die günstige – und wie sich später zeigen sollte einmalige – Gelegenheit, in der südslawischen Frage in Einklang mit den objektiven historischen Prozessen zu verfahren. Diese Gelegenheit wurde versäumt.

Damit soll natürlich nicht behauptet werden, die Monarchie hätte in den achtziger Jahren die südslawische Frage „lösen können“, schon deshalb nicht, weil eine Lösung nur die südslawischen Völker selbst finden konnten. Die österreichisch-ungarische Führung hätte ihre Politik damals aber mehr oder weniger in Einklang mit den objektiven Anforderungen der südslawischen Frage bringen können, und sie hätte mit einer wohlfundierten, realitätsadäquaten Politik die südslawische nationale Bewegung möglicherweise in eine andere Richtung zu lenken vermocht; und dann hätte sich vielleicht auch das Verhältnis zwischen Serbien und der Monarchie anders entwickeln können.

DIE UMGESTALTUNG DER INTERNATIONALEN VERHÄLTNISSE UND DER BALKAN – DIE ANNEXION

Die Habsburgermonarchie hatte in den achtziger Jahren im System der Großmachtbeziehungen einen beachtlichen Platz eingenommen, wenn auch eher infolge günstiger Konstellationen und vorteilhafter Kombinationen denn aus einer gefestigten Großmachtposition heraus. Die günstige außenpolitische Situation der achtziger Jahre wirkte auch im nächsten Jahrzehnt noch nach. Dennoch machte sich bereits damals eine Reihe von ungünstigen Vorzeichen bemerkbar. Nach der Jahrhundertwende waren die Umstände dann bereits völlig andere, und die Monarchie geriet in eine äußerst unvorteilhafte, ja sogar gefährliche internationale Position. Diese Wende war ebensowenig die Folge einzelner außenpolitischer Schachzüge der Monarchie wie das unmittelbare Resultat reichsinterner Prozesse.

Vielmehr waren während relativ kurzer Zeit große Verschiebungen im Kräfteverhältnis der führenden Mächte erfolgt und hatten die Nationen auf dem Balkan eine sprunghafte Entwicklung durchlaufen.

In den achtziger und neunziger Jahren und verstärkt ab der Jahrhundertwende beschleunigte sich die Entwicklung Deutschlands. Eine ähnlich schnelle Entwicklung war damals nur außerhalb Europas, in den Vereinigten Staaten von Amerika und in Japan, zu beobachten. Geradezu sprunghaft wuchs auch der Außenhandel dieser drei Länder. In diesen Jahrzehnten erlebten auch die klassischen Mächte des 19. Jahrhunderts: England, Frankreich und Rußland eine erstaunliche Entwicklung, auch wenn das Entwicklungstempo hinter dem Deutschlands zurückblieb. In diesem allgemeinen Prozeß nahm die dualistische Monarchie eine ganz besondere Stellung ein: Sie entwickelte sich in etwa ähnlichem Tempo wie die gegenüber Deutschland zurückbleibenden Großmächte, entfaltete aber im Vergleich zu diesen die geringste Kraft. Während jene also trotz des langsameren Entwicklungstempos ihre Großmachtstellung wirklich bewahren konnten, wurde die Monarchie um die Jahrhundertwende schon zu einer Großmacht zweiten Ranges.

Zu Beginn der neunziger Jahre machten sich erste Anzeichen ungünstiger Tendenzen in den außenpolitischen Verhältnissen bemerkbar. Die Entstehung des Dreibundes beschleunigte die Annäherung zwischen Frankreich und Rußland.[47] Als Ergebnis französisch-russischer Verhandlungen zwischen 1891 und 1893 entstand ein Bündnis, das durch eine 1892 ausgearbeitete, Anfang 1894 abgeschlossene Militärkonvention mit wechselseitiger Beistandsgarantie für den Fall eines Krieges gegen Deutschland vervollständigt wurde.[48]

Der europäische Kontinent teilte sich damit in zwei Lager einander bedrohender Großmächte. Beide Bündnissysteme waren damals noch kontinental geprägt. Zwar spielten auch die Kolonialinteressen außerhalb Europas eine Rolle, sie dominierten aber noch nicht. England hielt sich bis auf weiteres beiden Bündnissen fern.

Mit dem französisch-russischen Bündnis einerseits und dem Dreibund andererseits war das kontinentale Mächtegleichgewicht mehr oder weniger gesichert. Rußland hatte damit seine Isolierung überwunden, nicht aber einen Kräftevorteil gegenüber der voll in das Bündnissystem integrierten Monarchie erlangt. Von deren Standpunkt aus bedeutete das französisch-russische Bündnis zwar eine negative Entwicklung, beeinflußte aber den Wettstreit auf dem Balkan nicht direkt.

Problematischer war, daß sich parallel zu dem als Gegengewicht zum Dreibund entstandenen französisch-russischen Bündnis die Verhältnisse innerhalb des Dreibundes aus der Sicht der Monarchie sehr unvorteilhaft veränderten. So trat zum Beispiel Italien im Wettstreit um den Balkan immer energischer in Erscheinung.

Die wichtigste Komponente der Kräfteverschiebung innerhalb des Dreibundes war jedoch die sprunghafte Entwicklung und rapide Machtentfaltung Deutschlands. Dadurch veränderte sich das gesamte Bündnissystem in seiner Substanz.

Das Bündnis zwischen der Monarchie und Deutschland war schon zu Beginn kein Zusammenschluß gleich starker Partner. Anfänglich war jedoch das Machtgefälle noch nicht so gravierend und konnte mit unterschiedlichen Kombinationen, z. B. einer guten Beziehung der Monarchie zu England, kompensiert werden. Das Bündnis mit Deutschland barg zwar Gefahren, bot der Monarchie aber auch und vor allem Vorteile für eine Steigerung ihres Einflusses auf dem Balkan. Ab den neunziger Jahren gestaltete sich die Lage völlig anders: Deutschland erzielte infolge seiner sprunghaften Entwicklung einen gewaltigen Machtvorteil auch gegenüber seinen Bündnispartnern, der Monarchie und Italien.

Der Zweibund wie der Dreibund waren aus den Gegensätzen bzw. Interessen der kontinentalen Mächte erwachsen, dienten aber ab der Jahrhundertwende vor allem den Plänen des auch mit England konkurrierenden deutschen Imperialismus.[49] Die Position der österreichisch-ungarischen Monarchie auf dem Balkan war nunmehr zum Kettenglied im deutschen „Drang nach Osten" geworden.

Die Monarchie hatte also nach der Jahrhundertwende einen Bündnispartner, der nun auch England zum Lager seiner Gegner zählen konnte. Weiter wurde die Monarchie Bestandteil eines Beziehungsgeflechts der Großmächte, in dem der Hauptgegner, Rußland, nicht nur nicht mehr isoliert dastand und sich auch nicht nur auf sein Bündnis mit Frankreich stützen konnte, sondern die Unterstützung Englands genoß. Zudem geriet die Monarchie in ihrem eigenen Bündnissystem immer stärker in eine untergeordnete Position.

Für die Führungskreise der Monarchie waren dies mehr oder weniger offenkundige Tatbestände. Bestrebungen waren im Gange, die auf eine Lockerung des Bündnisses mit Deutschland zielten, wie z. B. die Politik des Thronfolgers Rudolf.[50]

In den neunziger Jahren formierte sich in Ungarn innerhalb der Unabhängigkeitspartei jene Richtung – die Ugron/Holló-Gruppe –, die für eine Lockerung des Bündnisses mit Deutschland eintrat. Im Zeichen dieser Bestrebung wurde jetzt immer häufiger Kritik auch auf seiten führender polnischer und tschechischer Persönlichkeiten laut.[51] Mißbilligung galt dem Verhältnis zu Deutschland, änderte aber nichts an der „austrophilen" Richtung ihrer Politik.

Für die stärkste Nationalität innerhalb der Monarchie, die Tschechen, bedeutete der Verlust der Großmachtposition der Monarchie keinen Vorteil, kam dieser doch vor allem in der Stärkung und im Machtzuwachs des Deutschen Reiches zum Ausdruck. Dieser Umstand bewog die tschechische Politik, nur noch mehr an der Monarchie festzuhalten. Im Grunde genommen war bei den Polen die Situation ähnlich. Ihnen erschien die eingetretene Veränderung in den Großmachtverhältnissen ausgesprochen nachteilig, weil damit zu erwarten stand, daß auch Rußlands

Stimme im Konzert der Großmächte immer lauter zu hören sein würde. Dies war aus der Sicht der führenden polnischen Schicht Galiziens mehr ein Negativum als ein Positivum. In diesem Zusammenhang erhebt sich auch die Frage, wie sich die Lage für die Rumänen in der Monarchie darstellte. Aus der Schwächung der Monarchie – infolge der internen Beziehungen der Großmächte zueinander – zog auch die rumänische Führungsschicht keinen Nutzen. Rumänien hielt seine Unabhängigkeit aufrecht, indem es zwischen den beiden Großmächten, Rußland und der Habsburgermonarchie, lavierte. Um die Jahrhundertwende versprach die Orientierung zur Monarchie hin die günstigeren Möglichkeiten. Die Politik Rumäniens änderte sich auch mit den Kräfteverschiebungen innerhalb des Beziehungsgeflechts der Großmächte nicht. Weil damit die russische Nachbarschaft nur noch an Gefährlichkeit gewonnen hätte, modifizierte Rumänien seine Zugehörigkeit zum Bündnissystem der dualistischen Habsburgermonarchie vorläufig nicht.

Die Veränderung der internationalen Lage der Monarchie und des Charakters des Zweibundes änderte – abgesehen von den Südslawen, auf die wir später zurückkommen werden – nichts am Verhältnis der inneren nationalen Elemente zur Außenpolitik, und dies galt eigentlich auch für die Aufrechterhaltung des deutschen Bündnisses. Das deutsche Bündnis blieb – auch wenn seine Schattenseiten mehr und mehr hervortraten – als außenpolitisches Problem im wesentlichen das gleiche wie in früheren Jahren. Es war offensichtlich: Wenn Deutschland nicht auf das Bündnis mit Österreich-Ungarn rechnen konnte, blieb ihm kaum eine andere Lösung, als sich eindeutig Rußland anzunähern und seine Bestrebungen mit Rußland zu koordinieren. Für die Monarchie war dies auf jeden Fall gefährlich. Deshalb konnte sie eine Lockerung des Bündnisses mit Deutschland nur in sehr vorsichtiger Form versuchen. Die führenden Persönlichkeiten der Monarchie erkannten richtig, daß der Ausweg in erster Linie nicht in der Abschwächung des Bündnisses mit Deutschland lag, sondern in der Ordnung der Beziehungen und Koordinierung der Interessen mit Rußland. Das Bündnis mit Deutschland konnte also nur in einem dem Rechnung tragenden Ausmaß gelockert werden, weil sonst die Gefahr einer deutsch-russischen Einheit gegen die Monarchie bestand. Um die Jahrhundertwende vertrat die Außenpolitik der Monarchie in ihrer Strategie wie Taktik diesen Kurs. Außenminister Gołuchowski, der 1895 sein Amt antrat, stellte ihn ins Zentrum seiner Bemühungen, was dann auch gewisse Erfolge zeitigte: Von 1897 bis 1907 war das österreichisch-russische Verhältnis außerordentlich herzlich.

Eine dauerhafte Verwirklichung dieser außenpolitischen Kombination setzte voraus, daß die außenpolitischen Interessen der Monarchie und des zaristischen Rußland in Übereinstimmung gebracht oder wenigstens voneinander abgegrenzt werden konnten. Hinsichtlich der polnischen Frage stand dem auch längerfristig nichts entgegen. Anders war die Situation auf dem Balkan. Hier konnten sich die beiden Mächte nur insoweit auf einen Status quo verständigen, als ihre eigenen bzw. wechselseitigen Intentionen betroffen waren. Letztlich hing jedoch alles davon ab, wie sich die inneren Verhältnisse auf dem Balkan entwickelten. Dort hatte weder Rußland noch die Monarchie entscheidenden Einfluß auf die Ereignisse. Mit einer eigenständigen Bewegung der Balkanvölker mußte gerechnet werden.

Die inneren Krisenzeichen der Türkei, der österreichisch-ungarischen Monarchie und des zaristischen Rußland begünstigten die Unabhängigkeitsbewegung der

Balkanvölker. Das Bestreben der Großmächte, ihre Positionen auf der Halbinsel zu stärken, bot den Regierungen der Balkanstaaten wiederum größere Möglichkeiten, eine selbständige, die Gegensätze der Großmächte ausnutzende Taktik zu entwickeln.[52] Dies traf besonders auf Serbien zu – seine Führer brachen 1903 mit der Habsburg-Orientierung, von der sie die Unabhängigkeit beeinträchtigt sahen. Eine Offiziersgruppe ermordete das Königspaar und verhalf der Karadjordjević-Dynastie auf den Thron, die dem Land größere Selbständigkeit versprach und eine rußlandorientierte Politik betrieb. Die Regierung ging in die Hände der Radikalen Partei über. Die neue Politik war offen türkenfeindlich, aber auch wegen der österreichisch-ungarischen Besetzung Bosniens und der Herzegowina, die zum großen Teil von Serben bewohnt waren, wurde der Protest immer stärker. Alle diese Momente rückten die südslawische Frage innerhalb der Monarchie im Vergleich zur Lage der übrigen Nationalitäten in eine andere Dimension. Wegen der Rolle Serbiens als südslawisches „Piemont" wurden – unter dem Aspekt der Bildung einer südslawischen Einheit als Gegengewicht zu Serbien – die Südslawen innerhalb der Monarchie besonders wichtig, insbesondere die Kroaten. Trialistische Überlegungen fanden verstärkt Anklang, auch in höchsten Kreisen, wie z. B. beim Thronfolger Franz Ferdinand. Wie noch zu sehen sein wird, unterstützte auch der neue Außenminister Aehrenthal, der 1906 sein Amt antrat, diese Idee. Die neue Situation stärkte das Selbstbewußtsein der Südslawen in der Monarchie, insbesondere das der Kroaten.

Die führenden Kräfte der Monarchie sahen in den Jahren nach der Jahrhundertwende den Wandel in der südslawischen Frage mehr oder weniger klar. Sie suchten aber die Lösung in einer Richtung, die der tatsächlichen Stärke und den Bedingungen der Monarchie nicht entsprach. Das heißt, sie versuchten nach klassischer Großmachtart, Serbien, dem südslawischen „Piemont", das sich gegen die österreichisch-ungarische Monarchie stellte, einen Schlag zu versetzen.

Die erste Form strikteren Auftretens gegenüber Serbien war der im Februar 1906 beginnende und fünf Jahre anhaltende Zollkrieg. Der Zollkrieg schadete jedoch letztlich eher der Monarchie, weil er ihre wirtschaftlichen Positionen in Serbien schwächte und Serbien begann, sich ökonomisch von der Monarchie unabhängig zu machen. Besonders das französische Kapital wußte den Zollkrieg zu nutzen und lieferte an Stelle der Monarchie Kriegsausrüstung und Kriegsmaterial nach Serbien. Bei den serbischen Staatsanleihen hatten die Franzosen auch schon früher die führende Rolle gespielt, Investitionskredite mit kurzer Laufzeit hatte jedoch fast ausschließlich nur die Monarchie gewährt. Nun erfolgte auch hier eine Änderung. Aus dem Zollkrieg zog auch das verbündete Deutschland Nutzen. Das deutsche Kapital errichtete mehrere Fabriken, und deutsche Experten kamen in großer Zahl nach Serbien. Eine Zeitlang, bis 1909, stimmten Frankreich und Deutschland ihre Aktionen aufeinander ab, gerieten später aber zunehmend in Konkurrenz, wobei sich die Franzosen als die Stärkeren erwiesen.

In der deutschen Haltung während des Zollkrieges kam zum ersten Mal prägnant zum Ausdruck, daß Deutschland den Balkan bereits nicht mehr als Interessensphäre der Monarchie, sondern als Bestandteil seiner eigenen Expansionspolitik betrachtete. Direkt schaltete es sich während dieser Jahre auch immer stärker in Rumänien ein. Aber wenn sich die wirtschaftliche und diplomatische Präsenz

Deutschlands auf dem Balkan auch verstärkte, wurde doch der Weg für den deutschen „Drang nach Osten" dort noch immer hauptsächlich durch die Positionen der Monarchie gesichert.

Die Nutzlosigkeit des Zollkrieges gegen Serbien zeigte sich nach dem ersten Jahr, und die mit Passivität gepaarte Politik des Status quo auf dem Balkan durfte, so schien es, nicht fortgeführt werden: Bei schwindenden Positionen war möglichst umgehend aktives politisches Auftreten erforderlich. Der Chef des Generalstabs, Franz Freiherr Conrad von Hötzendorf, arbeitete an einem militärischen Angriffsplan und drängte auf eine Kriegsentscheidung.

Aehrenthal, seit Herbst 1906 neuer Außenminister, suchte abweichend vom Generalstabschef für das Problem Serbien eine außenpolitisch entsprechend vorbereitete Lösung. Er hielt die serbische Frage für umfassender und fügte sie in einen allgemeinen Lösungsplan für die südslawische Frage ein. Ähnlich wie Conrad und Franz Ferdinand plante er die Einbeziehung Serbiens in das Staatsgebiet der Monarchie, wollte aber die Aktion gegen Serbien gemeinsam mit Rumänien und Bulgarien durchführen und in deren Ergebnis den Rumänen und Bulgaren auch etwas vom Gebiet Serbiens zukommen lassen. Die ungarischen führenden Kreise befürworteten derartige Pläne überhaupt nicht. Auch sie hätten gern eine Abhängigkeit Serbiens von der Monarchie erreicht, wollten aber gleichzeitig auch seine formale Sonderstellung. Bei den außenpolitisch maßgeblichen Kräften fand sich also kein Konsens darüber, mit welcher Zielsetzung Serbien gegenüber letztlich aufgetreten werden sollte, und die Aufmerksamkeit wandte sich mehr den okkupierten Ländern zu. Den Gedanken einer Annexion von Bosnien und der Herzegowina verfolgte man damals vor allem wegen der internen, aber mit der serbischen Politik zusammenhängenden Probleme dieser Länder. Deren – staatsrechtlich gesehen – Übergangsstatus begünstigte nämlich ein Erstarken der serbischen Einigungsbestrebungen in diesen Ländern selbst.

Die Annexion von Bosnien und der Herzegowina zielte unmittelbar auf die Vereitelung der großserbischen Bestrebungen. Conrad wie Aehrenthal waren jedoch darüber hinaus der Ansicht, sie werde die Gesamtsituation der Monarchie verändern, deren Prestige als Großmacht steigern und eine Lösung der südslawischen Frage ermöglichen.

Die Führungskreise rechneten mit zwei Möglichkeiten: Falls Serbien die Annexion nicht akzeptierte, war damit ein Vorwand für den Krieg gegeben, falls doch, erlitt es eine politische Niederlage. So würde Österreich-Ungarn sein Ansehen auf dem Balkan und in der internationalen Politik auf jeden Fall steigern, weil die serbische Frage mit oder ohne Krieg eine Lösung fände.

Am 6. Oktober 1908 wurde die Annexion verkündet. Die Zustimmung der türkischen Regierung wurde mit Geld erkauft.

Die Annexion löste in Serbien und auch in der internationalen Diplomatie heftige Reaktionen aus. Die Monarchie und Serbien standen kurz vor dem militärischen Zusammenstoß. Aehrenthal wußte sehr wohl, daß er – wenn notwendig – mit der Unterstützung Deutschlands rechnen konnte. Die deutsche Führung war damals einem „Präventivkrieg" gegen Rußland ganz und gar nicht abgeneigt.[53] Im Februar wurde Serbien ein Ultimatum überreicht: Die Forderung lautete nicht nur auf deklarative Anerkennung der Annexion, sondern auch auf Beendigung aller gegen die Monarchie gerichteten Propaganda und Auflösung der zu diesem Zweck gegründeten Vereinigungen wie z. B. der Narodna Odbrana. Die Führungskreise in Wien planten für den Fall der Ablehnung des Ultimatums den Feldzug bereits für den März, im sicheren Wissen, Deutschland werde gegen ein eventuelles Auftreten Rußlands einschreiten.

Es kam jedoch nicht zum Krieg. Das zaristische Rußland war noch nicht gerüstet und konnte nach dem Beschluß des Ministerrates vom 17. März keine militärische Hilfe leisten. So beantwortete die serbische Regierung am 31. März die Note der Monarchie zustimmend. Aehrenthal, der einen Zusammenstoß der Großmächte, insbesondere bei einer Aktivierung auch Frankreichs und Englands, unbedingt vermeiden wollte, hielt diese Antwort für ausreichend.

ZWEI TENDENZEN

Die Diplomatie bzw. die Politik der Monarchie hatte scheinbar einen Erfolg errungen, erreichte sie doch das äußere Ziel: Sie konnte die Annexion der okkupierten Länder durchführen. Serbien und die Pforte nahmen dies hin, und auch die Großmächte hatten es zur Kenntnis genommen.

Anscheinend erkannte der Außenminister jedoch ein halbes Jahr nach Ende der Annexionskrise, daß er mit der Annexion überhaupt nichts erreicht hatte.

Aehrenthal war eine weitblickende Persönlichkeit mit festen Vorstellungen. In der Reihe der Außenminister der dualistischen Periode war „Aehrenthal der energischste, der initiativste".[54] Die Annexion war nur als ein Schritt in einer weitgespannten Politik gedacht, mit der er die Probleme zu lösen gedachte. Er hoffte, die Annexion werde das Prestige der Monarchie unter den Großmächten und auch bei den Südslawen – sowohl außerhalb als auch innerhalb der Monarchie – steigern und das Ansehen der gemeinsamen Regierung in den Augen der dualistischen Partner, insbesondere der ungarischen Führungsschicht, anheben. Aehrenthal wußte gut, daß die Annexion an sich wertlos war, meinte aber, als er sich dafür entschied, sie werde die Grundlage für die Lösung des akut gewordenen Problems der südslawischen Frage abgeben.

Im Herbst 1908 erschien ihm die außenpolitische Gesamtlage günstig: Rußland war infolge der Revolution im Inneren und des Russisch-Japanischen Krieges geschwächt und konnte im Fall einer Aktion der Monarchie gegen Serbien kaum wirkungsvoll auftreten.[55] Er hielt es zudem für wahrscheinlich, daß die russische Diplomatie ohne Rekompensation gezwungen sein würde, die vollendeten Tatsachen zur Kenntnis zu nehmen, und daß sich vielleicht auch das seit zehn Jahren anhaltende gute Verhältnis zu Rußland, das er – als Gesandter in Petersburg – selbst mitgetragen hatte, nicht verschlechtern würde. Falls Rußland dennoch härter auftreten sollte, mußte eine entschiedene Haltung Deutschlands genügen, um es zurückzuhalten, da es einen Krieg mit Deutschland unmittelbar nach dem japanischen Fiasko wohl kaum riskieren würde.

Auch was Serbien betraf, hielt Aehrenthal den Zeitpunkt für günstig. Das Verhältnis Serbiens zu Rumänien und zu Bulgarien war zu dieser Zeit kühl, ja sogar feindlich. Der Umsturz von 1903 hatte sich innenpolitisch noch nicht gefestigt. Wenn Rußland von Serbien isoliert werden konnte – und damit rechnete Aehrenthal –, dann war dies der geeignete Moment, den südlichen Nachbarn zu einer der Monarchie genehmen Ordnung zu zwingen. Nach der Zerstörung Serbiens als südslawisches „Piemont“ wollte er die südslawische Frage ordnen, unter kroatischer Führung die innerhalb der Monarchie lebenden Südslawen einigen und das dualistische System zu einer Art Trialismus umgestalten.

Aehrenthal wußte sehr wohl, daß die ungarische Führungsschicht am Dualismus festhielt. Anders als Franz Ferdinand wollte er die innere Umgestaltung der Monarchie nicht gegen ihren Widerstand, sondern gemeinsam mit ihr verwirklichen. Nach seiner Meinung ließ sich eine auch für Ungarn vorteilhafte Lösung dergestalt finden, daß die südslawische Einheit unter kroatischer Führung und – wenigstens in ihrer ersten Form – der Ägide der Stephanskrone gebildet würde.[56]

Ein halbes Jahr nach der Annexion mußte Aehrenthal einsehen, daß sämtliche seiner Berechnungen falsch gewesen waren – einschließlich der Annexion selbst.

Die Annexionskrise zeigte Aerenthal, daß die Großmachtverhältnisse bereits völlig anders waren als noch vor der Jahrhundertwende. Bei der Vorbereitung der Annexion war er jedoch von denselben Voraussetzungen ausgegangen wie seine Vorgänger bei den Balkankrisen: Jede Verschiebung auf dem Balkan verletzte die Interessen Rußlands, also mußte man ein Gegengewicht zu Rußland schaffen. Dabei mußte man sich in erster Linie auf Deutschland stützen. War Deutschland bereit, seine aus dem Zweibund resultierende Verpflichtung zu erfüllen, konnte man bereits einen die Balkaninteressen Rußlands verletzenden Schritt unternehmen. Weiterhin konnte man damit rechnen, daß England eine Stärkung Rußlands auf dem Balkan keineswegs wohlgefällig betrachten würde, weil es auf die Integrität des osmanischen Staates und die Meerengen achtete. Aehrenthal meinte zudem noch, Rußland werde der englisch-russischen Entente wegen auf dem Balkan noch weniger aktiv auftreten, um die Gegensätze zu England nicht zuzuspitzen.

Doch genau diese Großmachtarithmetik war falsch. Aehrenthal war Spezialist für Balkan- und russische Fragen.[57] Ab 1895 war er Gesandter in Bukarest, ab 1899 dann in Petersburg gewesen. So gut er dieses Gebiet kannte, so lückenhaft war seine Kenntnis der neueren Entwicklungen des englisch-deutschen Verhältnisses. Während der Annexionskrise begriff er, daß die traditionelle Balkanformel der Großmächte nicht mehr galt. Für England war auf dem Balkan nicht mehr das Vordringen Rußlands die Hauptsorge, sondern das Deutschlands. Aehrenthal verstand: Gerade die Annexionskrise hatte England davon überzeugt, daß eine Expansion der Monarchie in diesem Raum England gefährlich war, weil sie in Wirklichkeit ein Vordringen Deutschlands darstellte, eine Manifestation des „Drangs nach Osten“.

Aehrenthal schloß im Zusammenhang mit der Annexion die Möglichkeit eines Krieges gegen Serbien nicht aus, weil er Serbien der inneren Situation Rußlands wegen für isoliert hielt. An Hand der Annexionskrise erkannte er aber, daß Serbien auch dann nicht isoliert war, wenn Rußland passiv blieb, weil nämlich in der Balkanfrage ein deutsch-englischer Gegensatz entstanden war. „Die gesamte politische Constellation in- und außerhalb Europas steht unter dem Zeichen des wirtschaftlichen und politischen Gegensatzes zwischen Deutschland und England“, schrieb er im August 1909.[58] Aehrenthal wurde gewahr, daß ein Krieg gegen

Serbien diesen Gegensatz aktivieren mußte bzw. sein Ausgang bereits immer stärker vom englisch-deutschen Gegensatz bestimmt sein würde. Aehrenthal wußte, daß die Lage der Monarchie diesen Krieg schon nicht mehr zuließ.

Aehrenthal begriff auch, warum mit der Annexion keine günstige Wendung für die Monarchie in Serbien zu erreichen war. In der Tat, Rußland erwies sich als schwach, aber in Belgrad wußte man gut, daß London und Paris Serbien als mögliches Hindernis für den als höchst gefährlich angesehenen „Drang nach Osten" betrachteten. Unter solchen Umständen konnte die diplomatische Niederlage, die deklarative Anerkennung der Annexion, Serbien der Monarchie nicht näherbringen, sondern im Gegenteil: Es mußte seinen Haß auf die Monarchie nur noch vertiefen. Dies wirkte sich auch auf die innere Lage in Bosnien und der Herzegowina aus. Nachdem die monarchiefeindlichen Gefühle der dortigen serbischen Bevölkerung in Wallung geraten waren, wurde es noch schwieriger, das Land zu regieren.

Schließlich bewirkte die Annexion auch bei der ungarischen Führungsschicht keine Bereitschaft zur inneren Strukturveränderung der Monarchie, sondern führte nur zu einem noch krampfhafteren Festhalten am Dualismus. Aehrenthal hatte sich auch in der Annahme geirrt, die ungarische Führungsschicht werde die südslawische Einheit akzeptieren, wenn sie unter der Stephanskrone verwirklicht würde.

Die Annexion war also kein Fortschritt, sondern eher ein Rückschritt. Sie verhärtete noch mehr die auf längere Frist ohnedies unhaltbare südslawische Politik der Monarchie, die Konzeption, die Zersplitterung in kleine Einheiten aufrechtzuerhalten. Aehrenthal erfaßte, daß der Monarchie bei der gegebenen internationalen Lage mit eigener außenpolitischer Aktivität nicht geholfen war, daß sie so lange einen friedlichen Kurs beibehalten mußte, solange im Verhältnis der Großmächte keine günstige Wendung eintrat. „Es ist...die Spannung zwischen England und Deutschland, die der politischen Situation die welthistorische Prägung gibt", schrieb er im Dezember 1911 in seinem Memorandum. „Dieses Spannungsverhältnis, das seine Wirkungen nach allen Seiten hin äußert, zwingt auch uns zu einer scharf auslugenden, aber zugleich vorsichtigen und tastenden Politik."[59]

In Aehrenthal wuchs nach der Annexionskrise die Überzeugung, daß die Monarchie – wenigstens in der Periode der verschärften englisch-deutschen Rivalität – um jeden Preis an der Bewahrung des Friedens interessiert sein mußte.

Der Außenminister stellte sich jetzt bereits gut auf die veränderte internationale Lage ein und erkannte die Möglichkeiten und Interessen der Monarchie richtig. Wie oben ausgeführt, hatte in den siebziger und achtziger Jahren des 19. Jahrhunderts Deutschland stets auf ein gutes Verhältnis mit dem Zarenreich gedrängt und auch den Dreikaiserbund initiiert. Damit drosselte es den Konflikt zwischen der Monarchie und Rußland bis zu dem Grad, der seinen eigenen Interessen entsprach. Die Monarchie dagegen war bestrebt, Deutschland für eine gemeinsame Aktion gegen Rußland zu gewinnen. Da sich Aehrenthal jedoch aus der englisch-deutschen Rivalität herauszuhalten wünschte bzw. nicht Wegbereiter des deutschen „Drangs nach Osten" sein wollte, weil dies die Monarchie mit England konfrontiert hätte, mußte er daran arbeiten, die Spannung zu seinem Hauptgegner, Rußland, zu reduzieren.[60] Nach seinen Vorstellungen mußte sich die Verbesserung der Beziehungen zu Rußland und eine mit ihm koordinierte Balkanpolitik später auch auf die Beziehung zwischen der Monarchie und England auswirken und so eine internationale Konstellation herbeiführen, bei der Österreich-Ungarns Aktivität auf dem Balkan Deutschland nicht mehr den Weg zu den Meerengen öffnen, sondern eher versperren würde.

Aus dem Mißerfolg der Annexion leitete der Chef des Generalstabs ganz andere Folgerungen ab und bezog daher zunehmend Position gegen den Außenminister. Conrad von Hötzendorf bedauerte, daß es nicht zu einem Krieg gekommen war.[61]

Der Außenminister und der Generalstabschef waren schon bei ihrem Amtsantritt 1906 unterschiedlicher Meinung über die außenpolitischen Aufgaben der Monarchie gewesen. Was sie dennoch verband, war, daß sie beide einen aktiven außenpolitischen Kurs vertraten. Aehrenthal hatte die Möglichkeit eines Krieges nicht ausgeschlossen, Conrad dagegen im Krieg die einzige Möglichkeit gesehen. Im Keim war der Gegensatz zwischen beiden bereits hier vorhanden, zeigte sich aber in der praktischen Politik noch nicht. Die militärischen Vorbereitungen Conrads wurden von Aehrenthal weitgehend unterstützt, der Generalstabschef wiederum befürwortete die aktive Politik des Außenministers. Gemeinsam schritten sie bis zur Annexion voran. Conrad wollte jedoch auf jeden Fall weitergehen und die Annexion zu einem militärischen Schlag gegen Serbien ausweiten. Da dieser Schritt jedoch unterblieb, sprach er von Mißerfolg und warf dem Außenminister vor, auf halbem Wege stehengeblieben zu sein.

Nach der Annexion manifestierten sich in der Konzeption von Aehrenthal und der Conrads zwei grundsätzliche Tendenzen der Außenpolitik. Diese Dualität war bis 1914 gegenwärtig, obwohl man kaum sagen kann, in der Führung hätten sich zwei Gruppen herausgebildet. Unter den führenden Persönlichkeiten, die Einfluß auf die außenpolitischen Entscheidungen der Monarchie hatten, finden wir nur einen einzigen, Conrad von Hötzendorf, der konsequent für einen „präventiven" Krieg gegen Italien bzw. Serbien war, dabei aber auch davon ausging, daß sich dieser Krieg zu einem allgemein europäischen Konflikt ausweiten würde. Früher wurde Franz Ferdinand für den Kopf der „Kriegspartei" gehalten. Neuere Forschungen widerlegen dies.[62] Was die zweite Position betrifft, finden wir keine Persönlichkeit, die in der einen oder anderen Krisensituation nicht bereit gewesen wäre, das Kriegsrisiko zu übernehmen, und bei anderer Gelegenheit nicht die friedliche Lösung vertreten hätte. Auch die früheren Legenden sind unhaltbar, die Franz Joseph als konsequenten Vertreter des Friedens vorstellen.[63]

Für dieses kritische halbe Jahrzehnt kann also nicht nachgewiesen werden, daß sich die führenden Persönlichkeiten der Monarchie auf Grund ihrer unterschiedlichen Beurteilung der Frage Krieg oder Frieden konsequent in zwei gegensätzliche Lager gruppiert hätten. In den konkreten Krisenfällen hat eine solche Polarisierung zwar immer stattgefunden, die personelle Zusammensetzung der jeweiligen Gruppierungen war aber – von Conrad einmal abgesehen – nie konstant.

Meinungsverschiedenheiten bestanden auch während der Tripoliskrise von 1911. Conrad vertrat mit aller Entschiedenheit die Ansicht, die Monarchie müsse an der Seite der Pforte in den Italienisch-Türkischen Krieg eingreifen. Nach Aehrenthals Einschätzung hingegen konnte ein Kriegseintritt nur in ein Abenteuer mit katastrophalem Ausgang führen. Er beharrte auf seiner bereits früher entwikkelten Auffassung, daß in der gegenwärtigen, vom englisch-deutschen Antagonismus bestimmten Weltlage die Monarchie jedes militärische Abenteuer tunlichst vermeiden sollte. Er verstand es, seinen Standpunkt zur Zeit des Italienisch-Türkischen Krieges gegen Conrad durchzusetzen, obwohl der Generalstabschef damals auch vom Thronfolger unterstützt wurde.

Daß sich während der Tripoliskrise die Politik Aehrenthals erfolgreich behaupten konnte, wurde nicht nur begünstigt, sondern zu einem Gutteil sogar bedingt von dem Faktum ihrer Übereinstimmung mit dem Standpunkt des deutschen Bündnispartners. Die Entscheidung des Herrschers ließ keinerlei Zweifel aufkommen: Conrad wurde entlassen.

Im Februar 1912 starb Aehrenthal. Seinen Platz nahm Graf Berchtold ein, der die Politik seines Vorgängers während der neuen Folge von Krisen, den Balkankriegen (1912–1913), fortführte. Es soll bereits hier angemerkt werden, daß die Bemühungen um eine friedliche Bewältigung dieser Krisen in Übereinstimmung mit der Politik des deutschen Bündnispartners standen.

In der Tripoliskrise hatte der Thronfolger Franz Ferdinand für den Krieg votiert. Später, zur Zeit der Balkankriege bzw. -konflikte 1912–1913, vertrat er meist die friedliche Lösung. Im außenpolitischen Denken Franz Ferdinands gab es, bei allem Kämpferischen, ein grundlegendes Axiom, das ihn letztlich zu einem friedlichen Kurs bewog: Die Reiche der Habsburger und der Romanows sollten einander nicht bekriegen. Der Thronfolger kam in der Endphase des ersten Balkankrieges und während der Skutarikrise – auf die ihm eigene Art, aber immerhin – zu der Erkenntnis, daß die gegebene Situation einen Zusammenstoß mit Rußland nicht gestattete.[64]

Die Krise vom Oktober 1913, das Nachspiel der Balkankriege, ist unter dem Aspekt der obengenannten zwei Tendenzen der Außenpolitik besonders beachtenswert. Die Führung der Monarchie trachtete mit wirklich kriegerischer Entschlossenheit – mit einem Ultimatum und mit militärischen Vorbereitungen – danach, den Rückzug Serbiens zu erzwingen, während ihr eigentliches Ziel nicht ein Krieg gegen Serbien war, sondern die Erlangung eines diplomatischen und politischen Sieges. Auch Deutschland wollte die Monarchie nicht in einen Krieg gegen Serbien treiben, garantierte aber, seine Bündnisverpflichtung zu erfüllen, falls es zum Krieg kommen sollte. Dies war nichts anderes als die Überreichung einer Art von „Blankoscheck“. Serbien zog sich den Forderungen der Monarchie entsprechend zurück, und auch diese Krise endete ohne Krieg.

Die Politik vom Oktober 1913 zeigt, daß die Tendenz, Krieg zu vermeiden, in der Außenpolitik dominierend geworden war. Auf den Posten des Generalstabschefs zurückgekehrt, ging auch Conrad keinen wesentlich anderen Weg bzw. durchkreuzte wenigstens nicht offen die Bestrebungen des Außenministers, wie er es in der Tripoliskrise getan hatte.

Zusammenfassend läßt sich feststellen, daß mit Beginn der Annexionskrise von 1908–1909 und insbesondere zur Zeit der Tripolisaffäre und der Balkankriege in der Außenpolitik der Monarchie zunehmend die Auffassung vorherrschte, in der Periode des englisch-deutschen Antagonismus jeglichen Krieg zu vermeiden, der sich zu einem allgemeinen Konflikt ausweiten konnte.

Der deutsche Verbündete unterstützte diese Außenpolitik im Grunde während der gesamten Periode, weil er seinerseits auf einen Zusammenstoß der Großmächte noch nicht ausreichend vorbereitet war. Es wäre Deutschland durchaus willkommen gewesen, wenn die Monarchie die südslawische Frage mit einem örtlich begrenzten Krieg hätte lösen können, einen allgemeinen Konflikt aber suchte in diesen Jahren auch die deutsche Politik zu vermeiden.

Schließlich muß auch darauf verwiesen werden, daß diese außenpolitische Kursrichtung, entgegen der von Conrad propagierten, auch die notwendige Unterstützung im Inneren fand. Und zwar nicht nur bei den dualistischen Partnern, der österreichischen und der ungarischen Regierung, sondern auch bei den führenden Schichten der tschechischen und polnischen Nationalität.

Mit ihrer Option, einen Krieg zu vermeiden, wurde die Außenpolitik der dualistischen Monarchie ab 1909 sowohl den Bedingungen der Konstellation zwischen den Großmächten als auch der Lage gerecht, wie sie auf dem Balkan entstanden war; darüber hinaus stand sie im Einklang mit den Bestrebungen der für die Außenpolitik maßgeblichen internen Kräfte und Faktoren.

Diese Außenpolitik war insoweit gerechtfertigt und erfolgreich, als sie der Monarchie den Frieden wahrte. An der internationalen Lage Österreich-Ungarns, insbesondere an seiner Lage auf dem Balkan, konnte sie nichts zum Besseren wenden. Die Kriegsvermeidungsstrategie ging nämlich nicht mit einer konstruktiven Balkanpolitik einher. So verschlechterten sich in der Folgezeit, besonders nach dem zweiten Balkankrieg, die Positionen der Monarchie auf dem Balkan weiter. In diesem Krieg schlossen sich Serbien, Griechenland und Rumänien gegen den Hauptgewinner des ersten Balkankrieges, Bulgarien, zusammen. Da die Monarchie die Haltung Bulgariens gegenüber Serbien als mit den eigenen Interessen im Einklang befindlich betrachtete, unterstützte sie Bulgarien im zweiten Balkankrieg und versuchte alles, um Rumänien vom Eingreifen zurückzuhalten. Ihre Bemühungen blieben allerdings erfolglos. So erzielte Rumänien – als Ergebnis des zweiten Balkankrieges – den Bemühungen der Monarchie zum Trotz territorialen Gewinn. Dies alles setzte eine rasche Absetzbewegung Rumäniens von der Habsburgermonarchie in Gang.

Der Zweibund reagierte auf die neu entstandene Situation nach dem zweiten Balkankrieg nicht einheitlich. Deutschland forderte von der Monarchie, Rumänien unter allen Umständen wiederzugewinnen. Die Monarchie sollte aufhören, Bulgarien zu unterstützen, ja Rumänien sogar Rekompensationsleistungen zu erbringen, sei es in der Nationalitätenpolitik gegenüber den Rumänen, sei es mit territorialen Zugeständnissen, und so erreichen, daß Rumänien wieder ein verläßlicher Anhänger und Stützpfeiler des Zweibundes würde.

Das deutsche Beharren auf Rumänien hatte in erster Linie militärische Gründe. Der Schlieffenplan ging davon aus, bei Kriegsbeginn an der Ostfront möglichst starke nichtdeutsche Verbände gegen Rußland einsetzen zu können, um so an der Westfront für sechs Wochen die Nutzung fast der Gesamtstärke des deutschen Heeres zu sichern.

Unter solchen Umständen hatte die Außenpolitik der Monarchie geradezu einen bulgarisch-rumänischen „Eiertanz“ aufzuführen. Sie war bemüht, die Beziehung zu Bulgarien enger zu knüpfen, ohne dabei Rumänien abzustoßen. Diese Praxis blieb aber ohne Erfolg.

Der entschiedenste Wortführer einer probulgarisch orientierten Außenpolitik in der Monarchie bzw. innerhalb des Zweibundes war der ungarische Ministerpräsident István Tisza. Unter seinen Motiven spielte die Sicherung der ungarischen Hegemonie über die im Karpatenbecken lebenden Rumänen eine bedeutende Rolle. Daneben war für ihn die bulgarische Orientierung an einen längerfristig friedlichen Kurs gekoppelt, und hierin lag das Positivum seiner politischen Konzeption.

Nach seiner Vorstellung stellte nämlich die Umgestaltung des Bündnissystems, d. h. der Austausch Rumäniens als Partner gegen Bulgarien, was er für unbedingt notwendig hielt, einen längeren, Jahre dauernden Prozeß dar, und solange dieser Prozeß nicht erfolgreich abgeschlossen war, durfte es zu keinem kriegerischen Konflikt kommen. Tisza war der Auffassung, mit Rumänien als Verbündetem könne auf keinen Fall mehr gerechnet werden und selbst seine Neutralität sei fraglich. Würde jedoch Bulgarien zum Verbündeten der Mittelmächte bzw. der Habsburgermonarchie, wäre damit das erforderliche Gegengewicht zu Rumänien geschaffen.

Der deutschen Haltung wegen konnte die außenpolitische Führung der Monarchie jedoch keine wirksamen Schritte zur Verwirklichung des bulgarischen Bündnisses unternehmen, obwohl Außenminister Berchtold persönlich sich darum bemühte.

DIE FALSCHE ENTSCHEIDUNG

Die Kriegsentscheidung 1914 gegen Serbien kann als Fortführung der bisherigen serbischen Politik der Monarchie gesehen werden, stellt aber doch einen Bruch mit der Politik dar, die Aehrenthal nach der Annexionskrise entwickelt hatte und die während der Tripoliskrise und der Balkankriege zum Tragen gekommen war, nämlich: Unter den Rahmenbedingungen eines weltpolitischen Gegensatzes zwischen England und dem Deutschen Reich kein aggressives Auftreten der Monarchie auf dem Balkan, bzw. eine streitbare Haltung der Monarchie nur dann, wenn der englisch-deutsche Antagonismus nicht mehr die Weltpolitik dominiert oder überhaupt aufgehört hat zu existieren. Mit dieser seit 1909 verfolgten Grundlinie der Außenpolitik der österreichisch-ungarischen Monarchie hat die Kriegsentscheidung 1914 gebrochen.

Das Attentat auf den Thronfolger war auf keinen Fall ein derartiges Ereignis, das einen solchen Bruch mit der tradierten Politik gerechtfertigt hätte. Auch Berchtold selbst legte in einer einige Jahre später, aber noch während des Krieges vorgenommenen Tagebucheintragung Rechenschaft darüber ab.[65] Hier steht man einem merkwürdigen Paradoxon gegenüber: Die Lawine des Ersten Weltkrieges wurde von der Kriegsentscheidung der Führer gerade jener Macht ausgelöst, die angesichts der objektiven Lage am meisten an der Bewahrung des Friedens und daran interessiert war, in einer Phase zugespitzten englisch-deutschen Gegensatzes nicht in einen Krieg verwickelt zu werden. Auf dieses Paradoxon wies, wenn auch nicht als erster, so doch in jüngerer Zeit damit am meisten Aufsehen erregend, Robert Kann in seinem 1964 erschienenen Buch hin: „Nur eines und nur das allein hätte Österreichs Fortbestand voraussichtlich noch für eine Reihe von Jahren, möglicherweise aber sogar für Jahrzehnte sichern können: der Friede."[66]

Auf der einen Seite stand also – von der objektiven Lage des Reiches bedingt und von den Entscheidungsträgern der Außenpolitik, wenn auch mit Schwankungen, als solches erkannt – das Interesse an der Aufrechterhaltung des Friedens zwischen den Großmächten, auf der anderen Seite dagegen die den Weltkrieg auslösende faktische Kriegsentscheidung gegen Serbien im Juli 1914. Die zu beantwortende Frage lautet also: Welche Umstände verursachten das Scheitern, den Bruch mit jener Außenpolitik, die die Monarchie seit 1909 fünf Jahre lang inmitten einer Folge von Krisen im wesentlichen erfolgreich betrieben hatte?

Wenn wir uns mit dieser Fragestellung den Ereignissen nähern, fällt sofort auf, daß die Julikrise des Jahres 1914 ähnliche Probleme aufwarf und ähnliche interne Diskussionen auslöste wie frühere Krisen auch.

In der ersten Phase der Julikrise von 1914 vertrat István Tisza am prägnantesten den Standpunkt, daß es für die Monarchie das günstigste sei, die Krise mit politischen Mitteln beizulegen. Im Grunde wünschte er eine Wiederholung der Politik vom Oktober 1913. Wie Aehrenthals oder Franz Ferdinands Vorstellungen lag auch Tiszas außenpolitischen Stellungnahmen während seiner Ministerpräsidentenzeit, also seit Sommer 1913, ein richtungweisendes Axiom zugrunde: Rumänien galt ihm nicht mehr als Verbündeter oder als wohlwollend neutrales Land, sondern als sicherer Gegner. Für Tisza konnte die Monarchie mit diesem Rumänien im Rücken nicht in einen Krieg gegen Serbien und Rußland eintreten. Da aber Rumänien nach seiner Meinung auf keinen Fall – auch nicht um den Preis von Zugeständnissen, zu denen er übrigens nur bedingt bereit war – zum verläßlichen Verbündeten gemacht werden konnte, mußte ein Gegengewicht in Form eines mit Bulgarien zu schließenden Bündnisses geschaffen werden. Solange dieses noch nicht stabil war, konnte sich die Monarchie nicht in einen Krieg einlassen.

Am 30. Juni fuhr Tisza nach Wien, um dem Monarchen das Beileid der ungarischen Regierung auszusprechen. Er wurde auf direktem Wege davon informiert, daß bedeutende Führungspersönlichkeiten danach trachteten, das Attentat von Sarajewo zur Eröffnung eines Krieges gegen Serbien auszunutzen. Zurückgekehrt nach Budapest sandte er dem Herrscher am nächsten Tag ein umfangreicheres Memorandum: „Ich hatte erst nach meiner Audienz Gelegenheit, Grafen Berchtold zu sprechen und von seiner Absicht, die Greueltat in Sarajewo zum Anlasse der Abrechnung mit Serbien zu machen, Kenntnis zu erhalten. Ich habe Grafen Berchtold gegenüber keinen Hehl daraus gemacht, daß ich dies für einen verhängnisvollen Fehler halten und die Verantwortung keineswegs teilen würde. [Im übrigen] halte ich diesen Zeitpunkt, wo wir Rumänien so gut wie verloren haben, ohne einen Ersatz dafür bekommen zu haben, und der einzige Staat, auf den wir rechnen können, Bulgarien, erschöpft ist, überhaupt für einen recht ungünstigen... Ist einmal der Zeitpunkt zum Losschlagen gekommen, so kann man aus den verschiedenen Fragen einen Kriegsfall aufrollen. Vorerst muß jedoch eine diplomatische Constellation geschaffen werden, welche das Kräfteverhältnis weniger ungünstig für uns gestaltet."[67]

Eine extreme Gegenposition zur friedlichen Beilegung der Krise vertrat – wie mehrfach in früheren Fällen – wieder Conrad von Hötzendorf.[68] Auf mehreren führenden Posten im Außenministerium standen nun aber jüngere, einflußreiche Personen, die ähnlich dachten wie er und den Außenminister Berchtold in diese Richtung beeinflußten. So besonders Graf Hoyos, der Chef des Kabinettbüros des Außenministeriums, und weiter die Abteilungsleiter Baron Musulin und Forgách.[69] Auch Berchtold neigte dazu, das Attentat zu einem Krieg gegen Serbien auszunutzen, befürwortete aber nicht den Plan eines Überraschungsangriffes ohne jede diplomatische Vorbereitung. Der Außenminister hielt es für unbedingt erforderlich, die Untersuchung des Attentates abzuwarten sowie den deutschen Standpunkt in Erfahrung zu bringen.

Am 30. Juni berieten der Außenminister und der Herrscher über die politischen Konsequenzen des Attentates von Sarajewo. Sie stimmten darin überein, daß wohl mit einem Krieg gegen Serbien gerechnet werden mußte, aber keinesfalls den Vorstellungen Conrads gemäß. Die diplomatische Vorbereitung des Krieges schien ihnen ebenso unentbehrlich wie die Kenntnis des deutschen Standpunktes. Am 4. Juli reiste Graf Hoyos nach Berlin, im Gepäck mit einer vom Außenministerium früher angefertigten Denkschrift, die im wesentlichen die bulgarophile Balkanpolitik der Monarchie zum Ausdruck brachte, sowie einem Brief Franz Josephs, in dem dieser Kaiser Wilhelm die Unüberwindbarkeit des Gegensatzes zwischen der Monarchie und Serbien schilderte.

Am 6. Juli erfuhr man in Wien, daß die deutsche Führung der Monarchie den möglichst umgehenden Beginn des Krieges gegen Serbien empfahl und im Falle einer internationalen Ausweitung des Konfliktes Deckung garantierte. Die Kenntnis des deutschen Standpunktes stärkte die Position jener, die das Attentat auf den Thronfolger zu einem Krieg gegen Serbien ausnutzen wollten.

Auf der Sitzung des gemeinsamen Ministerrats am 7. Juli blieb Tisza mit seinem Standpunkt, den serbischen Krieg zu vermeiden, zwar allein, aber eine Entscheidung wurde noch nicht gefällt. Insoweit und bis dahin wich auch die Julikrise nicht vom Muster früherer Krisen ab. Auch jetzt gab es eine markante Persönlichkeit, die auf der Basis eines ihr eigenen Axioms die friedliche Lösung verlangte. Auch machte es keinen wesentlichen Unterschied, daß Tisza im gemeinsamen Ministerrat allein blieb, war doch zu einer solchen Entscheidung die Zustimmung des ungarischen Ministerpräsidenten unabdingbar. Auf einem konsequenten kriegerischen Standpunkt beharrte allein Conrad. Der österreichische Ministerpräsident und Außenminister Berchtold hatten sich, auch wenn sie eher dem Krieg zuneigten, noch nicht eindeutig festgelegt.

Der ungarische Ministerpräsident wußte sehr wohl, daß sich der Herrscher ohne seine Zustimmung nicht für einen Krieg gegen Serbien entscheiden würde. Tisza gab sich nicht damit zufrieden, daß Graf Berchtold den Monarchen von seinem Standpunkt unterrichtete, sondern sandte Franz Joseph neuerlich ein umfangreiches Memorandum, in dem er seine schon am 1. Juli vorgebrachten Argumente wiederholte. Im Vergleich zum früheren Memorandum trat nun als neues Element hinzu, daß Tisza detailliert die Kräfteverhältnisse der zu erwartenden militärischen Auseinandersetzung erörterte, weil „wir die rumänische Armee zum feindlichen Lager zählen müssen", so daß die militärischen Stärkerelationen „eines Krieges gegen Rußland, Serbien und Rumänien" in Betracht gezogen werden mußten, wie es im Memorandum hieß. An den russischen Fronten mußten nach Tisza Truppen in einer Stärke konzentriert werden, die es erlaubten, mit den verbleibenden gerade eben noch die serbische Armee aufzuhalten, „während wir", so Tiszas Ausführungen, „der vordringenden rumänischen Armee keinen ernsthaften Widerstand werden leisten können ... Die rumänische Armee dringt in Siebenbürgen ein, versetzt die von Rumänen bewohnten Gegenden in Aufruhr und fällt unserer mit den Serben kämpfenden Armee in Flanke und Rücken. Die absolut sichere Niederlage dieser Armee öffnet den Weg nach Budapest und Wien vor der feindlichen Macht und entscheidet den ganzen Feldzug."[70]

Es mag scheinen, daß das zweite Memorandum Tiszas die Argumentation seiner Vorlage vom 1. Juli mit Konkreta verstärkt hat. In Wirklichkeit schwächte es diese aber eher ab, spitzte es nun die Argumentation gegen einen Krieg doch auf die Annahme eines sofortigen feindlichen Auftretens Rumäniens zu. Daraus folgte auch, daß Tiszas Argumentation zusammenbrechen mußte, falls die Gefahr eines rumänischen Angriffs gebannt war, und daß ihm kein weiterer Einwand gegen das an Serbien zu richtende unerfüllbare Ultimatum mehr möglich war.

In einem Faktor unterschied sich die neue Kriegskrise von Anfang an von den Krisen nach 1909: Der deutsche Standpunkt hatte sich insofern gründlich gewandelt, als Deutschland ausdrücklich auf die militärische Entscheidung gegen Serbien drängte.

In einigen Darstellungen wird die deutsche Haltung als Überreichung eines „Blankoschecks" charakterisiert. Der bekannte Experte in dieser Frage, Fritz Fischer, hat die Unhaltbarkeit dieser Art von Behauptungen vielfältig nachgewiesen.[71] In der Krise vom Oktober 1913 konnte der deutsche Standpunkt in der Tat so charakterisiert werden, nicht mehr aber im Juli 1914. Dies alles gibt jedoch noch immer keine völlige Erklärung für die Kriegsentscheidung. Die deutsche Haltung bzw. Berlins Drängen hatten nämlich den ungarischen Ministerpräsidenten nicht von seiner ursprünglichen Konzeption abgebracht.

Tiszas Stellungnahmen hatten in Berlin deutlich gemacht, daß die Führung der Monarchie solange nicht mit Krieg gegen Serbien reagieren würde, als die deutsche Führung nicht die Politik der bulgarischen Orientierung guthieß bzw. Wien gegenüber die Neutralität Rumäniens im Kriegsfall garantierte. Die deutsche Diplomatie akzeptierte in diesen Tagen die neue Balkanpolitik der Monarchie und unternahm entsprechende Schritte. Daraufhin änderte Mitte Juli auch der ungarische Ministerpräsident seine ablehnende Haltung in der Kriegsfrage.

In der außenpolitischen Führung der dualistischen Monarchie zwischen 1909 und 1914 zeichneten sich zwei Tendenzen ab. Entsprechend der einen waren die innen- und außenpolitischen Schwierigkeiten der Monarchie mit einem militärischen Schlag gegen Serbien lösbar. Entsprechend der anderen dagegen sollte die Monarchie den unberechenbaren Folgen eines Krieges nicht ausgesetzt werden, und in dieser Konzeption hieß es, den Krieg zu vermeiden. Die letztere Tendenz kam in der Politik Aehrenthals zum Ausdruck, der inmitten des zugespitzten englisch-deutschen Antagonismus den Krieg gegen Serbien um jeden Preis vermeiden wollte. Sie zeigte sich beim Thronfolger, als ein militärischer Zusammenstoß zwischen der Monarchie und Rußland zu befürchten war und er einen derartigen Krieg ebenfalls um jeden Preis zu vermeiden trachtete. Und sie wurde von István Tisza vertreten, als er dezidiert gegen den Krieg in einer solchen Situation opponierte, in der mit einem feindlichen Auftreten Rumäniens zu rechnen war, ohne aber hiergegen über ein entsprechendes Gegengewicht zu verfügen.

Die unterschiedlichen Standpunkte zeigen, daß im Führungskreis der Monarchie neben der kriegerischen Absicht gegen Serbien auch eine solche politische Einstellung präsent war, bei der die tatsächliche Lage der Monarchie berücksichtigt und die Vermeidung des Krieges als das grundlegende Interesse der Monarchie erkannt wurde. Zwischen 1909 und 1914 wirkten all diese Elemente zusammen und führten zu einem schwankenden und inkonsequenten Kurs in der außenpolitischen Führung der Monarchie. Aus dem Zusammenwirken der unterschiedlichen und sich ändernden Standpunkte resultierte aber das Vermeiden von bzw. die Verschiebung der Kriegsentscheidung. Dieses Resultat war im Endergebnis eine Spiegelung der objektiven Lage und der Interessen der Monarchie.

Indessen hatte sich zu diesem krisenhaften Zeitpunkt der Schwerpunkt der außenpolitischen Entscheidungen innerhalb des Zweibundes nach Berlin verlagert. So geriet dann die schwankende und inkonsequente Außenpolitik der Monarchie unter den Einfluß Berlins. In Berlin jedoch beurteilte man die Lage und auch die die Monarchie direkt berührenden Konflikte auf dem Balkan unter dem Aspekt eines allgemeinen Kontinentalkrieges, durch den die deutsche Hegemonie auf dem Kontinent errichtet werden sollte. Dementsprechend waren die Stellungnahmen Berlins – am Höhepunkt der Annexionskrise, dann bei der Tripoliskrise und den Balkankriegen: „Rückpfiff" des Kriegsbegehrens; in der Krise vom Oktober 1913: „Blankoscheck" für den Krieg; in der Julikrise: „Jetzt oder nie". „Es war schon gegen die Interessen des Habsburgerreiches gewesen", stellt Fritz Fellner fest, „daß die deutsche Regierung im Juli 1914 den Balkankonflikt einem Kontinentalkrieg untergeordnet hatte."[72]

Die Entscheidung der Monarchie für einen Krieg gegen Serbien war also nicht das unumgängliche Endresultat des nach 1908 entwickelten widersprüchlichen und schwankenden Kurses der Führung, sondern eher gerade ein Bruch mit dieser Politik: ein auf den deutschen Verbündeten bauendes Vabanquespiel. Darüber war sich im übrigen auch die Führung, zumindest teilweise, mehr oder weniger im klaren.

Krieg und Zerfall

Der im Sommer 1914 ausgebrochene und mehr als vier Jahre dauernde Krieg hat ein neues Kapitel in der Geschichte der Kriege eröffnet. Nicht nur dadurch, daß er im geographischen Sinne ausgedehnter war als alle zuvor und mit Waffen weit größerer Vernichtungskraft geführt worden ist. Sondern vor allem deshalb, weil er zu einem „totalen" Krieg wurde: Unter den neuen taktischen und strategischen Bedingungen des militärischen Kampfes war der Sieg aber nur mit einem Krieg zu erlangen, der zum totalen entwickelt worden war.

Als allgemeine Formel für frühere Kriege hatte gegolten, daß in Friedenszeiten aufgestellte, ausgerüstete und ausgebildete Truppen in den Kampf geschickt wurden und deren Kraft, Ausdauer, das Niveau der Führung und in gewissem Ausmaß der Nachschub den Ausgang des Krieges bestimmten.

Im Kampf, der im Sommer 1914 begann, sollten ganz andere Gesetzmäßigkeiten zum Tragen kommen. Vor allem deshalb, weil ein völlig neues taktisches Moment ins Spiel kam: War die Verteidigung im erforderlichen Ausmaß mit modernen Verteidigungswaffen, in erster Linie mit Maschinengewehren, ausgerüstet, war sie gegenüber der angreifenden Infanterie oder Kavallerie im Vorteil. Der Angreifer konnte die Stellungen der entsprechend ausgerüsteten Verteidigung im befestigten Schützengraben nur um den Preis sehr hoher Opfer und mehrfacher Übermacht durchbrechen. Wurde jedoch etwas weiter zurück eine neue Verteidigungslinie gebildet, hatte der Angreifer mit dem Durchbruch nicht viel erreicht, weil er das Ganze wieder von vorne beginnen mußte. Die Verteidigung konnte somit nur unter Aufbietung immer größerer Feuerkraft und Infanteriestärken durchbrochen werden, wofür eine mehrfache Kräfteüberlegenheit gesichert sein mußte. Um einen Sieg zu erreichen, war auch die Aufbietung aller Kräfte des Hinterlandes erforderlich. Damit bestimmte eine völlig neue Gesetzmäßigkeit die Strategie des Ersten Weltkrieges: Der Sieg war – wenn ausschließlich militärische Mittel eingesetzt wurden, die Möglichkeit einer politischen Einigung ausgeschlossen war – nur auf dem Wege der völligen Aufreibung der Kräfte des Gegners oder dann möglich, wenn der Gegner schon nicht mehr imstande war, Widerstand zu leisten, der eine starke Verteidigung auch gegen eine Übermacht aufrechterhalten kann. Dies setzte einen langjährigen Kampf und die äußerste Anspannung aller Kräfte voraus.[1]

Der Krieg, der kein Ende nehmen wollte und sich dabei zum totalen Krieg auswuchs – was eine Überraschung war, hatten doch weder die Generäle noch die Politiker mit einem derartigen Kampf gerechnet –, ließ eine Katastrophe für die

Habsburgermonarchie ahnen, quasi unabhängig davon, ob der Krieg mit einer Niederlage oder einem Sieg, genauer mit einem deutschen Sieg endete. Dieser Krieg kehrte nämlich jenen Prozeß in sein Gegenteil um, der für die Monarchie in der Zeit des Dualismus charakteristisch gewesen war: die Intensivierung der Integrationstendenz trotz der Präsenz einer Desintegrationstendenz. Der Krieg verstärkte die Desintegrationstendenz in einem solchen Maße, daß sie zum beherrschenden, entscheidenden Faktor wurde.[2]

Während des Krieges traten immer stärker negative Phänomene in Erscheinung und beeinflußten die inneren Prozesse. Dies zeigte sich besonders prägnant in der Militarisierung des innenpolitischen Lebens und der staatlich-politischen Sphäre allgemein als der Antwort der Führung auf die größer werdenden innenpolitischen Schwierigkeiten und die sich vertiefende politische Krise. Wie in jedem kriegführenden Land wurde auch in der Monarchie das neue Paradigma manifest: „Das Ein- und Übergreifen der bewaffneten Macht in die Zone der Staatsgewalt, Aufmarsch des Militärs in Richtung Politik."[3] Dies sollte sich für das dualistische Reich mit seinen vielen Nationalitäten und seinen widersprüchlichen Integrations- und Desintegrationstendenzen als verhängnisvoll erweisen.

Während des Krieges erhielten die nationalen Fragen, wie wir sehen werden, eine ganz andere Bedeutung, als sie vor dem Krieg gehabt hatten. Der Wandel im Verhältnis der einzelnen Nationalitäten zu dem militarisierten Staat wies bereits in Richtung Zerfall. Die Dominanz der Desintegrationstendenz wurde für die internen Prozesse während des Krieges charakteristisch und wäre es auch dann geblieben, hätte ein deutscher Sieg den endgültigen Zerfall der Monarchie verhindert. Der Krieg endete aber mit der Niederlage Deutschlands und dem totalen militärischen Zusammenbruch der Habsburgermonarchie, und damit waren auch die letzten internen Kohäsionskräfte der Monarchie verloren.

Während des Krieges und infolge des Ausgangs des Krieges änderten sich auch die außenpolitischen Bedingungen für die Integration der kleinen mittel- und südosteuropäischen Völker. Wie oben ausgeführt, war zur Entstehungszeit des Dualismus und danach die Zusammenfassung der kleinen Völker dieses Raumes in einem größeren Reichsverband wegen der Gefahren, die von den beiden großen Nachbarn, dem zaristischen Rußland und dem kaiserlichen Deutschland, ausgingen, ein wichtiges Erfordernis. Bei Kriegsende durchlief Rußland eine innere revolutionäre Umgestaltung, das kaiserliche Deutschland wiederum erlitt eine Niederlage. Das Überhandnehmen der inneren Desintegrationstendenzen in der Habsburgermonarchie und die gleichzeitige Veränderung der internationalen Bedingungen durch den Ausfall des zaristischen Rußland und des kaiserlichen Deutschland als Expansionsfaktoren wurden zu den wichtigsten Determinanten des Zerfalls der heterogenen Donaumonarchie.

Die inneren und äußeren Umstände, die den Zusammenbruch der Monarchie verursachten, entwickelten sich sukzessive während des vierjährigen Krieges, und sukzessive richtete sich auch die Kriegszielpolitik der Entente-Mächte daran aus.

DIE SERBISCHE UND DIE UKRAINISCHE NATIONALE FRAGE UND DER „AUSNAHMEZUSTAND“

Der Krieg leitete bereits in den ersten Monaten, als noch beide kriegführenden Seiten, d. h. auf der einen die drei großen Entente-Mächte sowie Belgien und Serbien, auf der anderen Seite der Zweibund, mit einem kurzen Kampf rechneten, einen grundlegenden Wandel in den inneren nationalen Verhältnissen der dualistischen Habsburgermonarchie ein. Die militärische Führung der mit Rußland und Serbien im Kriegszustand befindlichen Monarchie behandelte die eigene ukrainische und serbische Bevölkerung wie einen Feind, weil sie von deren Verbundenheit mit dem gegnerischen Rußland und Serbien ausging. Der bisherige Hegemonialanspruch, der die Entwicklung der untergeordneten Nationalitäten wohl beschränkt, aber nicht erstickt hatte, wurde von härtester, ja lebensbedrohender Unterdrükkung abgelöst. Die formale Grundlage hierzu lieferte das für den Kriegsfall geltende Ausnahmegesetz.

Im Zuge der – nach der Jahrhundertwende beschleunigten – Aufrüstung und Kriegsvorbereitung trafen die Regierungen aller europäischen Mächte Vorkehrungen dafür, im Kriegsfall jeweils auch das Hinterland in den Dienst der Kriegsinteressen zu stellen. Für einen kurzen, einige Wochen oder Monate dauernden Krieg geplant, erwiesen sich diese Maßnahmen später, als sich der Krieg in die Länge zog, als unzureichende Anfangsschritte. Daß und in welche Richtung die staatlichen Funktionen im Krieg modifiziert würden, zeigten bereits die Kriegsvorbereitungen an. Hierbei lassen sich zwei Grundtypen von geplanten Änderungen feststellen. Die eine Lösung suchte die speziellen Kriegsfunktionen des Staates in der Weise sicherzustellen, daß ein – im Verlaufe des Krieges immer größer werdender – Teil des Zuständigkeitsbereiches der zivilen Regierung der militärischen Führung überlassen wurde. Solche Maßnahmen wurden in Deutschland gesetzt, und die immer stärkere Einmischung der militärischen Führung in die Zivilregierung führte bei Kriegsende quasi zu einer Militärdiktatur. Das beste Beispiel für den zweiten Grundtyp bietet die britische Lösung. In Großbritannien wurden die während des Krieges immer ausgedehnteren Funktionen des Staates im vollen Ausmaß von der Regierung direkt ausgeübt, die sich bis zum Schluß auch die Befugnisse des Oberkommandos der britischen Armee vorbehielt. Wegen des komplizierten dualistischen Staatssystems repräsentierte Österreich-Ungarn auch auf diesem Gebiet eine besondere Variante. Während in der österreichischen Reichshälfte die Vorbereitungen eher dem deutschen Beispiel folgten, ähnelten die ungarischen vorbeugenden Maßnahmen der britischen Lösung. Mit Gültigkeit für die österreichische Hälfte des dualistischen Reiches war bereits 1869 ein Gesetz (Rgbl. 1869 Nr. 66) geschaffen worden, das „im Falle eines Krieges, sowie wenn der Ausbruch kriegerischer Unternehmungen unmittelbar bevorsteht, dann im Falle innerer Unruhen“ die Regierung ermächtigte, die im Grundgesetz 1867 Nr. 142 gesicherten staatsbürgerlichen Rechte aufzuheben.[4] Ein weiteres Gesetz von 1873 ermächtigte die Regierung für den ähnlichen Fall zur Aufhebung der Schwurgerichtsbarkeit. In detaillierten Verordnungen wurde für Österreich außerdem die Verwendung der Armee im Inneren festgelegt (Militärassistenz).[5]

Wegen der zunehmenden Schwierigkeiten Österreich-Ungarns auf dem Balkan und insbesondere wegen des immer gespannteren Verhältnisses zu Serbien arbeiteten die österreichische Regierung und Militärführung, mit der Möglichkeit eines bewaffneten Konfliktes rechnend, 1906 auch die Ausnahmeverordnungen aus, die im Kriegsfall in der österreichischen Reichshälfte in Kraft treten sollten. Sie wurden in einer geheimen Drucksache (mit der Bezeichnung J-25) zusammengefaßt und den Zuständigen übermittelt („Orientierungsbehelf über Ausnahmeverfügungen im Kriegsfalle für die im Reichsrathe vertretenen Königreiche und Länder"). Später, 1909 und dann 1912, wurden sie überarbeitet und ergänzt.[6] Parallel dazu kam es zu einer Gesetzesnovellierung: Der Reichsrat verabschiedete Anfang 1913 ein gegenüber dem früheren umfassenderes Gesetz über den im Kriegsfall eintretenden Ausnahmezustand. So zeigte die österreichische vorkehrende Regelung des Ausnahmezustands eine gewisse Dualität. Einerseits ermächtigten Gesetze die Regierung zu außerordentlichen Maßnahmen im Kriegsfall (Gesetze von 1869, 1873, 1913), andererseits wurden geheime Vereinbarungen zwischen der militärischen Führung und der Regierung über die Ausweitung militärischer Machtkompetenzen in der Zivilverwaltung im Kriegsfall getroffen. Diese Verordnungen traten in Österreich 1914, bei Kriegsausbruch, in Kraft. Zum Kernbestand der österreichischen Regelung des Ausnahmezustands gehörte, daß im Kriegsfall ein Gutteil der in den Bereich der Zivilverwaltung fallenden Obliegenheiten einem speziell dafür einzusetzenden Organ, dem „Kriegsüberwachungsamt", übertragen wurde, das unter der Ägide des Armeeoberkommandos fungierte und unter militärischer Leitung stand. Im Krieg übernahm also das Militär einen Teil der zivilen Verwaltung bzw. ihrer Befugnisse.[7] Teil I des „Orientierungsbehelfs" befaßte sich mit der Aufstellung und Organisation des „Kriegsüberwachungsamtes", Teil II enthielt die zur Einführung des neuen Systems erforderlichen, im Vorwege ausgearbeiteten Verordnungen.

Nach der Fertigstellung des „Orientierungsbehelfs" brachte der gemeinsame Kriegsminister beim ungarischen Ministerpräsidenten vor, es wäre wünschenswert, wenn auch für Ungarn ein ähnliches System von Ausnahmeregelungen für den Kriegsfall ausgearbeitet werden könnte.

Die ungarische Regierung hielt wie der gemeinsame Kriegsminister die juristische Vorbereitung der für den Kriegsfall erforderlichen Ausnahmemaßnahmen für wichtig und notwendig, stellte sich aber die Regelung des Ausnahmezustands in Ungarn anders als das österreichische System vor und fertigte eine dementsprechende Vorlage an: Im Ausnahmezustand wird die Macht in Ungarn von einer zivilen Behörde ausgeübt werden, d. h. die ungarische Regierung soll zu „militärischer" Verfahrensweise in der zivilen Verwaltung berechtigt sein. Hierzu ernennt die Regierung Regierungskommissare, die dann im Verein mit den in Ungarn stationierten Befehlshabern des gemeinsamen Heeres die erforderlichen Maßnahmen ergreifen. Das Wesentliche war hiernach eine darauf hinauslaufende Kompetenzerweiterung der Regierung, im Kriegsfall in zivilen Angelegenheiten nach „militärischen" Methoden verfahren zu können.[8]

Artikel I des ungarischen Gesetzes „Über die Ausnahmemaßnahmen im Kriegsfall" (Corpus Juris Gesetzartikel LXIII/1912) bestimmte Art und Ausmaß der Macht im Ausnahmezustand: „In Kriegszeiten, wenn erforderlich, auch schon im Fall wegen drohender Kriegsgefahr angeordneter militärischer Vorbereitungen, kann das Ministerium bei Verantwortung aller seiner Mitglieder die in diesem Gesetz festgelegte Ausnahmemacht im erforderlichen Maß in Anspruch nehmen" (§1). Das Gesetz verpflichtet die Regierung, die Ausnahmemaßnahmen in Form von Verordnungen zu erlassen und zu veröffentlichen. Diese Verordnungen sind nachträglich dem Reichstag vorzulegen (§2). Nach dem Gesetz kann die Regierung Regierungskommissare zur Durchführung der ordentlichen Verwaltungs- wie der Ausnahmemaßnahmen ernennen. Die Regierungskommissare können Einheiten der Gendarmerie, der Polizei und der Grenztruppen auch zu Diensten in Anspruch nehmen, „die außerhalb ihres ordentlichen Tätigkeitsbereichs liegen" (§4). Die Regierung kann die Beschlüsse der Selbstverwaltungsorgane annullieren (§5). Sie kann die Tätigkeit jeder Vereinigung beschränken oder aufheben und Versammlungen politischen Charakters verbieten (§§9, 10), die vorläufige Pressezensur anordnen (§11), das Standrecht einführen (§12) und den Kreis derer erweitern, die unter die Militärgerichtsbarkeit fallen (§14).

Im wesentlichen sahen also die österreichische und die ungarische Regelung des Ausnahmezustands eine ähnliche Beschränkung der staatsbürgerlichen Rechte im Kriegsfall vor. Der Unterschied bestand darin, daß nach dem österreichischen System das Militär auch dem zivilen Staatsbürger gegenüber unmittelbar als „beschränkender Faktor" in Erscheinung trat, während im ungarischen System der Regierungsapparat diese Rolle einnahm.

Die österreichische Regierung verkündete am 25. Juli 1914 auf der Grundlage des Gesetzes von 1869 die Aufhebung der im Grundgesetz festgelegten staatsbürgerlichen Rechte. Der Reichsrat hatte seit dem Frühjahr nicht mehr getagt – er wurde auch in den ersten Kriegsjahren nicht einberufen –, und die Gesetzgebung wurde durch kaiserliche Verordnungen ersetzt. So verkündete am 31. Juli eine kaiserliche Verordnung mit Gesetzeskraft, daß die Verwaltung in Galizien und der Bukowina sowie in einem Teil Schlesiens und Mährens dem Armeeoberkommando unterstellt wird.[9]

Da am 25. Juli 1914 abends der Befehl zur Teilmobilmachung gegen Serbien erlassen worden war, wurde es auch der ungarischen Regierung möglich, von den Bestimmungen des Ausnahmezustands Gebrauch zu machen.

Der bei Kriegsausbruch in Kraft tretende Ausnahmezustand erschwerte die Lebensbedingungen der Zivilbevölkerung in den ersten Monaten vor allem in zwei Gebieten außerordentlich: im Hinterland des Aufmarsches gegen Rußland (also im östlichen, von Ukrainern bewohnten Gebiet Galiziens sowie im nordöstlichen Teil Ungarns, in der Karpato-Ukraine) und in den auch von Serben bewohnten südlichen und südöstlichen Gebieten (in den Ländern Bosnien und Herzegowina bzw. im östlichen Teil Kroatiens und im südlichen Teil Ungarns). In Galizien und in Bosnien-Herzegowina übernahm gemäß dem österreichischen Ausnahmezustandsgesetz das Armeeoberkommando die zivilen Verwaltungsbefugnisse. In Ungarn – in der Karpato-Ukraine und in den südlichen Teilen – und in Kroatien hingegen wurde der Zuständigkeitsbereich der ungarischen Regierung ausgedehnt. Wenn letzteres auch eine etwas mildere Vorgehensweise darstellte, bestand doch kaum ein wesentlicher Unterschied; auf der ukrainischen wie auf der serbischen Bevölkerung lastete zu Beginn des Krieges starker Terror.

Nachdem sich die Lage der ukrainischen und serbischen Bevölkerung Österreich-Ungarns so bereits in den ersten Kriegsmonaten entscheidend verändert hatte, wandelte sich auch ihr Verhältnis zum Staat grundlegend. Die serbische und die ukrainische Nationalitätenfrage wurde eigentlich zu einer Funktion des Krieges – das Verhältnis dieser Nationalitäten zum Staat hing nun vom Ausgang des Krieges ab. Wenn auch – wie wir sehen werden – zu diesem Zeitpunkt in der Kriegszielpolitik der Entente noch keine einheitlichen Vereinbarungen zwischen den verbündeten Staaten zustande gekommen waren, hatte Rußland bereits eines seiner Kriegsziele formuliert: die Schaffung einer ukrainischen Einheit im Rahmen des zaristischen Reiches. Das Empfinden der ukrainischen Bevölkerung bzw. die Art und Weise, wie die österreichisch-ungarischen militärischen und zivilen Behörden die ukrainische Bevölkerung behandelten, standen diesem Ziel nicht entgegen. Ebenfalls schon zu Beginn des Krieges hatte die serbische Regierung bzw. deren Chef, Pašić, ihr auf die Vereinigung der Südslawen gerichtetes Kriegsziel formuliert. In den Mittelpunkt stellte sie die Einigung der Serben, einschließlich des Anschlusses von Bosnien-Herzegowina und der von Serben bewohnten südlichen Gebiete Ungarns. Obgleich die Entente dies als Kriegsziel noch nicht gutgeheißen hatte, fühlte sich die serbische Bevölkerung Bosnien-Herzegowinas bzw. Ungarns und Kroatiens mit Serbien verbunden. Die feindselige Behandlung, die ihr nach Kriegsausbruch von seiten der österreichisch-ungarischen Behörden zuteil wurde, bestärkte sie nur noch in dieser Einstellung.

Zusammenfassend kann also festgestellt werden, daß in der ukrainischen und serbischen Nationalitätenfrage bereits bei Kriegsbeginn eine Wende eintrat. Der Wunsch, sich von Österreich-Ungarn lostrennen zu wollen, wurde dominierend. Dessen Verwirklichung hing freilich vom Kriegsausgang ab. Redlich stellt zu Recht fest: „Dort wo zum Beispiel wie in Ostgalizien, aber auch in Krain und anderen slowenischen Gebieten sowie in den italienischen Distrikten die politische Aktion der Armeeleitung gegen die der unpatriotischen Haltung und des Einverständnisses mit dem Feinde geziehene Geistlichkeit und Intelligenz der nichtdeutschen Völker rücksichtslos vorging, wurde dadurch erst recht die innere Abwendung der bäuerlichen Massen von dem Kriege, damit aber auch von dem österreichischen Gesamtstaatsgedanken herbeigeführt.“[10] Die Vorgehensweise der ungarischen Regierung in den von Nationalitäten bewohnten Gebieten erzielte – auch wenn sie im Vergleich zum Verfahren der Militärführung etwas gemäßigter war – das gleiche Ergebnis.

DIE ITALIENISCHE UND DIE RUMÄNISCHE FRAGE IN DEN ERSTEN KRIEGSJAHREN

Im weiteren Verlauf des Krieges traten ähnliche Veränderungen auch in der italienischen und der rumänischen Nationalitätenfrage ein.

Unter den Nationalitäten der Habsburgermonarchie war die Irredenta bei den Italienern immer am stärksten vertreten. Sie kam – wenngleich gebremst – selbst dann zur Geltung, als Italien Mitglied des Dreibundes und zum Verbündeten Österreich-Ungarns wurde. Die italienische Bevölkerung Tirols und der Küstenländer von etwa einer Dreiviertelmillion war niemals austrophil orientiert. Sie dachte, ähnlich wie die Lombardei und Venetien würden auch die übrigen von Italienern bewohnten Gebiete früher oder später von der Habsburgermonarchie abgetrennt und mit Italien vereinigt. Mit Kriegsausbruch schien sowohl der italienischen Bevölkerung der Monarchie als auch den Lenkern der Politik Italiens die Zeit für diese Vereinigung gekommen und eine solche ohne militärischen Zusammenstoß zwischen Italien und der Monarchie auch bei Wahrung der Neutralität Italiens realisierbar.

Die deutsche und die österreichisch-ungarische Regierung nahmen die italienische Neutralität zur Kenntnis und betrachteten den Dreibund als nicht aufgelöst. Unverändert blieb deshalb auch dessen Artikel VII gültig. Ihren konkreten Anspruch auf Rekompensation meldete die italienische Regierung nach der Neutralitätserklärung an, zunächst in nichtoffizieller Form über Bukarester Diplomaten. Als Rekompensation für den Gebietsgewinn der Monarchie auf dem Balkan forderte Italien die Überlassung eines Teils von Südtirol, des Trentino. Die Deutschen gaben der Monarchie die Empfehlung, die Forderung zu akzeptieren, und verheimlichten dies auch nicht gegenüber Rom. Der österreichisch-ungarische gemeinsame Ministerrat erörterte die italienische Forderung am 8. August. Sämtliche Teilnehmer sprachen sich dagegen aus. Der Beschluß lautete, die Forderung zunächst nicht offen abzulehnen und weiter unverbindliche Verhandlungen zu führen.

Italien versuchte nicht nur, von Österreich ohne Krieg die italienisch besiedelten Gebiete zu erlangen, sondern unternahm auch einen Anlauf, aus der neutralen Position heraus seine Ziele auf dem Balkan zu verwirklichen. Es gab seiner Politik dadurch größeres Gewicht, daß es am 23. September eine Vereinbarung mit Rumänien über die gegenseitige Abstimmung der Politik gegenüber beiden kriegführenden Lagern abschloß.[11]

Italien nutzte den zweiten Versuch der Monarchie, in Serbien einzudringen, und besetzte gleichzeitig den südlichen Teil Albaniens, Valona. Dies nahm die Monarchie, obgleich sie sich aus Serbien wieder zurückziehen mußte, notgedrungen zur Kenntnis. Im Dezember 1914 meldete die italienische Regierung trotz ihrer Neutralität ihren Anspruch auf das Trentino auch offiziell an. Ihre Forderung erstreckte sich infolge weiterer militärischer Niederlagen der Monarchie auf ganz Südtirol sowie auf die nördlichen Küstengebiete der Adria.

Während die italienische Regierung mit den Mittelmächten verhandelte, stand sie auch mit der Diplomatie der Entente in ständigem Kontakt. Über ihre Gesandten hatte sie schon zu Beginn des Krieges vor den Entente-Regierungen ihren Anspruch auf einzelne Gebiete der Monarchie und auf die östlichen Küstenländer der Adria erhoben.[12] Nach dem Tod von Außenminister San Giuliano am 16. Oktober und dem Amtsantritt seines Nachfolgers Sonnino verstärkte Italien seine diplomatischen Anstrengungen noch mehr. So entwickelte sich im ersten Kriegsjahr eine großangelegte diplomatische Offensive um Italien. Obgleich die Mitglieder des Dreibundes hinsichtlich der Rekompensationen auf dem Balkan mehr oder weniger eine Einigung erzielten und Italien Valona, den südlichen Teil Albaniens, in Besitz nahm, kam es hinsichtlich der Übergabe der zu Österreich gehörenden italienischen Gebiete zu keiner solchen.

Auf erneuten Druck der Deutschen hin und unter dem Eindruck der militärischen Mißerfolge begann Außenminister Graf Berchtold, der zu Beginn des Krieges gegenüber den italienischen Territorialansprüchen selbst einen ablehnenden Standpunkt eingenommen hatte, schwankend zu werden. Da er keine andere Möglichkeit sah, erwog er, die Neutralität Italiens und Rumäniens mit der Abtretung einiger Gebiete der Monarchie zu erlangen. In erster Linie dachte er an das Trentino, bezüglich Rumänien an einen Teil der Bukowina, bezog aber auch das gesamte Südtirol und Istrien bzw. hinsichtlich Rumänien das zu Ungarn gehörende Banat in seine Überlegungen ein.

Am 9. Januar schlug Berchtold dem Herrscher die Übergabe des Trentino vor, Franz Joseph lehnte jedoch ab.[13]

Die Mißerfolge der winterlichen Karpatenkämpfe zwangen die Führer der Monarchie, unter ihnen auch den Berchtold ablösenden neuen Außenminister Burián, zum Einigungsversuch mit Italien auf der Grundlage von Gebietsabtretungen. Am 8. März tagte der gemeinsame Ministerrat. Es wurde beschlossen, das Trentino zu übergeben, die Durchführung aber bis nach dem Krieg zu verschieben.[14] Nach den schweren Niederlagen der Monarchie war aber die italienische Regierung mit diesem Angebot nicht mehr zufrieden. Am 29. März verlangte sie die Übergabe von ganz Südtirol, ferner des Adriagebiets von der italienischen Grenze bis Triest und mehrerer dalmatinischer Inseln. Die Führer der Monarchie hielten die Forderungen als zu weitgehend, stimmten aber später doch einer Grenzkorrektur am Isonzo zu. Die italienische Politik hatte sich aber bereits auf andere Wege begeben.

Die italienische Regierung führte im April mit Vertretern der Entente-Regierungen in London Verhandlungen, als deren Ergebnis am 26. April ein Vertrag geschlossen wurde. Im Londoner Vertrag verpflichtete sich Italien zum Kriegseintritt innerhalb eines Monats. Dafür anerkannten die englische, französische und die russische Regierung das Recht Italiens auf ganz Südtirol bis zum Brenner, auf Triest und Umgebung, auf Görz und Istrien (§4), weiter auf Dalmatien bis zum Kap Planka mit den der österreichischen Küste vorgelagerten Inseln (§5), auf Valona sowie auf die Insel Sazan (§6). Der Vertrag erkannte das Protektorat Italiens über Albanien an (§7).[15]

Am 3. Mai kündigte die italienische Regierung den Dreibund auf. Vorläufig wartete sie noch mit der Kriegserklärung, aber dieser Schritt wurde im Lager der Mittelmächte, wo man den Londoner Vertrag noch nicht kannte, bereits als Auftakt einer bevorstehenden Kriegserklärung gewertet. Anfang Mai schien sich mit dem Durchbruch von Gorlice-Tarnów das Kriegsglück zu wenden, was aber keinerlei Wirkung auf Italien zeigte. Nun wurde am 4. Mai in Wien vergeblich entschieden, auch auf der Basis einer völligen Befriedigung der italienischen Forderungen zu verhandeln. Am 9. Mai wurde das, verglichen zu den früheren, sehr viel weitergehende Angebot unterbreitet, vermochte aber die Haltung Italiens nicht zu ändern.[16] Am 23. Mai 1915 übersandte die italienische Regierung der Monarchie die Kriegserklärung.

Im Kreise der rumänischen Bevölkerung von fast drei Millionen in Ungarn und einer Viertelmillion in der Bukowina wurde die Konzeption einer Lösung der nationalen Frage nach „italienischer Art“ vor dem Weltkrieg nur von kleinen isolierten Gruppen vertreten. Nach den Balkankriegen verstärkte sich diese Tendenz jedoch, und während der Kriegsjahre wurde sie vorherrschend. Rumäniens seit 1913 immer deutlicheres Abrücken vom Dreibund blieb nicht ohne Wirkung auf das Rumänentum in Ungarn und in der Bukowina.

Am 3. August 1914 gab die rumänische Regierung eine der italienischen ähnliche Neutralitätserklärung ab. Die Monarchie und ihre Verbündeten nahmen dies zur Kenntnis.[17] Das Problem der weiteren Neutralitätswahrung Rumäniens stellte sich – nach den ersten Mißerfolgen – bereits in den folgenden Wochen. Bündnisbeziehungen Rumäniens zu den Mittelmächten wurden in Bukarest ernsthaft in der Tat nur vom rumänischen König vertreten. Alle Richtungen machten die zukünftige Haltung Rumäniens von der Entwicklung der militärischen Lage abhängig.

Den Wandel in der Orientierung der Rumänen Siebenbürgens während des Weltkrieges von der Forderung nach nationaler Gleichberechtigung und Autonomie zur staatlichen Abtrennung markiert das Auftreten von Octavian Goga. Goga, ein rumänischer Dichter in Siebenbürgen und einer der Führer der Rumänischen Nationalen Partei, ging nach Kriegsausbruch nach Rumänien und verkündete im Namen der Siebenbürger Rumänen das Programm der staatlichen Vereinigung von Siebenbürgen und Rumänien. Die rumänische „Liga Culturala" erklärte sich auf einer außerordentlichen Generalversammlung im Dezember 1914 zur nationalen Organisation aller Rumänen und änderte ihren Namen in „Liga Nationala". Als ihr Hauptprogramm betrachtete sie die politische Vereinigung der Rumänen. In die neue Leitung wurden auch bei Kriegsausbruch nach Rumänien emigrierte Rumänen aus Siebenbürgen und der Bukowina gewählt. László Lucaciu (Lukács), Pfarrer der Gemeinde Lacfalu im Komitat Sathmar und bekannter Führer der rumänischen Bewegung Siebenbürgens, wurde zum Präsidenten des neuen Exekutivkomitees der Liga, Goga zum Kassenwart des Exekutivkomitees gewählt.[18]

Mit einem Kriegseintritt Rumäniens wurde nach den Mißerfolgen des ersten Kriegsjahres auch in Wien und Budapest gerechnet. Nachdem im zweiten Kriegsjahr zum Zeitpunkt der Erfolge diese Besorgnis abgeklungen war, bestand nach den Niederlagen im Sommer 1916 neuerlich die Befürchtung eines rumänischen Angriffes.

Die französische Regierung drängte insbesondere zur Zeit der Kämpfe bei Verdun auf den Kriegseintritt Rumäniens und bewog die russische Regierung zur maximalen Befriedigung der rumänischen Ansprüche. Die rumänische Regierung war sich damals bereits des Endsieges der Entente sicher, wollte aber nur zu einem Zeitpunkt in den Krieg eingreifen, zu dem keine temporäre Überlegenheit der deutschen Truppen in Südosteuropa zu befürchten war. Im Juni und Juli fanden direkte, geheime Verhandlungen mit der Entente statt, die bereits nachhaltig auf eine Entscheidung drängte.[19] Am 17. August 1916 schloß die rumänische Regierung einen geheimen Vertrag mit der Entente in Bukarest. Sie verpflichtete sich zu militärischem Angriff gegen die Monarchie bis Ende August und zum Abbruch der wirtschaftlichen Beziehungen zu Deutschland. Die vier Entente-Mächte wiederum anerkannten das Recht Rumäniens auf Siebenbürgen, die Bukowina und auf einen Teil des Banats. Der Vertrag stellte nicht nur die Annektierung der von Rumänen bewohnten Gebiete in Aussicht, sondern akzeptierte auch die über die nationale Einheit hinausgehenden territorialen Ansprüche. Man versicherte die rumänische Regierung der militärischen Unterstützung durch Rußland und versprach eine kraftvolle Aktion der Saloniki-Armee, um die Kräfte Bulgariens zu binden.[20]

Die rumänische Regierung begann noch Ende Juni mit der geheimen Mobilmachung und erklärte am 27. August der Monarchie den Krieg. Von den vier rumänischen Armeen mit mehr als 500 000 Soldaten marschierten drei – die 1., 2. und 4. Armee – mit 369 000 Soldaten in Siebenbürgen ein, und eine Armee bereitete sich auf die Verteidigung an der bulgarischen Grenze vor. Die Monarchie verfügte über keine Reserven und verteidigte sich anfangs mit ganzen 34 000 Mann und 76 Kanonen. So konnte der rumänische Angriff immer weiter vordringen.[21]

Die Monarchie, die schon den gleichzeitigen Angriff an der russischen und der italienischen Front nicht abzuwehren vermochte, konnte der Lage aus eigener Kraft nicht Herr werden. Die Deutschen gruppierten jedoch zwischenzeitlich ihre Kräfte um, konnten ab Ende August Hilfe schicken und so zusammen mit den österreichisch-ungarischen Truppen den rumänischen Vormarsch in Siebenbürgen aufhalten bzw. zurückschlagen.

Gleichzeitig griff die Mackensen-Armee von Bulgarien aus an und besetzte bis zum Jahresende einen großen Teil Rumäniens, einschließlich Bukarests.[22]

Das Geschehen auf den Kriegsschauplätzen in Siebenbürgen und Rumänien ging auf beiden Seiten mit schlimmen Atrozitäten einher und verlagerte auch die rumänische Nationalitätenfrage von der Politik weg mitten auf das Feld bewaffneter Auseinandersetzungen.

Nach der Kriegserklärung Rumäniens internierten die siebenbürgischen Behörden die bekannteren rumänischen politischen Persönlichkeiten Siebenbürgens im westlichen Teil des Landes.[23] Beim Einmarsch in den östlichen Teil Siebenbürgens wurde die rumänische Armee von den – teilweise ihrer politischen Führer beraubten – Siebenbürger Rumänen freundlich empfangen. In den besetzten Städten und Gemeinden stellten die rumänischen militärischen Befehlshaber die örtliche rumänische Intelligenz an die Spitze der Verwaltung. Die rumänische Armee wie die neue Verwaltung stützten sich auf die rumänische Bevölkerung. Die ungarische Bevölkerung flüchtete massenhaft vor der rumänischen Armee ins Landesinnere. Nicht selten kam es zu Übergriffen gegen die an Ort und Stelle verbliebene ungarische Bevölkerung.[24]

Als der Gegenangriff einsetzte und sich die rumänische Armee zurückzog, flüchtete die rumänische Bevölkerung Siebenbürgens in Massen nach Rumänien.[25]

Auf ihrem Rückzug führte die rumänische Armee Geiseln mit, um Vergeltungsmaßnahmen hintanzuhalten. Die Revancheaktionen ließen sich dadurch jedoch kaum eindämmen. Die siebenbürgische Oberstaatsanwaltschaft leitete massenhaft Kriegsgerichtsverfahren gegen die rumänischen Bewohner wegen ihres Verhaltens während der Besetzung ein.[26]

So wurde das Nationalitätenproblem in Siebenbürgen – nach jahrzehntelangem Vorspiel – durch das Kriegsgeschehen und seine Begleitumstände endgültig vergiftet. Ab 1917 ließ sich seine weitere Entwicklung überhaupt nicht mehr mit politischen Mitteln steuern, sondern hing ausschließlich vom Ausgang des Krieges ab.

DIE WENDE IN DER TSCHECHISCHEN UND SLOWAKISCHEN, IN DER KROATISCHEN UND SLOWENISCHEN NATIONALEN FRAGE

Schon in der ersten Phase des Krieges, zwischen 1914 und 1916, ist eine Wende in der serbischen, ukrainischen, italienischen und rumänischen Nationalitätenfrage festzustellen. Die Forderungen dieser Nationalitäten, die noch vor dem Krieg politisch behandelt werden konnten und sich mehr oder weniger im Rahmen interner Strukturveränderungen der Habsburgermonarchie gehalten hatten, orientierten sich nun bereits an der Niederlage und dem Zerfall der Monarchie. Im Jahr 1917 trat ein ähnlicher Wandel auch in der tschechischen und slowakischen bzw. in der kroatischen und slowenischen nationalen Frage ein. Im wesentlichen war das Bestreben der betroffenen Nationalitäten damals noch darauf gerichtet, die tschecho-slowakische bzw. die südslawische staatliche Einheit im Zuge einer inneren Umgestaltung der Monarchie zu verwirklichen, bei der diese Staatseinheiten den gleichen Status erhalten sollten wie alle anderen Staatseinheiten innerhalb der Monarchie. Eine klare Verneinung des Dualismus also, aber vorläufig in der Form einer inneren föderativen Umgestaltung!

Die tschechische Bewegung trat bereits bei der Gründung des „Tschechischen Bundes" im November 1916 offen mit diesem Programm auf. Im Bund sammelten sich alle tschechischen Parteien, darunter auch die sozialdemokratische Partei, auf nationaler Grundlage. Die zum Tschechischen Bund gehörenden tschechischen Abgeordneten forderten auf der Sitzung des Reichsrates am 29. Mai 1917 die föderative Umgestaltung der Monarchie in gleichberechtigte Teilstaaten, deren einen die Länder der böhmischen Krone im Verein mit der Slowakei bilden sollten.[27]

Ähnlich hierzu forderte auch der südslawische Klub des österreichischen Abgeordnetenhauses die staatliche Einigung der in der Monarchie lebenden Südslawen – Slowenen, Kroaten und Serben – und deren Gleichstellung mit allen anderen Staatselementen innerhalb des Reiches. Die diesbezügliche Erklärung wurde von den slowenischen Abgeordneten am 30. Mai dem Reichsrat unterbreitet.[28] Das Programm der tschecho-slowakischen und der südslawischen Einheit im Rahmen der Monarchie war damit offen formuliert. Es sollte 1918 zu einem Programm werden, das nur mehr durch die Auflösung der Monarchie zu verwirklichen war.

Um ihre Bewegungen abzuwehren, machte die Wiener Regierung Ende 1916 und Anfang 1917 den Nationalitäten Zugeständnisse, aber gleichzeitig versuchte sie auch mit der Stärkung des österreichischen Zentralismus (die „Neuordnung" der Regierung Clam-Martinic) einen Ausweg zu finden. Dieser Versuch mißglückte jedoch, und die im Juni 1917 gebildete Regierung Seidler versprach eine Verfassungsreform, in deren Rahmen sie die Erfüllung der Nationalitätenforderungen in Aussicht stellte. Sie ließ die Neigung erkennen, auch am Dualismus nicht unbedingt festhalten zu wollen.[29]

In Ungarn stieß das mit dem Dualismus nicht zu vereinbarende Programm der tschecho-slowakischen und südslawischen Einheit innerhalb der Monarchie bei der Regierung wie der Führungsschicht auf Ablehnung. Trotz allen grundsätzlichen Beharrens auf dem Dualismus, verschloß man sich aber auch dort nicht völlig den südslawischen Einigungsbestrebungen.

Was die Bewegungen der tschechischen, slowakischen, kroatischen und slowenischen Nationalitäten betraf, standen der Monarchie Ende 1916 und Anfang 1917 noch gewisse politische Mittel zur Verfügung. Dies zeigte auch das Programm der Tschechen, die, solange noch damit zu rechnen war, daß Deutschland auch nach dem Krieg als Großmachtfaktor weiter bestehen würde, die Möglichkeit eines Bestandes in einem größeren Donaureich nicht völlig ignorieren konnten. Unter der Voraussetzung, daß die deutsche Großmacht bestehen blieb, konnte der Zerfall der Donaumonarchie mit der Konsequenz einhergehen, daß der selbständige Staat der Tschechen und Slowaken in die Abhängigkeit des stärkeren Nachbarn geriet.

Noch vorsichtiger war die polnische führende Schicht Galiziens in ihrer Politik um die Wende 1916/17. Unverändert mußte zu diesem Zeitpunkt noch immer mit der Macht des zaristischen Rußland und des kaiserlichen Deutschland gerechnet werden, und für die Einheit Polens gab es nur in der ferneren Zukunft Hoffnung.

Was die in der Monarchie lebenden Slowenen und Kroaten betraf, schien ihnen eine südslawische Einheit innerhalb der Monarchie immer noch vorteilhafter als eine unter der Hegemonie Serbiens. Ein Hegemonialanspruch Serbiens und dessen Durchsetzung stand aber mit hoher Wahrscheinlichkeit zu erwarten, wenn die südslawische Einheit dadurch zustande kam, daß sich die Slowenen und Kroaten von der Monarchie lossagten. Zu ähnlicher Vorsicht mahnte auch der Kriegseintritt Italiens, erstreckten sich doch die italienischen Forderungen auch auf von Slowenen und Kroaten bewohnte Gebiete.

In der ersten Hälfte des Jahres 1917 unternahm die höchste Führung der Habsburgermonarchie mehrere Versuche, einen Verständigungsfrieden herbeizuführen. Sollte zu diesem Zeitpunkt überhaupt die Möglichkeit eines solchen Friedens bestanden haben, dann nur unter der Voraussetzung, daß die Habsburgermonarchie nicht in der alten Größe erhalten blieb. Es war offenkundig, daß die von Ukrainern, Rumänen, Serben und Italienern bewohnten Gebiete abgetrennt werden würden. Dennoch, mit einer inneren Umstrukturierung unter Teilnahme der übrigen Nationalitäten war der Fortbestand des Donaureiches noch immer vorstellbar – vorausgesetzt, es gab überhaupt eine reale Chance für einen Verständigungsfrieden. Nach ihren im Januar 1917 formulierten Kriegszielen zu urteilen, rechnete die Entente – wie wir sehen werden – noch mit dieser Möglichkeit.

Die Entwicklungen nach 1917 wiesen aber bereits in die Richtung völligen Zerfalls. Die weiteren Kriegsanstrengungen zerrütteten die inneren Verhältnisse der dualistischen Habsburgermonarchie mehr und mehr; die Vorgänge im zaristischen Rußland und die starrsinnige Politik der deutschen Führung, die zur Alternative völliger Sieg oder völlige Niederlage nötigte, ließen erkennen, daß sich die Expansionskräfte der beiden Großmächte im Krieg erschöpft hatten. So schien ein weiterer Zusammenhalt und Fortbestand der heterogenen Habsburgermonarchie immer irrealer.

DIE ENTWICKLUNG DER ENTENTE-KRIEGSZIELE

Wie die Generalstäbe konzentrierte sich die politische Führung der drei großen Entente-Mächte in den ersten Kriegswochen, im August und in den ersten Septembertagen, völlig auf die militärischen Operationen. Die Frage nach den mit den Mitteln des Krieges erreichbaren politischen Zielen war in den Hintergrund gedrängt. Inmitten der schweren Kämpfe bestand aber die Notwendigkeit, daß sich die drei Mächte gegenseitig zusicherten, keinen Sonderfrieden abzuschließen. Die diesbezüglichen Verhandlungen begannen bereits in der ersten Augusthälfte. Die am 5. September geschlossene Vereinbarung wurde am 29. September als Deklaration von London veröffentlicht. Hierin verpflichteten sich die drei Regierungen, keinen Sonderfrieden zu schließen und die Friedensbedingungen für die Mittelmächte gemeinsam festzusetzen.[30]

Die Vereinbarung vom 5. September lief darauf hinaus, die Kriegsziele gegenüber Deutschland und Österreich-Ungarn in gegenseitiger Abstimmung der verbündeten Regierungen und damit einvernehmlich festzulegen, wollten sie doch auch die Friedensbedingungen gemeinsam stellen. In den Tagen nach Abschluß der Vereinbarung richtete sich die Aufmerksamkeit der Entente-Regierungen schon dadurch auf die Planung der politischen Kriegsziele, daß nach der Marneschlacht und dem Erfolg der russischen Armee in Galizien die Meinung Raum griff, die Schwelle zum militärischen Sieg bereits erreicht zu haben.

England erwartete vom Krieg mit Deutschland im Zuge seiner Herausforderung durch eine bereits über die zweitgrößte Flotte verfügende Macht, sein Weltreich zu bewahren und zu mehren und seine führende Rolle in der Welt zu behaupten und zu festigen. Deshalb wollte es Deutschland seiner Kolonien und seiner Marine entblößen. Das damit auf den Kontinent zurückgedrängte Deutsche Reich wünschte es aber darüber hinaus nicht zu schwächen, denn dieses bildete ein entsprechendes und notwendiges Gegengewicht zu Frankreich und Rußland. Da Österreich-Ungarn keine Kolonien und auch keine nennenswerte Flotte besaß, wollte die englische Politik eine Schwächung der Monarchie schon deshalb vermeiden, weil sie diese als eine unentbehrliche Komponente für die Bewahrung des kontinentalen Kräftegleichgewichts gegenüber Rußland betrachtete.

Die englische Regierung begründete ihren Kriegseintritt mit der Verteidigung der Unabhängigkeit Belgiens. In eine solche Verteidigung des Selbstbestimmungsrechtes der kleinen Nationen war aber darüber hinaus – obgleich diese Formel eine der wichtigsten Propagandaparolen war – höchstens noch Serbien einzubeziehen,[31] denn die Wiederherstellung der polnischen Unabhängigkeit war ursprünglich kein englischer Programmpunkt.[32] Die britische Politik unterstützte zu Beginn des Krieges jene Bestrebungen, die die polnische Frage in Form einer Autonomie innerhalb des zaristischen Reiches zu lösen suchten.[33]

Über die Bewahrung des kontinentalen Status quo entwickelte sich eine Debatte zwischen der englischen und der verbündeten französischen und russischen Regierung. Nachdem sich der Krieg jedoch immer mehr in die Länge zog, vermochte auch die englische Regierung ihren Standpunkt nicht länger aufrechtzuerhalten. Dazu sah sie sich auch durch die Wünsche der neuen Bündnispartner gezwungen. Im Frühjahr 1915 ließ sie sich auf die italienische nationale Einheit, im Sommer

1916 auf die rumänische verpflichten. Obgleich sie darüber hinaus schon von Anfang an auch mit der Abtrennung der polnischen Gebiete rechnete, war sie im Falle Österreich-Ungarns bestrebt, ihre ursprüngliche Politik fortzusetzen: nämlich die Monarchie von Deutschland zu trennen und mit ihr einen Sonderfrieden zu schließen. Im Rahmen dieser Konzeption sollte sie auch nach dem Krieg als bedeutsames Staatsgebilde einen organischen Teil des kontinentalen Mächtegleichgewichtes bilden.[34]

Im Zentrum der Kriegszielpolitik der französischen Regierung stand die grundlegende Schwächung Deutschlands. In ihren Programmen spielte auch die Erweiterung des Kolonialreiches eine Rolle, das Wichtigste jedoch war nicht nur ein Zurückdrängen Deutschlands auf den Kontinent, sondern die Diminution Deutschlands zu einer im Vergleich zu Frankreich zweitrangigen Macht. Für dieses Ziel mußte eine Beschränkung und Kontrolle der deutschen Industrie erreicht werden, da diese über ein größeres Potential als die französische verfügte. Es war klar, daß dieses Ziel mit der bloßen Rückgabe von Elsaß und Lothringen kaum zu erreichen war, wenn auch der Gewinn dieser Länder im Mittelpunkt der Kriegspropaganda stand. In den Planungen hinter den Kulissen tauchten bereits im Herbst 1914 weitreichendere Zielsetzungen auf. Der französische Gesandte in Petersburg, Paléologue, führte in seiner Besprechung mit dem Zaren am 21. November 1914 aus, daß die französische Regierung mit Elsaß und Lothringen allein nicht zufriedenzustellen wäre, sondern ihre Macht bis zum Rhein ausdehnen wolle. Dies wurde zum wichtigsten französischen Kriegsziel gegenüber Deutschland.[35]

Während die westeuropäischen Kriegsziele in den Plänen der französischen Politik eindeutig waren, blieben ihre osteuropäischen Pläne auch in den höchsten führenden Kreisen unklar – und dies nicht nur im Herbst 1914, sondern auch in den folgenden Jahren. Das größte Dilemma bildete das Problem, daß eine Schwächung Deutschlands auch an seinen östlichen Grenzen, obgleich vorteilhaft, nur auf eine Stärkung der Stellung Rußlands in Europa hinauslief. Dies lag aber schon nicht mehr im Interesse Frankreichs. In diesem Zusammenhang gestaltete sich auch die Planung gegenüber Österreich-Ungarn zu einem offenkundigen Dilemma. Die Monarchie als Bündnispartner Deutschlands zu schwächen war vorteilhaft, in erster Linie konnte aber Rußland einen Nutzen daraus ziehen, und dies mahnte erneut zur Vorsicht. Der russische Gesandte in Paris, Iswolski, meldete am 30. Oktober seiner Regierung, daß sich der französische Außenminister, Delcassé, über die Zukunft der österreichisch-ungarischen Monarchie besonders unbestimmt geäußert habe.[36] Die vagen Erklärungen des Außenministers resultierten mit großer Sicherheit nicht aus einer Vernebelungsabsicht, sondern aus der Unklarheit über die eigenen Zielsetzungen.

Mit zunehmender Dauer des Krieges entstand und verstärkte sich im Kreise der französischen Führung die Meinung, es gebe einen Ausweg aus dem Dilemma der Ostpolitik: Auf dem Balkan müßte eine starke Front gegen die Mittelmächte eröffnet und die slawischen Völker der Monarchie aufgewiegelt werden. Als Ergebnis eines dortigen Aufruhrs und eines militärischen Sieges könnte sich in diesem Raum eine französische Hegemonie herausbilden und der Einfluß der Deutschen in Osteuropa dementsprechend zurückgedrängt werden, ohne daß das zaristische

Rußland ihren Platz einnehmen würde. Diese Konzeption hatte einflußreiche Anhänger, so den Justizminister Briand (ab Oktober 1915 Ministerpräsident und Außenminister) und in Militärkreisen Franchet d'Esperey.

Das wichtigste Kriegsziel des zaristischen Rußland war die Erlangung der Meerengen; hierzu mußte nicht nur das Osmanische Reich, sondern der eigentliche Herr der Dardanellen und des Bosporus, der deutsche Imperialismus, zerbrochen werden. Wenn auch die Hauptziele des zaristischen Reiches nach Süden wiesen, waren seine osteuropäischen Pläne, die darauf abzielten, die kleinen slawischen Völker zu verteidigen, von nicht geringer Bedeutung.

Außenminister Sasonow erläuterte am 14. September 1914 gegenüber dem französischen und dem englischen Gesandten in Petersburg, Paléologue und Buchanan, zum ersten Mal die russischen Kriegsziele gegenüber Deutschland und der Monarchie. Zu ähnlichen Besprechungen kam es auch später. Sasonow hielt den Anschluß der zu Deutschland und der Monarchie gehörenden, von Polen bewohnten Gebiete an Rußland für erforderlich, ohne sich aber über deren künftigen Status zu äußern.[37]

Eine wichtige Rolle unter den Kriegszielen des zaristischen Rußland spielte die Schaffung der ukrainischen Einheit innerhalb des Reiches. Den überwiegenden Teil des beanspruchten Gebietes (Ostgalizien, Bukowina) hatte das zaristische Heer auch zu Beginn des Krieges erobert, später aber – zum Rückzug gezwungen – behielt es nur einen kleineren Streifen in Besitz.

Die zaristische Regierung wünschte auch eine beträchtliche Vergrößerung Serbiens: Sie plante den Anschluß Bosniens, der Herzegowina, Dalmatiens und Nordalbaniens an Serbien. Im Falle der Tschechen und Slowaken unterstützte sie die Union dieser beiden slawischen Nationen innerhalb der Monarchie und damit zugleich die trialistische Umgestaltung der dualistischen Monarchie.

In der Kombination der zaristischen russischen Kriegszielpolitik wäre die Monarchie also bestehen geblieben, aber nur als ein Schatten ihrer früheren Macht. Noch deutlicher zeigt dies die russische Zustimmung zu den Gebietswünschen Italiens, und ferner auch das Desinteresse der russischen Regierung an der Grenzfrage zwischen Ungarn und Rumänien zu Kriegsbeginn auch für den Fall der Neutralität Rumäniens. Im Sommer 1916 trat jedoch die russische Regierung als einer der Unterzeichner des Bukarester Vertrages für den Anschluß Siebenbürgens an Rumänien ein.

England, Frankreich und Rußland unternahmen zahlreiche Versuche, die Kriegsziele gegenüber Deutschland gegenseitig abzustimmen, aber nur mit geringem Erfolg. Die Pläne der drei Entente-Mächte bezüglich der Monarchie waren gegensätzlich, in der ersten Phase des Krieges schienen sie unvereinbar zu sein. Das zaristische Rußland wollte von Anfang an eine beträchtliche Schwächung und Verkleinerung der Monarchie, England und Frankreich waren dagegen, weil sie die von Deutschland abgetrennte Monarchie als bedeutende Kraft im Interesse des osteuropäischen Mächtegleichgewichtes erhalten wollten. Diese Politik der westlichen Entente-Staaten entsprach auch der öffentlichen Meinung: „Die öffentliche Meinung glaubte in den westlichen Staaten zu Beginn des Ersten Weltkrieges kaum an den nahen Untergang der österreichisch-ungarischen Monarchie“, schreibt der französische Historiker Droz. „Man war einerseits überzeugt, daß sie imstande wäre, das Nationalitätenproblem zu lösen, und daß es anderseits wünschenswert wäre, daß sie in ihrer damaligen Form ihren Platz in der europäischen Gemeinschaft behielte."[38] Je länger der Krieg andauerte, desto weniger verschloß sich Frankreich, das gegenüber Deutschland immer weitreichendere Ziele verfolgte, den Interessen des zaristischen Rußland gegenüber der Monarchie, um die Unterstützung Petersburgs zu gewinnen. Aber nicht nur davon war die Rede. Mit der Anerkennung der Forderungen der neuen Verbündeten und mit ihrem in der polnischen Frage entwickelten Standpunkt traten jetzt auch schon die Engländer und Franzosen für eine erhebliche Schwächung der Monarchie ein. Mit den Gebietsabtrennungen zugunsten Italiens und Rumäniens bzw. mit der Stärkung dieser Staaten erhoffte sich die englische und französische Regierung ein neues Gegengewicht zu Rußland. Die Kriegsziele der drei Entente-Mächte hinsichtlich der Monarchie näherten sich aneinander an, wenn auch die Motive im einzelnen unverändert voneinander abwichen.

Alle drei Entente-Mächte unterstützten die aus der Monarchie emigrierten Nationalitätenpolitiker, um mit deren Hilfe die militärische Widerstandsfähigkeit der Monarchie von innen heraus zu schwächen. Deren Programme, die eine Auflösung der Monarchie zum Ziel hatten, wurden aber lange Zeit von keiner Entente-Macht akzeptiert. Das Bündnis zwischen den Entente-Regierungen und den aus der Monarchie emigrierten Nationalitätenpolitikern bedeutete in der ersten Phase des Krieges nur insofern ein gemeinsames Ziel, als alle eine militärische Niederlage der Monarchie anstrebten. Aber in den Plänen für eine neue politische Ordnung vertraten die Nationalitätenpolitiker von Anfang an eine andere Konzeption.

Zu Kriegsbeginn emigrierten bekannte und angesehene Nationalitätenpolitiker (Tschechen, Slowaken, Kroaten, Slowenen, Rumänen aus Siebenbürgen, Italiener aus Fiume) aus Österreich-Ungarn und entwickelten und verkündeten ihre Programme im Ausland.

Unter den Emigrantenbewegungen besaß die Aktion der tschechischen Politiker die größte Bedeutung. Zwei hochangesehene Abgeordnete des böhmischen Landtages und des Wiener Reichsrates, Masaryk und Beneš, emigrierten (Masaryk im Herbst 1914, Beneš ein Jahr später) und begannen mit ihrer Propaganda für die Errichtung eines unabhängigen tschecho-slowakischen Staates. Wenn man auch darüber diskutieren konnte, ob der Rest, der nach Abtrennung der Nationalitätengebiete an den südlichen und östlichen Grenzen Österreich-Ungarns übrig blieb, noch für die Bildung eines lebensfähigen Staates ausreichte, so war es kaum strittig, daß die Abtrennung der Tschechen und Slowaken die völlige Auflösung bedeutete.[39] Im Februar 1916 wurde in Paris der Tschecho-Slowakische Nationalrat gegründet, den die führenden Kreise der Entente als Vertretung der tschechischen und slowakischen Nation betrachteten. Das bedeutete damals aber noch nicht die Annahme seines Programms, das auf die Bildung eines selbständigen Staates ausgerichtet war. Masaryk schreibt in seinen Memoiren über diese Periode, daß sich die Verbündeten nicht auf die völlige Zerstörung Österreich-Ungarns verpflichten lassen wollten.[40]

Die Kriegsziele der Entente-Mächte und der angeschlossenen Länder hatten sich Ende 1916 bereits herauskristallisiert, sie zu erreichen bot die Kriegslage einstweilen aber keine Möglichkeit. Zugleich mehrten sich die Anzeichen dafür, daß sich der Krieg immer mehr in die Länge zog und zu einer neuen Totalität auswuchs, was mit Konsequenzen verbunden sein konnte, die eine Verwirklichung der Kriegsziele unmöglich machten. Den Krieg zu beenden wurde deshalb eine immer dringlichere, wenn auch unlösbare Aufgabe. Obwohl beide kriegführenden Seiten die gesellschaftlichen Folgen des totalen Krieges fürchteten, glaubten sie doch an den Sieg und wollten den Krieg erst nach Verwirklichung ihrer Kriegsziele beenden. Diese Situation bot den Vereinigten Staaten die Möglichkeit, zwischen den Kriegsparteien zu vermitteln.

Die Führer der neutralen Vereinigten Staaten beschäftigte in der zweiten Hälfte 1916 immer mehr der Gedanke, den in Europa und auf den Meeren tobenden Krieg zu beenden. Die Vereinigten Staaten hatten ein Interesse an der Aufrechterhaltung des alten europäischen Gleichgewichts, das gefährdet war, je länger sich der Krieg hinzog. Ferner war die drohende Ausbreitung des deutschen U-Boot-Krieges in Rechnung zu stellen. Unter diesen Umständen schien es vom Standpunkt der Vereinigten Staaten am vorteilhaftesten, den Krieg ohne Sieger zu beenden. Wilson bot in seiner Rede am 27. Mai 1916 eine Vermittlung zwischen den kriegführenden Parteien und eine Garantie der nötigen Vereinbarungen an.[41] Auch danach, besonders Ende 1916, führte die Diplomatie der Vereinigten Staaten um Vermittlung bemühte Verhandlungen.

Am 18. Dezember richtete Wilson seine Note an alle kriegführenden Regierungen: Sie sollten mitteilen, unter welchen Bedingungen sie bereit wären, Friedensverhandlungen aufzunehmen. Die gemeinsame Antwortnote der Mittelmächte vom 26. Dezember wich der eigentlichen Beantwortung aus und berief sich darauf, daß die Festlegung des konkreten Angebots zu den direkten Verhandlungen der kriegführenden Parteien gehöre und daß die Mittelmächte ein solches Angebot bereits vorgelegt hätten.[42] Die Entente-Staaten schickten ihre Antworten Wilson am 12. Januar. Die wichtigsten Punkte ihrer Friedensbedingungen waren die folgenden: Die Mittelmächte müßten die Unabhängigkeit Belgiens, Serbiens und Montenegros wiederherstellen und diesen Ländern Schadenersatz leisten. Die im Krieg besetzten französischen, russischen und rumänischen Gebiete sind zu räumen und für die Besetzungen Reparationen zu zahlen. Das nationale Prinzip ist überall zu verwirklichen. Die in der Vergangenheit mit Gewalt bzw. gegen den Willen der Bevölkerung besetzten Länder sind zurückzugeben (dies bezog sich auf Elsaß-Lothringen). Die europäische Macht des osmanischen Staates hört auf zu bestehen. Hinsichtlich der Monarchie forderten sie die Befreiung der Italiener, Slawen, Rumänen und Tschecho-Slowaken von der Fremdherrschaft.[43]

Dies war die erste offizielle Formulierung der Kriegsziele der Entente gegenüber der Monarchie. Die Formulierung war ziemlich nebulos, ihre Verwirklichung auf mancherlei Weise vorstellbar. Zu diesem Zeitpunkt dachte man in den führenden Kreisen der Entente-Mächte an die Abtrennung beträchtlicher, peripher gelegener Gebiete, aber die Monarchie selbst hatte man noch nicht aufgegeben, da auf ihrem noch immer beträchtlichen Gebiet eine föderative Umgestaltung stattfinden sollte. Unter der Befreiung der Tschecho-Slowaken verstand man weniger die Errichtung eines selbständigen Staates als vielmehr die Sicherung eines gleichberechtigten Status innerhalb einer Föderation. Mehrere führende Entente-Politiker rechneten aber schon zu dieser Zeit – nach der großen Sommerniederlage der Monarchie und ihrer Rettung durch deutsche Hilfe – mit der Auflösung der Monarchie.[44]

Die italienischen, rumänischen und serbischen Politiker und die emigrierten Führer interpretierten die Antwortnote der Entente als gleichbedeutend mit der Auflösung der Monarchie.

Nach dem Scheitern seines Friedensvermittlungsversuchs hielt Wilson es für erforderlich, die amerikanischen Friedensziele zu konkretisieren. Seine Rede im Senat vom 22. Januar enthält in Grundzügen das ein Jahr später in 14 Punkten zusammengefaßte Programm. Die Konzeption Wilsons unterschied sich wesentlich von dem Programm der zwei Wochen alten Antwortnote der Entente. Einerseits drückte sie die eigenen, auch von der Entente-Gruppe abweichenden Interessen der Vereinigten Staaten klar aus, andererseits spiegelte sich in ihr die Auffassung wider, daß die Vereinigten Staaten stärker auf die allgemeinen Folgen und damit auf die drohenden Gefahren für die bürgerliche Gesellschaftsordnung achten sollten, die mit der Verlängerung des Krieges einhergingen. Die Hauptparole des Präsidenten – „peace without victory" – verdeutlicht am besten diese Politik.

Den Kriegseintritt der USA – kurz nach dieser Rede – und den ein Jahr später erfolgten Aufmarsch des amerikanischen Millionenheeres in Europa interpretiert ein Teil der historischen Literatur als unmittelbare Reaktion auf den uneingeschränkten U-Boot-Krieg. Auch die amtlichen amerikanischen Dokumente begründen damit den Kriegseintritt. Und obgleich es sich hier nicht um eine formale, sondern um eine tatsächliche Begründung handelt, kann diese für sich genommen zu Mißverständnissen führen. Sie käme etwa dem Fall gleich, als einzige Erklärung für den Kriegseintritt Englands die deutsche Verletzung der belgischen Neutralität zu akzeptieren. In seinen Memoiren weist auch Churchill auf umfassendere Zusammenhänge und tiefere Gründe im Falle der Vereinigten Staaten hin: „Either Russian endurance or German impatience was required to secure the entry of the United States, and both were forthcoming."*

Der uneingeschränkte U-Boot-Krieg erforderte an und für sich nicht die militärische Präsenz der Vereinigten Staaten auf den europäischen Kriegsschauplätzen. Ihre militärische Aufgabe wäre die Sicherung der Seetransporte durch Bekämpfung der U-Boot-Angriffe und durch Steigerung des Schiffbaus gewesen. Die russische Februarrevolution machte aber wahrscheinlich – wenn auch die Provisorische Regierung den Krieg fortführte –, daß die Ostfront der Mittelmächte früher oder später entlastet würde und sehr viel stärkere Kräfte die westliche, die italienische und die Balkanfront angreifen würden. Dies machte die amerikanische militärische Anwesenheit erforderlich. Die Bedeutung der sich der Seite der Entente anschließenden Vereinigten Staaten steigerte sich noch nach der russischen sozialistischen Revolution, nach den Friedensappellen und den darauf folgenden Sonderfriedensverhandlungen der Regierung Sowjetrußlands.

Wilson forderte damals, daß die kriegführenden Verbündeten ihre Kriegsziele neu formulierten und damit ein vom bisherigen abweichendes Programm, das auch mit dem sowjetrussischen Friedensprogramm vereinbar wäre. Er beauftragte Ende

* „Der Eintritt der Vereinigten Staaten hatte entweder russische Ausdauer oder deutsche Ungeduld benötigt – und beide standen bevor."[45]

1917 Oberst House mit der Aufgabe, in Zusammenarbeit mit den verbündeten Entente-Ländern ein solches Programm auszuarbeiten. Die Bemühungen des Obersts blieben jedoch ergebnislos. Der Herausgeber seiner Schriften, Seymour, schreibt: „Negatively the Mission was of equal historical importance, since by its very omissions it led to the Fourteen Points. Historians have often wondered why Wilson chose to make the speech of the Fourteen Points at the particular moment he selected. According to the evidence in the House Papers, it was because the American Mission failed to secure from the Inter-allied Conference the manifesto on war aims that might serve to hold Russia in the war and result in an effective diplomatic offensive against the Central Powers."*

Der Präsident der Vereinigten Staaten entschloß sich, nun selbst eine Plattform für die Kriegsziele anzubieten. Am 8. Januar 1918 hielt er eine Rede im Kongreß. Einleitend wies er auf die Verhandlungen von Brest-Litowsk hin und ermutigte die Regierung Sowjetrußlands, die expansiven Forderungen der Deutschen zurückzuweisen und den Krieg gegen sie fortzusetzen, wofür er Hilfe und Unterstützung versprach. Im weiteren formulierte er in 14 Punkten die von ihm angestrebten Ziele. Im 1. Punkt forderte er die Abschaffung der Geheimdiplomatie und offene Verhandlungen zwischen den Regierungen – damit etwas, was die sowjetrussische Delegation bei den Verhandlungen von Brest-Litowsk und mit der Veröffentlichung der Geheimverträge aus dem zaristischen Archiv eigentlich bereits verwirklicht hatte. Die Vereinigten Staaten als eine an den Geheimverträgen der Entente nicht beteiligte Macht stimmte hiermit überein. Im 2. Punkt vertrat Wilson die Freiheit der Seeschiffahrt, im 3. Punkt die Gleichheit des internationalen Handels und die Beseitigung der wirtschaftlichen Beschränkungen, im 5. Punkt die Beschränkung der Rechte der Kolonialregierungen. Im 4. Punkt formulierte er die Rüstungsreduzierung. Im 6. Punkt sprach er von der Räumung der russischen Gebiete und davon, daß Rußland über sein politisches System selbst entscheiden müsse. Er versprach die Hilfe der Vereinigten Staaten, was im Zusammenhang mit dem einleitenden Teil der Rede zu interpretieren ist, in der Wilson die Regierung Sowjetrußlands ermutigt hatte, den Krieg gegen Deutschland fortzusetzen. Die Punkte 7 und 8 hatten die Räumung Belgiens, Nordfrankreichs und Elsaß-Lothringens zum Ziel. Im 9. Punkt forderte der amerikanische Präsident die Korrektur der italienischen Grenzen auf der Grundlage des nationalen Prinzips, im 10. Punkt die autonome Entwicklung für die Völker Österreich-Ungarns, im 11. die Räumung Rumäniens, Serbiens und Montenegros, die Erlangung eines Zuganges zum Meer für Serbien und die Sicherung der Grenzen der Balkanstaaten entsprechend den Ethnien. Im 13. Punkt forderte er die Errichtung eines unabhängigen Polen mit Zugang zum Meer und im 14. Punkt die Gründung eines Völkerbundes.[47]

Diese Punkte zeigen, daß die Kriegsziele der Vereinigten Staaten gegenüber der Monarchie eine konkretere Form angenommen hatten. Der Ordnungsplan für

* „In negativem Sinne war die Mission von gleicher historischer Bedeutung, da sie gerade durch ihre Mängel zu den Vierzehn Punkten führte. Historiker haben sich oft gefragt, warum Wilson gerade den bestimmten Moment wählte, um seine Rede über die Vierzehn Punkte zu halten. Wie die Memoiren von House beweisen, geschah es deshalb, weil die amerikanische Mission von der interalliieten Konferenz keine öffentliche Erklärung über die Kriegsziele erhalten konnte, das Rußland im Krieg halten und zu einer effektiven diplomatischen Offensive gegen die Zentralmächte hätte führen können."[46]

Italien, Serbien, Rumänien und Polen bezog sich eindeutig auf das Staatsterritorium der Monarchie und setzte die Abtrennung von Gebietsteilen voraus. Wilsons Programm rechnete aber noch mit der Aufrechterhaltung der Vielvölkermonarchie, deren autonome Entwicklung sicherzustellen wäre. Auch Lansing, der an der Ausarbeitung der Punkte nicht beteiligt war und nur den fertigen Text mit modifizierenden Bemerkungen versah, bewertete ihn folgendermaßen: „The President... has indicated a purpose to preserve the Dual Monarchy intact". Der Außenminister neigte damals bereits dazu, ein System neuer Staaten zu akzeptieren, weil er meinte, „this is the only certain means of ending German power in Europe".* Wilsons Programm für die Monarchie machte sich auch die englische Regierung zu eigen. Auf den entscheidenden Punkt dieses Programmes weist der amerikanische Historiker Seymour hin: „In common with the leading statesmen of western Europe, he believed that the political union of Austro-Hungarian peoples was a necessity, and he seems to have felt that once freed from German domination, the Hapsburg Monarchy would prove a beneficial force... President Wilson in his speech of the Fourteen Points did not threaten the integrity of the Hapsburg Empire."**

Nach der Abwehr der deutschen Angriffe im Frühjahr 1918 war am militärischen Sieg der Entente nicht mehr zu zweifeln, obwohl die Ostfront bereits ausgefallen war und die letzten Kämpfe noch große Kraftanstrengung erforderten. Im Sommer 1918 befand sich die Entente bereits außerordentlich stark im Vorteil, aber noch mehr fiel ins Gewicht, daß die Deutschen ihre Kräfte nicht mehr zu steigern vermochten, vielmehr die Zahl der ausgehobenen Rekruten abnahm und eine Reduktion der Kriegsmaterialproduktion usw. einsetzte. Gleichzeitig stieg die Zahl der Soldaten der Alliierten und die Menge des ihr zur Verfügung stehenden Kriegsmaterials, und auch die Nachschuborganisation für ihre Heere verbesserte sich zunehmend. Der totale Krieg rückte in die Nähe seines Endstadiums.

Wenn auch die Überlegenheit der militärischen Kräfte und deren dynamische Steigerung im Sommer 1918 auf seiten der Alliierten außer Zweifel stand, war die Lage, wie sie sich bis dahin entwickelt hatte, auch aus der Sicht der Alliierten nicht unproblematisch. Die Alliierten wollten nämlich nicht nur einen vollständigen Sieg über den Gegner, sondern auch vermeiden, daß sich parallel zur Niederlage im gegnerischen Lager eine revolutionäre Krise, ähnlich der russischen Revolution, entwickelt. Der Krieg mußte nicht nur siegreich beendet werden, sondern zugleich auch die bürgerliche Ordnung sichern und konsolidieren. Dies machte die Lage der Mächte, die an der Schwelle des Sieges standen, äußerst kompliziert.

Anfang 1918 rechneten die führenden westlichen Mächte, insbesondere die Vereinigten Staaten und England, mit der Aufrechterhaltung der von Deutschland abgetrennten, geschwächten und umgestalteten Monarchie.[50] Dies spiegelte sich in

* „Der Präsident ... hat den Plan angedeutet, die Doppelmonarchie intakt zu erhalten." „... dies ist das einzig sichere Mittel, der deutschen Macht in Europa ein Ende zu setzen."[48]

** „In Einklang mit den führenden Staatsmännern Westeuropas meinte er, die politische Union der österreichisch-ungarischen Völker sei eine Notwendigkeit, und er scheint gedacht zu haben, daß die Habsburgermonarchie, einmal von der deutschen Dominanz befreit, sich als eine vorteilhafte Kraft erweisen würde ... In seiner Rede über die Vierzehn Punkte bedrohte Präsident Wilson nicht die Integrität des Habsburgerreiches."[49]

den Geheimverhandlungen über einen Sonderfrieden mit der Monarchie wider. Dem standen die offiziellen französischen Kreise allerdings auch schon damals reserviert gegenüber. Ende Frühjahr 1918 änderte sich dann aber ihre Politik gegenüber der Monarchie von Grund auf: Die Monarchie schien nicht mehr so stark zu sein, um nach dem Krieg der nationalen Spannungen Herr zu werden und die bürgerliche Gesellschaft zu konsolidieren sowie künftig die Rolle eines Gegengewichtes zu Rußland einerseits und Deutschland andererseits zu übernehmen. Die englische und französische Politik strebte nun eher die Schaffung eines Systems von Nachfolgestaaten an, das größere Stabilität versprach.

Die Gewißheit der Niederlage der Monarchie und das zunehmende innere Chaos führten zu einer Wende auch in der Politik der daheimgebliebenen führenden Kreise der jeweiligen Nationalitäten – in der ersten Hälfte des Jahres 1918 gingen sie zu jener Politik über, die zu Beginn des Krieges die Emigration vertreten hatte: Die nationale Frage sollte durch die Abtrennung von der Monarchie gelöst werden.

Gleichsam parallel zu diesem Prozeß zeigten die Führungskräfte der Monarchie immer mehr die Tendenz, sich an Deutschland zu klammern – sie klebten förmlich an Deutschland. Daneben stützten sie sich immer stärker auf das Heer, nicht nur gegenüber der aufbrechenden sozialen Unzufriedenheit, sondern auch gegenüber den Nationalitäten. Auf diese Weise band auch die „innere Front" der Monarchie 1918 mehr und mehr Soldaten.[51]

Am 8. April 1918 hielten die der Nationalitätenbevölkerung der Monarchie entstammenden Kriegsgefangenen und die Politiker der Emigration einen großen Kongreß in Rom ab. Der Deklaration dieses Kongresses zufolge wollten die Nationalitäten der Monarchie nicht mehr länger im Staatsrahmen des Reiches leben und forderten ihre staatliche Unabhängigkeit.[52]

Am 29. Mai 1918 akzeptierte die Regierung der Vereinigten Staaten den Beschluß des Kongresses in Rom: „The Secretary of State desires to announce that the proceedings of the Congress of Oppressed Races of Austria-Hungary, which was held in Rome in April have been followed with great interest by the Government of the United States, and the nationalistic aspirations of the Czecho-Slovaks and Jugo-Slavs for freedom have the earnest sympathy of this Government."*

Am 3. Juni schlossen sich auf der sechsten Sitzungsperiode des Obersten Kriegsrates (Supreme War Council) in Versailles der französische, englische und italienische Regierungschef (Clemenceau, Lloyd George, Orlando) der Erklärung der Regierung der USA an. Sie beschlossen auch die Schaffung eines unabhängigen polnischen Staatswesens.[54] Ab Ende Juni behandelte die französische Regierung den Tschecho-Slowakischen Nationalrat in Paris als kriegführende tschechoslowakische Regierung. Dem schloß sich mit einer entsprechenden Deklaration Anfang August die englische und am 3. September auch die amerikanische Regierung an.[55] In den Nationalitäten der Monarchie sahen sie jetzt nicht nur eine Kraft,

* „Der Außenminister möchte bekanntgeben, daß die Schritte des Kongresses der Unterdrückten Völker Österreich-Ungarns, der im April in Rom stattfand, von der Regierung der Vereinigten Staaten mit großer Aufmerksamkeit verfolgt wurden und daß die nationalistischen Freiheitsansprüche der Tschecho-Slowaken und Jugo-Slawen die aufrichtige Sympathie dieser Regierung genießen."[53]

die ihnen bei ihren Operationen gegen die Monarchie behilflich sein konnte, sondern auch eine Basis für das neue mitteleuropäische Staatensystem, das nach dem Sieg zu schaffen war, um zu Deutschland und Rußland ein Gegengewicht zu bilden und die bürgerliche Ordnung zu stabilisieren.

DIE AUFLÖSUNG UND DEREN SANKTIONIERUNG

Mit der völligen Niederlage und dem Abschluß des Waffenstillstands näherte sich der Auflösungsprozeß der Habsburgermonarchie seinem Endstadium. Die Lostrennung der italienischen und der rumänischen Nationalität, die an der Peripherie des Reiches lebten, war in vorausgehenden Verträgen festgelegt worden.

Ebenfalls früher war eine Entscheidung über die Errichtung des polnischen Staates bzw. über die Abtrennung der Polen gefallen.[56] Schließlich wurde mit der Deklaration zur Schaffung des tschecho-slowakischen Staates, mit der Erklärung zur Gründung des serbisch-kroatisch-slowenischen Staates sowie mit der Beendigung der staatsrechtlichen Beziehung zwischen Österreich und Ungarn die Auflösung der Monarchie im staatsrechtlichen Sinn vollzogen. Vorläufig jedoch nur insofern, als an Stelle der Monarchie neue Staaten traten (Tschechoslowakei, Österreich, Ungarn) bzw. einzelne Gebiete der Monarchie anderen Staaten angegliedert wurden (Polen, Rumänien, Italien, serbisch-kroatisch-slowenischer Staat). Aber die Grenzen, die die neuen bzw. die vergrößerten Staaten voneinander trennen sollten, waren damit noch nicht gezogen. Während der endgültige Zerfall selbst in einem raschen, nahezu automatischen Prozeß ablief, war die Grenzziehung von harten Debatten, zeitweise sogar von bewaffneten Kämpfen begleitet. Diese Vorgänge füllten großenteils die Monate November und Dezember, d. h. die Zeit bis zur Friedenskonferenz. Auf dieser ging es nicht mehr um die Frage Auflösung oder Zusammenbleiben, sondern um die nationalen Interessen, das Territorium der jeweils neu entstehenden oder vergrößerten Staaten möglichst vorteilhaft nach allen Seiten zu gestalten – bei wechselseitiger Mißachtung der Grundprinzipien der nationalen Selbstbestimmung.

Die im Prozeß der Auflösung verschärften nationalen Kämpfe durchkreuzten – wenn sie auch hier und da die sozialen Spannungen ableiteten – die Hauptbestrebung der siegreichen Entente-Großmächte im mittel- und südosteuropäischen Raum, die Konsolidierung der bürgerlichen Ordnung. So sah sich die zwei Monate nach der Waffenniederlegung vom November tagende Friedenskonferenz, trotz des totalen Sieges, mit schweren Problemen konfrontiert: den gesellschaftlichen Folgen des totalen Krieges, der tiefgreifenden Krise des bürgerlichen Systems, der Möglichkeit einer weiteren Ausbreitung der sozialistischen Revolution und den bereits zur Anarchie tendierenden nationalen Kämpfen in Ostmitteleuropa.

In dieser neuen Situation war die deutsche Frage für die Entente-Mächte nahezu unlösbar. Eine energische Durchsetzung der Kriegsziele der siegreichen Mächte gegenüber Deutschland konnte offensichtlich nicht zur Konsolidierung des bürgerlichen Europa beitragen, sondern bahnte im Gegenteil eher der sozialistischen Revolution den Weg in den wichtigsten Staat Mitteleuropas. Gleichzeitig mußten auf jeden Fall die auf eine Schwächung Deutschlands gerichteten Kriegsziele beibehalten werden, war doch während des Krieges das deutsche wirtschaftliche Potential außerordentlich gewachsen und stand bei Kriegsende unversehrt zur Verfügung.

Eine der wichtigsten Fragen des Friedensschlusses mit Deutschland war die Festlegung der neuen Grenzen Deutschlands. Hier traf der Friedensvertrag eine maßvolle Regelung. Abgesehen vom Anschluß Elsaß-Lothringens an Frankreich wurde eine bedeutsame territoriale Änderung nur noch im Osten verfügt, was eng mit der Neuschaffung Polens zusammenhing. Bei den Grenzziehungen kam die Intention der Entente zum Ausdruck, mit der Setzung maßvoller Bedingungen die Einfügung Deutschlands in das bürgerlich konsolidierte Europa zu fördern. Von diesen Konsolidierungsabsichten waren auch die Verfügungen über Deutschlands zukünftige Militärmacht getragen. Man erlaubte ein Heer von einer Größenordnung und Bewaffnung, das zur äußeren Kriegsführung ungeeignet war, aber ausreichte, die Macht der bürgerlichen Regierung im Innern zu sichern. Für diese Fragen war relativ einfach eine Lösung zu finden. Nahezu unmöglich schien jedoch die Reduzierung des wirtschaftlichen Potentials Deutschlands. Sollte Deutschland mit dem wirtschaftlichen Potential, über das es bei Kriegsende verfügte, Teil des konsolidierten Europa werden, wäre es trotz der Niederlage noch immer die stärkste Wirtschaftsmacht des Kontinents. Schließlich wurden Deutschland im Friedensvertrag außerordentlich hohe Reparationen auferlegt. Bestimmend war die Vorstellung, die deutsche Wirtschaft in den europäischen Wirtschaftskreislauf einzuschalten, gleichzeitig einen beträchtlichen Teil des produzierten Wertes abzuschöpfen und den siegreichen Mächten als Reparation zuzuleiten. Diese Konzeption konnte aber in der Praxis nicht Bestand haben.[57] Später wurde die Reparationsverpflichtung in großem Maße reduziert.

Damit brach aber auch die spezifische „Konsolidierungs“-Hypothese zusammen, d. h. die Vorstellung, im Interesse der Konsolidierung Europas Deutschland in der Grenzfrage mit milderen, auf wirtschaftlichem Gebiet dagegen mit sehr strengen Sanktionen zu belasten. Ersteres sollte die Einfügung in das neue europäische Staatensystem sichern, zweiteres dagegen – da zur Aufrüstung vor allem wirtschaftliches Potential erforderlich ist – eventuelle militärische Bestrebungen in Grenzen halten. Der mit Deutschland geschlossene Friede war außerstande, diese Aufgabe zu lösen, auch wenn seine Schöpfer dies lange Zeit nicht wahrhaben wollten.

Die zweite große Frage des Friedensschlusses war die Sanktionierung der staatlichen Umorganisation des ehemals von der Donaumonarchie eingenommenen ostmitteleuropäischen Raumes. Die Friedenskonferenz, die die bürgerliche Konsolidierung des zerrütteten Europa als ihre Hauptaufgabe betrachtete, versuchte sie in diesem Raum auf dem Wege herbeizuführen, daß sie sich auf die nationalistischen Kräfte im siegreichen Lager stützte. Zugleich betrachtete sie es als ihre Aufgabe, gerade im Interesse der bürgerlichen Konsolidierung einen „Kordon“ gegen das sozialrevolutionäre Rußland zu errichten. Das neue Staatensystem dieses Raumes sollte außerdem auch ein Gegengewicht gegen Deutschland bilden, da das besiegte Deutschland nicht maximal geschwächt war. Indes richteten sich die nationalistischen Tendenzen dieses Raumes aber auch gegeneinander. Und zwar prallten nicht nur die nationalen Bestrebungen der als besiegt geltenden

Österreicher, Ungarn und Bulgaren mit denen der als Sieger betrachteten Rumänen, Serben und Tschechen aufeinander, sondern auch die der zu den Siegern zählenden kleinen Staaten untereinander. Hier sollte vielleicht in erster Linie auf die tschechisch-polnischen Streitigkeiten verwiesen werden. Aber hierzu gehörten auch die serbisch-italienischen Gegensätze und im gewissen Sinne innerhalb der slawischen Gruppierungen auch der Komplex der kroatisch-serbisch-slowenischen bzw. tschechisch-slowakischen Gegensätze.[58]

Die Friedenskonferenz orientierte sich in diesen Fragen an einem gewissen Pragmatismus. Dort, wo es zu nationalen Zusammenstößen zwischen den „Siegern" kam, wurde ein Ausgleich angestrebt. Wo der Konflikt zwischen einer Sieger- und einer Verlierernation ausgebrochen war, versuchte man ihn durch Unterstützung der Sieger, die zugleich manchmal auch zur Mäßigung aufgerufen wurden, zu lösen. Die weitere Motivation resultierte zudem aus dem Umstand, daß es die Siegergroßmächte wegen des Ausbaus des „Kordons" für besonders angebracht hielten, die polnischen und rumänischen Bestrebungen in den Vordergrund zu stellen.

Die Problematik der neuen Staatsordnung dieses Raumes war auch den Großmächten der Friedenskonferenz mehr oder weniger deutlich bewußt. Stützten sie sich doch im Interesse der bürgerlichen Konsolidierung und des „Kordons" auf die „siegreichen" Nationalismen, konnten damit aber kaum zur Beruhigung der nationalen Gegensätze des Raumes beitragen, was andererseits für eine beständige Konsolidierung ebenso dringend erforderlich gewesen wäre. Um diesen Widerspruch wenigstens ansatzweise aufzulösen, arbeitete die Friedenskonferenz das System der internationalen Garantien zum Schutz der Minderheiten aus. Später, in der Praxis, wurde hiervon nur wenig realisiert.

Bei Kriegsende bereitete es den Siegermächten also nicht nur Schwierigkeiten, jene Ziele zu realisieren, um derentwillen sie den Krieg begonnen und geführt hatten, sondern sie wurden auch mit den Konsequenzen des totalen Krieges konfrontiert.

Im Endergebnis sanktionierte die Pariser Friedenskonferenz nicht nur den im Krieg herangereiften inneren Zerfall der Habsburgermonarchie und die staatliche Unabhängigkeit der bis dahin in der Donaumonarchie in Abhängigkeit lebenden Nationen, sondern entschied in engem Zusammenhang damit – das vermeintliche Interesse der Konsolidierung vor Augen – auch in den nationalen Kämpfen der Auflösungsperiode, und zwar beim Kampf zwischen den „siegreichen" Nationalismen in Richtung Ausgleich, bei den nationalen Kämpfen der „Sieger" und der „Besiegten", zugunsten der Sieger. Ein besonderes Gewicht erhielt die Stärkung Polens und Rumäniens als der beiden für den „Kordon" am wichtigsten erachteten Staaten.

So wurde im Endergebnis der Friedensschlüsse von 1919/20 die Auflösung der multinationalen, auf der österreichisch-ungarischen Hegemonie aufgebauten Monarchie besiegelt, aber der Zwist der früher innerhalb eines Reiches lebenden Nationen nicht beendet oder gar Richtung Integration gewendet. Es gelang nicht, einen beständigen Frieden zu schaffen. Und da auch der mit Deutschland geschlossene Friede nicht in Richtung der europäischen Integration wirkte, schufen die Pariser Vorortverträge keine Konsolidierung, sondern nur einen „Waffenstillstand" im aufgewühlten Europa.

Die dualistische Donaumonarchie vermochte ihre große historische Aufgabe – die Integration der in ihrem Rahmen lebenden Völker – nicht zu bewältigen. Aber auch die Friedensschlüsse der Jahre 1919/20 förderten nicht den Integrationsprozeß des europäischen Kontinents und des von kleinen Völkern bewohnten ostmitteleuropäischen Raumes.

ABKÜRZUNGS- UND LITERATURVERZEICHNIS

Abgeordnetenhaus	Stenographische Protokolle der Sitzungen des Hauses der Abgeordneten des Reichsrates
Arató	Arató, Endre: A magyarországi nemzetiségek nemzeti ideológiája [Die Nationalideologie der Nationalitäten in Ungarn]. Budapest 1983
Auflösung	Die Auflösung des Habsburgerreiches. Zusammenbruch und Neuorientierung im Donauraum. Hrsg. von Richard Georg Plaschka und Karlheinz Mack. Wien 1970 (Schriftenreihe des Österreichischen Ost- und Südosteuropa-Instituts Bd. 3)
Ausgleich (Berger)	Der österreichisch-ungarische Ausgleich von 1867. Vorgeschichte und Wirkungen. Hrsg. von Peter Berger. Wien, München 1967
Ausgleich (Holotík)	Der österreichisch-ungarische Ausgleich 1867. Materialien (Referate und Diskussion) der internationalen Konferenz in Bratislava 28. 8.–1. 9. 1967. Hrsg. von L'udovít Holotík. Bratislava 1971
Ausgleich (Mayer)	Der österreichisch-ungarische Ausgleich von 1867. Seine Grundlagen und Auswirkungen. Hrsg. von Theodor Mayer. München 1968 (Buchreihe der Südostdeutschen Historischen Kommission Bd. 20)
Beksics	Beksics, Gusztáv: Kemény Zsigmond, a forradalom és a kiegyezés [Zsigmond Kemény, die Revolution und der Ausgleich]. Budapest 1883
Benedikt	Benedikt, Heinrich: Die wirtschaftliche Entwicklung in der Franz-Joseph-Zeit. Wien, München 1958 (Wiener Historische Studien Bd. 4)
Bernatzik	Bernatzik, Edmund: Die österreichischen Verfassungsgesetze mit Erläuterungen. Wien 1911
Beust	Beust, Friedrich Ferdinand: Aus drei Viertel-Jahrhunderten. 2 Bde. Stuttgart 1887
Beziehungen	Die internationalen Beziehungen im Zeitalter des Imperialismus. Dokumente aus den Archiven der Zarischen und der provisorischen Regierung. I.–II. Serie. Berlin 1931–1934
Charmatz	Charmatz, Richard: Österreichs innere Geschichte von 1848 bis 1907. 2 Bde. Leipzig 1909
Conrad	Feldmarschall Conrad: Aus meiner Dienstzeit 1906–1918. 4 Bde. Wien 1921–1925
Corpus	Corpus Juris Hungarici. Budapest 1896–1918
Delegáció	A közös ügyek tárgyalására a magyar országgyűlés által kiküldött bizottság. Napló, Irományok [Die zur Behandlung der gemeinsamen Angelegenheiten vom ungarischen

	Reichstag entsandte Delegation. Sitzungsprotokolle, Schriftstücke]. Pest (Budapest), Wien 1871 ff.
Deutschland	Deutschland im ersten Weltkrieg. Hrsg. von Fritz Klein. 3 Bde. Berlin 1968–1969
Die große Politik	Die große Politik der europäischen Kabinette 1871–1914. Sammlung der diplomatischen Akten des Auswärtigen Amtes. 40 Bde. Berlin 1922–1927
Diószegi	Diószegi, István: Hazánk és Európa [Unsere Heimat und Europa]. Budapest 1970
Eisenmann	Eisenmann, Louis: Le Compromis austro-hongrois de 1867. Paris 1904
Fellner	Fellner, Fritz: Das „Februarpatent" von 1861. In: Mitteilungen des Instituts für Österreichische Geschichtsforschung 1955, 3–4, S. 549–564
Fest	Fest, Wilfried: Peace or Partition. The Habsburg Monarchy and British Policy 1914–1918. New York 1978
Fischer 1962	Fischer, Fritz: Griff nach der Weltmacht. Die Kriegszielpolitik des Kaiserlichen Deutschland 1914–1918. Düsseldorf 1962
Fischer 1969	Fischer, Fritz: Krieg der Illusionen. Die deutsche Politik von 1911 bis 1914. Düsseldorf 1969
Friedjung	Friedjung, Heinrich: Der Kampf um die Vorherrschaft in Deutschland 1859 bis 1866. 8. Aufl. Stuttgart, Berlin 1910
Galántai 1974	Galántai, József: Magyarország az első világháborúban 1914–1918 [Ungarn im Ersten Weltkrieg 1914–1918]. Budapest 1974
Galántai 1979	Galántai, József: Die Österreichisch-Ungarische Monarchie und der Weltkrieg. Budapest 1979
Garamvölgyi	Garamvölgyi, Judit: Quellen zur Genesis des ungarischen Ausgleichsgesetzes von 1867. München 1979 (Studia Hungarica Bd. 14)
Habsburgermonarchie	Die Habsburgermonarchie 1848–1918. Bd. 1: Wirtschaftliche Entwicklung. Wien 1973; Bd. 2: Verwaltung und Rechtswesen. Wien 1975; Bd. 3: Die Völker des Reiches. Wien 1980; Bd. 4: Die Konfessionen. Wien 1985
Hallgarten	Hallgarten, George W. F.: Imperialismus vor 1914. 2 Bde. München 1963
Hantsch 1953	Hantsch, Hugo: Die Nationalitätenfrage im alten Österreich. Wien, München 1953
Hantsch 1963	Hantsch, Hugo: Leopold Graf Berchtold. 2 Bde. Graz, Wien, Köln 1963
Haselsteiner	Haselsteiner, Horst: Joseph II. und die Komitate Ungarns. Herrscherrecht und ständischer Konstitutionalismus. Wien, Köln, Graz 1983

Hellbling	Hellbling, Ernst C.: Österreichische Verfassungs- und Verwaltungsgeschichte. Wien 1956
House	The intimate papers of Colonel House. 4 Bde. London 1926–1928
Hugelmann	Hugelmann, Karl G.: Das Nationalitätenrecht des alten Österreich. Wien, Leipzig 1934
Jászi	Jászi, Oszkár: A Habsburg-monarchia felbomlása [Die Auflösung der Habsburgermonarchie]. Budapest 1983 (Amerikanische Originalausgabe: The Dissolution of the Habsburg Monarchy. Chicago 1929)
Kann	Kann, Robert A.: Das Nationalitätenproblem der Habsburgermonarchie. Geschichte und Ideengehalt der nationalen Bestrebungen vom Vormärz bis zur Auflösung des Reiches im Jahre 1918. 2 Bde. Graz, Köln 1964 (Veröffentlichungen der Arbeitsgemeinschaft Ost, Bd. 4 u. 5)
Kemény	Iratok a nemzetiségi kérdés történetéhez Magyarországon a dualizmus korában [Schriften zur Geschichte der Nationalitätenfrage in Ungarn während des Dualismus]. Hrsg. von Gábor G. Kemény. 6 Bde. Budapest 1952–1985
Képviselőház	Országgyűlés nyomtatványai. Képviselőház. Napló – Irományok [Drucksachen des Reichstages. Abgeordnetenhaus. Sitzungsprotokolle – Schriftstücke]
Király	Király, Béla K.: Ferenc Deák. Boston 1975
Kónyi	Kónyi, Manó: Deák Ferencz beszédei [Die Reden Ferenc Deáks]. 7 Bde. Budapest 1903
Krieg	Österreich-Ungarns letzter Krieg 1914–1918. Hrsg. vom österreichischen Bundesministerium für Heereswesen und vom Kriegsarchiv. 7 Bde. Wien 1931–1938
Lutz	Lutz, Heinrich: Österreich-Ungarn und die Gründung des Deutschen Reiches. Frankfurt, Berlin, Wien 1979
Magyarország	Magyarország története tíz kötetben [Die Geschichte Ungarns in zehn Bänden]. Bd. 6: Magyarország története 1848–1890 [Die Geschichte Ungarns 1848–1890]. Hrsg. von Endre Kovács. 2 Bde. Budapest 1979; Bd. 7: Magyarország története 1890–1918 [Die Geschichte Ungarns 1890–1918]. Hrsg. von Péter Hanák. 2 Bde. Budapest 1978
Mamatey	Mamatey, Victor S.: The United States and East Central Europe 1914–1918. A Study in Wilsonial Diplomacy and Propaganda. Princeton/University Press, Princeton N. J. 1957
Matsch	Matsch, Erwin: Geschichte des auswärtigen Dienstes von Österreich (-Ungarn) 1720–1920. Wien, Köln, Graz 1980

May 1951	May, Arthur J.: The Habsburg Monarchy 1867–1914. Cambridge 1951
May 1966	May, Arthur J.: The Passing of the Habsburg Monarchy 1914–1918. 2 Bde. Philadelphia 1966
Mikó	Mikó, Imre: Nemzetiségi jog és nemzetiségi politika [Nationalitätenrecht und Nationalitätenpolitik]. Kolozsvár 1944
Miskolczy	Miskolczy, Julius: Ungarn in der Habsburger-Monarchie. Wien, München 1959 (Wiener Historische Studien Bd. 5)
Novotny	Novotny, Alexander: Die politischen Probleme des Ausgleiches aus österreichischer Sicht. Der Ausgleich des Jahres 1867 und seine politischen Folgen. In: Österreich-Ungarn 1867–1967. Wien 1970, S. 25–37
OL-Andrássy	Országos Levéltár (Budapest). Andrássy család iratai (OL-P. 4) [Staatsarchiv (Budapest). Akten der Familie Andrássy (OL-P. 4)]
OL-Igazságügymin.	Országos Levéltár (Budapest). Igazságügyminisztériumi elnöki bizalmas iratok (OL-K. 578) [Staatsarchiv (Budapest). Geheime Präsidialakten des Justizministeriums (OL-K. 578)]
OL-K.	Országos Levéltár (Budapest). Kancelláriai iratok [Staatsarchiv (Budapest). Kanzleiakten]
OL-Kállay	Országos Levéltár (Budapest). Kállay Béni iratai (OL-P. 344) [Staatsarchiv (Budapest). Akten des Béni Kállay (OL-P. 344)]
OL-Min. eln.	Országos Levéltár (Budapest). Miniszterelnökségi iratok (OL-K. 26) [Staatsarchiv (Budapest). Akten des Ministerpräsidiums (OL-K. 26)]
OL-Pénzügymin.	Országos Levéltár (Budapest). Pénzügyminisztériumi elnöki iratok (OL-K. 255) [Staatsarchiv (Budapest). Präsidialakten des Finanzministeriums (OL-K. 255)]
ÖUA	Österreich-Ungarns Außenpolitik von der bosnischen Krise 1908 bis zum Kriegsausbruch 1914. 8 Bde. Wien, Leipzig 1930
Palotás	Palotás, Emil: Az Osztrák-Magyar Monarchia balkáni politikája a berlini kongresszus után 1878–1881 [Die Balkan-Politik der Österreichisch-Ungarischen Monarchie nach dem Berliner Kongreß 1878–1881]. Budapest 1982
Plaschka	Plaschka, Richard Georg; Haselsteiner, Horst; Suppan, Arnold: Innere Front, Militärassistenz, Widerstand und Umsturz in der Donaumonarchie 1918. 2 Bde. München 1974
Pribram	Pribram, Alfred Francis: Die politischen Geheimverträ-

	ge Österreich-Ungarns 1879–1914. Nach den Akten des Wiener Staatsarchives. Wien, Leipzig 1920
Protokolle	Protokolle des Gemeinsamen Ministerrates der Österreichisch-Ungarischen Monarchie (1914–1918). Eingeleitet und zusammengestellt von Miklós Komjáthy. Budapest 1966
Redlich	Redlich, Josef: Das österreichische Staats- und Reichsproblem. 2 Bde. Leipzig 1920, 1926
Redlich 1925	Redlich, Josef: Österreichische Regierung und Verwaltung im Weltkriege. Wien 1925
Rgbl.	Reichsgesetzblatt
Somogyi	Somogyi, Éva: Vom Zentralismus zum Dualismus. Der Weg der deutschösterreichischen Liberalen zum Ausgleich 1867. Budapest 1983
Szekfü	Szekfü, Gyula: Állam és nemzet. Tanulmányok a nemzetiségi kérdésről [Staat und Nation. Studien zur Nationalitätenfrage]. Budapest 1942
Tapié	Tapié, Victor L.: Monarchie et peuples du Danube. Paris 1969
Taylor	Taylor, A. J. P.: The Habsburg Monarchy 1809–1918. London 1967
Tóth Zoltán	Tóth, Zoltán I.: Magyarok és románok. Történelmi tanulmányok [Ungarn und Rumänen. Historische Studien]. Budapest 1966
Uebersberger	Uebersberger, Hans: Österreich zwischen Rußland und Serbien. Köln, Graz 1958
Wandruszka	Wandruszka, Adam: Schicksalsjahr 1866. Graz, Wien, Köln 1966
Zeman 1961	Zeman, Zbyněk A. B.: The Break-up of the Habsburg Empire 1914–1918. London, New York, Toronto 1961
Zeman 1971	Zeman, Zbyněk A. B.: A Diplomatic History of the First World War. London 1971
Žolger	Žolger, Ivan: Der staatsrechtliche Ausgleich zwischen Österreich und Ungarn. Leipzig 1911

ANMERKUNGEN

Kapitel: **Von der Revolution zum Ausgleich**

[1] C. K. Czoernig: Ethnographie der Österreichischen Monarchie. Bd. I. Wien 1857, S. 74–80. Die genauen Zahlen sind folgende:

Gesamtbevölkerung: 36 398 354

davon waren:

7 870 719	Deutsche
5 586 076	Italiener
4 866 556	Ungarn
3 913 045	Tschechen und Mähren
2 940 098	Ukrainer und Russen
2 454 540	Rumänen
2 055 852	Polen
1 787 546	Slowaken
1 427 788	Serben
1 329 814	Kroaten
1 171 954	Slowenen

Der Rest wurde von kleineren Volksgruppen (Bulgaren, Griechen, Albaner, Armenier usw.) gebildet.

[2] Zitiert nach Hugo Hantsch: Die Geschichte Österreichs. Bd. 2. Graz, Wien, Köln 1962, S. 323.

[3] Redlich, Bd. 2, S. 648.

[4] Der Text ist abgedruckt bei Bernatzik, S. 115–132.

[5] Siehe Corpus, Gesetzartikel III/1848. In deutscher Übersetzung bei Bernatzik, S. 87–91.

[6] Josef Redlich: Kaiser Franz Joseph von Österreich. Berlin 1928.

[7] Fellner, S. 549–550. Eine ähnliche Einschätzung gibt Novotny, S. 35.

[8] Redlich, Bd. 1, S. 464.

[9] Fellner, S. 550.

[10] Ebd., S. 552.

[11] Bernatzik, S. 254–264. Zum Zusammenhang zwischen Oktoberdiplom und Februarpatent vgl. Notovny, S. 30.

[12] Eisenmann, S. 305.

[13] Charmatz, Bd. 1, S. 49. u. 51.

[14] Hantsch 1953, S. 51.

[15] Das Memorandum ist abgedruckt bei Kónyi, Bd. 3, S. 302 ff.

[16] Beksics, S. 312–313.

[17] Novotny, S. 33–34. In der neueren österreichischen Literatur wird der Wandel innerhalb des liberalen Lagers behandelt von Erich Zöllner: Geschichte Österreichs. 2. Aufl., Wien 1961, besonders S. 406; ders.: Gestalter der Geschicke Österreichs. Innsbruck, Wien, München 1962, S. 422–423.

[18] Abgeordnetenhaus, 1861–1865. III. Session. Bd. 2, S. 901–902.

[19] Hantsch 1953, S. 53.

[20] Der Artikel ist abgedruckt bei Kónyi, Bd. 3, S. 401–408, und in deutscher Übersetzung bei Garamvölgyi, S. 35–42, hier S. 42.
[21] Der ursprünglich deutsche Wortlaut findet sich bei Garamvölgyi, S. 42–49, hier S. 48. u. 49, der ungarische Text bei Kónyi, Bd. 3, S. 422–429.
[22] Friedjung, Bd. 1, S. 133.
[23] Die Akten bezüglich der Ernennungen befinden sich in OL-K. D-185: 808/1865.; 809/1865.; 899/1865.; 916/1865.; 917/1865.; 926/1865.; 932/1865.; 933/1865.; 950/1865.; 951/1865.; 972/1865.; 981/1865.; 1007/1865.; 1037/1865.; 1080/1865.; 1100/1865.; 1105/1865.; 1111/1865.; 1176/1865.; 1183/1865.; 1184/1865. Im Oktober wurden zwei weitere Obergespane ernannt: OL-K. D-185: 1331/1865; 1360/1865.
[24] Friedjung, Bd. 1, S. 139.
[25] Képviselőház, Irományok. 1865–1868, Nr. 16. In deutscher Übersetzung bei Garamvölgyi, S. 72–77.
[26] Zit. bei Somogyi, S. 55, nach der Dissertation von Walter Mertal: Graf Richard Belcredi 1823–1902. Wien 1962.
[27] Somogyi, S. 49.
[28] Kónyi, Bd. 4, S. 4, 17, 37, 44–45.
[29] Vgl. hierzu Gerhard Ritter: Staatskunst und Kriegshandwerk. Bd. 1. München 1959, insbesondere S. 252, sowie Wandruszka, S. 177–179.
[30] Kónyi, Bd. 4, S. 19–38.
[31] Vgl. hierzu die Studie von Hugo Hantsch: 1866 und die Folgen. In: Ausgleich (Berger), S. 51–63.
[32] Redlich, Bd. 2, S. 512–519.
[33] Kann, Bd. 2, S. 132.
[34] Képviselőház, Napló. 1. u. 5. Dezember 1866.
[35] Beust, Bd. 2, S. 68.
[36] Josef Redlich: Kaiser Franz Joseph von Österreich. Berlin 1928, S. 301–302.
[37] Kann, Bd. 2, S. 135.
[38] Somogyi, S. 64–65; siehe auch Király, S. 179.
[39] Erich Zöllner. Geschichte Österreichs. 2. Aufl., Wien 1961, S. 411.
[40] Die Verhandlungsunterlagen sind abgedruckt bei Garamvölgyi, S. 145–176.
[41] Zit. nach Somogyi, S. 92.
[42] Redlich, Bd. 2, S. 562, 603.
[43] Die Reden sind enthalten in Képviselőház, Napló. 20., 21., 22., 23. u. 26. März 1867.
[44] Ebd., 28. März 1867.
[45] Ebd., 9. April 1867.
[46] Gyula Szekfü: Az öreg Kossuth 1867–1894 [Der alte Kossuth 1867–1894]. In: Kossuth-emlékkönyv [Kossuth-Gedenkbuch]. Budapest 1952, Bd. 2, S. 359.
[47] Novotny, S. 37.
[48] Redlich, Bd. 2, S. 633–634, 637.
[49] Kann, Bd. 1, S. 91.
[50] Redlich, Bd. 2, S. 632.
[51] May 1951, S. 37.
[52] Rgbl., 1867. Nr. 98; Bernatzik, S. 133.

[53] Rgbl., 1867. Nr. 101; Bernatzik, S. 371–378.
[54] Rgbl., 1867. Nr. 134, 135.; Bernatzik, S. 381–390.
[55] Kann, 2. Bd., S. 136; Novotny, S. 34. Ihr Text ist enthalten in Rgbl., 1867. Nr. 141–146 und abgedruckt bei Bernatzik, S. 390–453.

Kapitel: **Das System der gemeinsamen Angelegenheiten**

[1] Der deutsche Text findet sich bei Bernatzik, S. 718.
[2] Die deutsche Übersetzung des ungarischen Gesetzes erfolgt hier auf der Grundlage von Žolger.
[3] Siehe hierzu Berthold Sutter: Die Ausgleichsverhandlungen zwischen Österreich und Ungarn 1867–1918. In: Ausgleich (Mayer), S. 71–111, hier S. 75.
[4] Bernatzik, S. 439 (Hervorhebung im Original).
[5] Žolger, S. 322.
[6] Ebd., S. 312.
[7] Rgbl., 1868, Nr. 71. Der Gesamtetat betrug 320 230 526 Gulden.
[8] Corpus, Gesetzartikel XXVIII/1868, §2. Die Gesamtausgaben betrugen 130 518 300 Gulden.
[9] Delegáció, Irományok. Sitzungsperiode Januar bis März 1868, Nr. 5.
[10] Rgbl., 1869. Nr. 34.; Corpus, Gesetzartikel L/1868.
[11] Zur neueren Literatur über die Pragmatische Sanktion siehe Austrian History Yearbook 1972, S. 153–158.
[12] Bernatzik, S. 255.
[13] Die österreichische rechtshistorische Kritik akzeptierte nicht die Konzeption des ungarischen Gesetzes und beurteilte die Pragmatische Sanktion abweichend. Siehe hierzu Bernatzik, S. 34–35.
[14] Zu einer derartigen Interpretation der Pragmatischen Sanktion siehe Redlich, Bd. 1, S. 20.
[15] Žolger, S. 310 (Hervorhebung vom Verfasser, J. G.).
[16] Hellbling, S. 396; weiter auch May 1951, S. 17.
[17] Žolger, S. 311 (Hervorhebung vom Verfasser, J. G.).
[18] Studie von Sutter, in: Ausgleich (Mayer), hier S. 77, weiter Bernatzik, S. 439, 441.
[19] Žolger, S. 313–314.
[20] Bernatzik, S. 440.
[21] Matsch, S. 97, 109–128.
[22] Hugelmann, S. 280.
[23] Zur Interpretation der Begriffe siehe Žolger, S. 119–121.
[24] Siehe z. B. Žolger, S. 314.
[25] Garamvölgyi, S. 200; Bernatzik, S. 335.
[26] Siehe hierzu István Berkó (Hrsg.): A magyar királyi honvédség története 1868–1918 [Die Geschichte der ungarischen königlichen Honvéd 1868–1918]. Budapest 1928, hier S. 16–18.
[27] Johann Christoph Allmayer-Beck: Der Ausgleich von 1867 und die k.u.k. bewaffnete Macht. In: Ausgleich (Berger), S. 113–126, hier S. 116.
[28] Hugelmann, S. 280.

[29] Tapié, S. 336.
[30] Delegáció, Napló. 10. März 1868.
[31] Képviselőház, Napló. 31. Juli 1868; Képviselőház, Irományok. 1865–1868, S. 293.
[32] Delegáció, Irományok. April bis Mai 1874, Nr. X., Anlage IV.; 1884, Nr. X.; 1901, Nr. 19. 1./4.
[33] Corpus, Gesetzartikel XII/1867, §§37, 40; Žolger, S. 331–332.
[34] Rgbl., 1867. Nr. 146, §13; Bernatzik, S. 445.
[35] May 1951, S. 41.
[36] Siehe Delegáció, Napló. 30. August 1869.
[37] Ebd., 10. Mai 1873.
[38] Delegáció, Irományok. Januar bis März 1868, Nr. 40–41.
[39] Corpus, Gesetzartikel XII/1867, §§16, 18–22; Rgbl., 1867. Nr. 146. 3., §36.
[40] Corpus, Gesetzartikel XIV/1867; Rgbl., 1868. Nr. 2.
[41] Corpus, Gesetzartikel IV/1872; Rgbl., 1871. Nr. 19.
[42] Bernatzik, S. 559–560.
[43] Corpus, Gesetzartikel LV/1907; Rgbl., 1907. Nr. 280 (siehe auch Bernatzik, S. 560–562).
[44] Budapesti Közlöny vom 30. Dezember 1917.
[45] Studie von Sutter, in: Ausgleich (Mayer), hier S. 78.
[46] Hierzu siehe Miklós Komjáthy: Die Entstehung des gemeinsamen Ministerrates und seine Tätigkeit während des Weltkrieges. In: Protokolle, S. 1–137 (Einleitung).
[47] Siehe Galántai 1979, S. 155. Berchtold war Mitglied des Oberhauses des ungarischen Reichstages, weil er Großgrundbesitz in Ungarn hatte.
[48] Bernatzik, S. 52–53.
[49] Bernatzik, S. 53 (Hervorhebung vom Verfasser, J. G.).
[50] OL-Igazságügymin., 578. 93/12/1915.
[51] Corpus, Gesetzartikel I/1903.
[52] Žolger, S. 340; Bernatzik, S. 442.
[53] Bernatzik, S. 528, 555.
[54] Corpus, Gesetzartikel XV/1867; Rgbl., 1868. Nr. 3 (siehe auch Bernatzik, S. 529–532).
[55] Žolger, S. 341–342; Bernatzik, S. 450.
[56] Benedikt, S. 78.
[57] Corpus, Gesetzartikel XVI/1867; Rgbl., 1868. Nr. 4 (siehe auch Bernatzik, S. 562–577).
[58] Corpus, Gesetzartikel XX/1878; Rgbl., 1878. Nr. 62. Zu dieser Problematik siehe Studie von Sutter, in: Ausgleich (Mayer), hier S. 86–87. Siehe auch Bernatzik, S. 570.
[59] Corpus, Gesetzartikel XXIV/1887.
[60] Corpus, Gesetzartikel I/1898; Bernatzik, S. 571–572.
[61] Corpus, Gesetzartikel XXX/1899; Rgbl., 1899. Nr. 120.
[62] Corpus, Gesetzartikel XII/1908; Rgbl., 1907. Nr. 278 (siehe auch Bernatzik, S. 577 ff.).
[63] Studie von Sutter, in: Ausgleich (Mayer), hier S. 108; Galántai 1974, S. 306, 346–347.

[64] Bernatzik, S. 563.
[65] Benedikt, S. 107.
[66] Corpus, Gesetzartikel XXV/1887.
[67] Habsburgermonarchie, Bd. 1, S. 574.
[68] Bernatzik, S. 563.
[69] Hierzu umfassend Benedikt, S. 148–149.
[70] Bernatzik, S. 648.
[71] Corpus, Gesetzartikel XVIII/1908.
[72] Bernatzik, S. 614.
[73] Corpus, Gesetzartikel II/1907.
[74] Bernatzik, S. 648.
[75] Žolger, S. 343.
[76] Miskolczy, S. 137, 153.
[77] Corpus, Gesetzartikel XIV/1908.
[78] Bernatzik, S. 565.
[79] Benedikt, S. 111, 161–162.
[80] Siehe Bernatzik, S. 654.
[81] Bernatzik, S. 602.
[82] Habsburgermonarchie, Bd. 1, S. 337.
[83] Miskolczy, S. 156–158.
[84] Habsburgermonarchie, Bd. 1, S. 338–339.
[85] Der Bericht der Kommission ist enthalten in: Magyar Törvénytár, 1908. évi törvénycikkek [Ungarische Gesetzessammlung, Gesetzartikel des Jahres 1908]. Hrsg. von Márkus Dezső, Budapest 1909, Bd. l, Anm. 72.
[86] Bernatzik, S. 1018–1021.
[87] Der ratifizierte Text ist enthalten in: Corpus, Gesetzartikel VIII/1879; Rgbl., 1879. Nr. 43.
[88] Corpus, Gesetzartikel LII/1879; Rgbl., 1879. Nr. 136 (siehe auch Bernatzik, S. 1021–1027).
[89] Corpus, Gesetzartikel VI/1880; Rgbl., 1880. Nr. 18 (siehe auch Bernatzik, S. 1027–1028).
[90] Bernatzik, S. 1019, Anmerkung.
[91] Ebd., S. 409.
[92] Ebd., S. 699.
[93] Die Verfassung findet sich bei Bernatzik, S. 1037–1050.
[94] Novotny, S. 35.
[95] Vgl. hierzu Oskar Freiherr von Mitis: Das Leben des Kronprinzen Rudolf. Neu herausgegeben und eingeleitet von Adam Wandruszka. Wien 1971, hier insbesondere S. 44–51.
[96] Julius Szeps: Kronprinz Rudolf. Politische Briefe an einen Freund. Wien 1922, S. 105.
[97] Zitiert nach Brigitte Hamann: Rudolf. Kronprinz und Rebell. Wien, München 1978, S. 143.
[98] Ebd., S. 272–285.
[99] Adam Wandruszka: Finis Austriae? Reformpläne und Untersuchungen in der Habsburger Monarchie. In: Ausgleich (Mayer), S. 112–113, hier S. 122.

[100] Zu seiner Konzeption vgl. Freiherr von Margutti: Kaiser Franz Joseph. Persönliche Erinnerungen. Wien, Leipzig 1924, S. 117; Rudolf Kiszling: Erzherzog Franz Ferdinand und seine Pläne für den Umbau der Donaumonarchie. In: Der Donauraum 1963, 5, S. 265; Rudolf Sieghart: Die letzten Jahrzehnte einer Großmacht. Berlin 1922, S. 462.

[101] Kann, Bd. 2, Anhang, S. 388–389.

[102] Bernatzik, S. 451; siehe auch Robert A. Kann: The Austro-Hungarian Compromise of 1867 in Retrospect. Causes and Effect. In: Ausgleich (Holotík), S. 24–44, hier S. 33.

[103] May 1951, S. 38–39.

[104] Vgl. hierzu die Arbeiten von Iván T. Berend, Péter Hanák, László Katus, György Ránki. Das jährliche Durchschnittswachstum betrug nach Berend und Ránki 3,2% (Habsburgermonarchie, Bd. 1, S. 514), nach Hanák 3% (Magyarország, Bd. 6, S. 25), nach Katus 2,5% (Magyarország, Bd. 7, S. 394).

[105] Hierzu siehe Habsburgermonarchie, Bd. 3, S. 443 ff.

[106] Habsburgermonarchie, Bd. 1, S. 26.

[107] Ebd., S. 18, 515.

[108] György Ránki: Einige Probleme der wirtschaftlichen Entwicklung in der Österreichisch-Ungarischen Monarchie. In: Österreich-Ungarn 1867–1967. Wien 1970, hier insbesondere S. 53.

[109] Eisenmann, S. 640.

[110] Redlich, Bd. 2, S. 671.

Kapitel: **Die nationalen Fragen**

[1] Robert A. Kann: The Austro-Hungarian Compromise of 1867 in Retrospect. Causes and Effect. In: Ausgleich (Holotík), S. 24–44, hier S. 34–35; Habsburgermonarchie, Bd. 3, S. 1313.

[2] Hier Domokos Kosáry, in: Vita Magyarország kapitalizmuskori fejlődéséről [Diskussion über die Entwicklung Ungarns im Kapitalismus]. Budapest 1971 (Értekezések a történeti tudományok köréből [Abhandlungen im Bereich der Geschichtswissenschaften], Bd. 55), S. 133.

[3] Otto Brunner: Der österreichisch-ungarische Ausgleich von 1867 und seine geschichtlichen Grundlagen. In: Ausgleich (Mayer), S. 15–24, hier S. 24.

[4] Redlich, Bd. 1, S. 1.

[5] May 1951, S. 16.

[6] Unter der umfangreichen neueren ungarischen Literatur zu diesem Thema wird u. a. auf die Arbeiten von Kálmán Benda und Domokos Kosáry verwiesen. Zur österreichischen Geschichtsschreibung siehe Moritz Csáky: Das Thököly-Bild in der österreichischen Historiographie. In: Österreichische Osthefte 1982, 4.

[7] Hierzu jüngst Haselsteiner, S. 62–68.

[8] Habsburgermonarchie, Bd. 3, S. 154.

[9] Studie von Brunner, in: Ausgleich (Mayer), hier S. 24.

[10] Hans Lentze: Die Problematik der Föderalisierung in Österreich. In: Ausgleich (Holotík), S. 925–944, hier S. 925.

[11] Redlich, Bd. 1, S. 42.

[12] Hellbling, S. 349–350; Bernatzik, S. 115.
[13] Tapié, S. 338.
[14] Habsburgermonarchie, Bd. 3, S. 1313.
[15] Hans Lentze: A dualizmus rendi alapjaihoz [Die ständischen Grundlagen des Dualismus]. In: Andor Csizmadia (Hrsg.): Jogtörténeti tanulmányok [Studien zur Rechtsgeschichte]. Bd. 2, Budapest 1968, S. 73–77, hier S. 74.
[16] Die Zahlen siehe u. a. bei Kann, Bd. 2, Anhang, S. 388–389.
[17] Die Zahlen siehe in: Magyar Statisztikai Közlemények. Új sorozat 5. köt. A magyar szt. korona országainak 1900. évi népszámlálása. III. rész. A népesség részletes leírása [Ungarische Statistische Mitteilungen. Neue Folge Bd. 5. Die Volkszählung der Länder der ungarischen hl. Krone von 1900. III. Teil. Detaillierte Beschreibung der Bevölkerung]. Budapest 1907, S. 204–213.
[18] Szekfü, S. 112–113; ders.: Iratok a magyar államnyelv kérdésének történetéhez [Schriften zur Geschichte der Frage der ungarischen Staatssprache]. Budapest 1926, S. 14–18.
[19] Arató, S. 248.
[20] Siehe seine Arbeit „Hunnia", seine Akademierede usw.; vgl. auch Mikó, S. 41–42.
[21] Corpus, Gesetzartikel II/1844. Die Reaktion der einzelnen Nationalitäten im Kampf um die Sprachenfrage behandelt Arató, hier Kapitel IV. und V.
[22] Zum Nationalitätengesetz von 1849 siehe Zoltán I. Tóth: A Szemere-kormány nemzetiségi politikája [Die Nationalitätenpolitik der Regierung Szemere]. In: Tóth Zoltán, S. 340–370, hier S. 360–370; der Text des Nationalitätengesetzes findet sich bei Mikó, S. 67–68.
[23] Miskolczy, S. 145.
[24] Zur Vorgeschichte in den Jahren 1866–1868 siehe Vasilije Krestić: Über einige politisch-historische Bedingungen der Entstehung des kroatisch-ungarischen Ausgleichs 1868. In: Ausgleich (Holotík), S. 783–829.
[25] Den deutschen Wortlaut des Gesetzes siehe Bernatzik, S. 717–733.
[26] Habsburgermonarchie, Bd. 2, S. 484–485.
[27] Ferdo Hauptmann: Der kroatisch-ungarische Ausgleich. In: Ausgleich (Mayer), S. 36–47, hier S. 45–46; eine ähnliche Meinung vertritt auch Krestić (Anm. 24), S. 829.
[28] Tapié, S. 338.
[29] OL-Kállay, Bd. 31. Eintragung vom 24. Oktober 1872.
[30] Der Text findet sich bei Kemény, Bd. 1, S. 49–52.
[31] Ebd., Bd. 1, S. 5–9.
[32] Ebd., Bd. 1, S. 107–111.
[33] Ebd., Bd. 1, S. 125–129.
[34] Der Text findet sich bei Mikó, S. 250–251.
[35] Carlile A. Macartney: Das ungarische Nationalitätengesetz vom Jahre 1868. In: Ausgleich (Berger), S. 219–230, hier S. 228.
[36] Hierzu siehe Lajos Gogolák: Mocsáry Lajos és a nemzetiségi kérdés [Lajos Mocsáry und die Nationalitätenfrage]. Budapest 1943; Ede Tóth: Mocsáry Lajos élete és politikai pályakezdete [Lajos Mocsárys Leben und der Beginn seiner politischen Laufbahn]. Budapest 1967.

[37] Zahlenangaben nach Kann, Bd. 2, Anhang, S. 388–390; sowie Habsburgermonarchie, Bd. 3, S. 38–39.
[38] Ebd.
[39] Zahlenangaben nach Habsburgermonarchie, Bd. 3, S. 38–39.
[40] Józef Buszko: The Polish Attitude towards the Compromise. In: Ausgleich (Holotík), S. 600–606, hier S. 603.
[41] Ebd., S. 604–605.
[42] Habsburgermonarchie, Bd. 3, S. 531.
[43] Studie von Lentze, in: Ausgleich (Holotík), hier S. 940.
[44] Kann, Bd. 1, S. 239.
[45] Habsburgermonarchie, Bd. 3, S. 554.
[46] Bernatzik, S. 426; Habsburgermonarchie, Bd. 3, S. 1014.
[47] Habsburgermonarchie, Bd. 2, S. 1015.
[48] Bernatzik, S. 125.
[49] Detailliertere Angaben zum Kremsierer Verfassungsentwurf bei Kann, Bd. 1, S. 41–45.
[50] Habsburgermonarchie, Bd. 3, S. 1014.
[51] Gerald Stourzh: Die Gleichberechtigung der Nationalitäten und die österreichische Dezember-Verfassung von 1867. In: Ausgleich (Berger), S. 186–218, hier S. 207–208. Weiter auch Habsburgermonarchie, Bd. 3, S. 975–1206.
[52] Hellbling, S. 393–394.
[53] Habsburgermonarchie, Bd. 3, S. 1016–1032.
[54] Habsburgermonarchie, Bd. 3, S. 1306.
[55] May 1951, S. 44.
[56] Ebd., S. 45.
[57] Ebd., S. 45.
[58] Habsburgermonarchie, Bd. 2, S. 50.
[59] Habsburgermonarchie, Bd. 3, S. 1043–1044.
[60] Kann, Bd. 2, S. 398.
[61] Studie von Lentze in: Ausgleich (Holotík), hier S. 934.
[62] Mit diesen Fragen hat sich insbesondere Robert Kann beschäftigt. Siehe neben „Das Nationalitätenproblem…“ auch sein Kapitel in „Die Habsburgermonarchie…“, Bd. 2. Von den ungarischen Autoren hat sich vor allem Péter Hanák mit dieser Problematik befaßt. Siehe besonders seine Aufsätze „Hungary in the Austro-Hungarian Monarchy: in Preponderancy or Dependency?“ In: Austrian History Yearbook, 1967, Bd. 3, S. 26–302; sowie „Ungarn im Auflösungsprozeß der österreichisch-ungarischen Monarchie. Grundlagen und Folgen.“ In: Karl Bosl (Hrsg.): Versailles – St. Germain – Trianon. Umbruch in Europa vor fünfzig Jahren. München, Wien 1971, S. 37–47.
[63] Zeman 1961, S. 250.
[64] Habsburgermonarchie, Bd. 3, S. XVI.

Kapitel: **Die Außenpolitik**

[1] May 1951, S. 110, 105–106.
[2] Matsch, S. 96.
[3] Delegáció, Napló, 10. März 1868.
[4] Beust, Bd. 2, S. 133.
[5] Lutz, S. 100–101.
[6] OL-Min. eln. 76/1867.
[7] OL-Kállay, Eintragung vom 12. Juni 1868.
[8] Ebd., Eintragung vom 16. Juni 1868.
[9] Ede Wertheimer: Gróf Andrássy Gyula élete és kora [Das Leben und die Zeit von Gyula Graf Andrássy]. Budapest 1910, Bd. 1, S. 556; siehe hierzu auch Nikola Petrović: Der österreichisch-ungarische Ausgleich und die Orientalische Frage. In: Ausgleich (Holotík), S. 195–215, hier S. 207–212.
[10] OL-Kállay, Eintragung vom 15. Oktober 1868.
[11] Ebd., Eintragung vom 5. Februar 1869.
[12] Ebd., Eintragungen vom 16. Juli, 16. und 20. August 1870.
[13] Ebd., Eintragung vom 4. September 1870. Der unmittelbare Beweggrund wurde dadurch gegeben, daß er erfuhr, die Engländer wollten bei der Pforte erwirken, Serbien die Verwaltung der Länder zu übergeben. Die bosnische Karte, die die Monarchie spielen wollte, mischte also nun nicht nur Rußland, sondern auch England in sein diplomatisches Spiel.
[14] Friedrich Walter: Kaiser Franz Josephs Ungarnpolitik in der Zeit seines Neoabsolutismus. In: Ausgleich (Mayer), S. 25–35, hier S. 35.
[15] OL-Kállay, Eintragung vom 17. März 1871.
[16] Diószegi, S. 251.
[17] OL-Kállay, Eintragungen vom 15. und 21. Januar 1869.
[18] Bernhard Schwertfeger: Die diplomatischen Akten des Auswärtigen Amtes 1871–1914. Berlin 1927, Bd. 1, S. 30.
[19] Hierzu siehe Heinrich Lutz: Politik und militärische Planung in Österreich-Ungarn zu Beginn der Ära Andrássy. In: Geschichte und Gesellschaft. Festschrift für Karl R. Stadler. Wien 1974, S. 23–44, hier S. 41.
[20] OL-Kállay, Eintragung vom 21. Mai 1872.
[21] OL-Kállay, Eintragung vom 18. März 1874. Das Abkommen ist abgedruckt in: Die große Politik, Bd. 1, S. 206.
[22] OL-Kállay, Eintragung vom 4. Mai 1875.
[23] OL-Andrássy, I. Bündel, Nr. 3.
[24] Uebersberger, S. 6.
[25] Schwertfeger (Anm. 18), Bd. 1, S. 64.
[26] May 1951, S. 141.
[27] Die große Politik, Bd. 5, S. 288. Zur Geschichte der amtlichen öffentlichen Mitteilung siehe Diószegi, S. 274–276.
[28] Pribram, S. 8–9.
[29] Habsburgermonarchie, Bd. 3, S. 1313.
[30] Taylor, S. 168.

[31] ÖUA, Bd. 2, S. 463. Aehrenthal verwies auf dieses Telegramm in der Sitzung des Gemeinsamen Ministerrates am 14. September 1909.
[32] Palotás, S. 119–121.
[33] May 1951, S. 276, 278.
[34] Pribram, S. 9–10. Umfassender mit dem Dreikaiserbund beschäftigt sich Palotás, S. 195–238, 257–274.
[35] Tapié, S. 335–336; Palotás, S. 256.
[36] Palotás, S. 158–159.
[37] May 1951, S. 285–287.
[38] Pribram, S. 24–26.
[39] Sidney B. Fay: Der Ursprung des Weltkrieges. Berlin 1930, Bd. 1, S. 69.
[40] May 1951, S. 141–142.
[41] Zu den Verlängerungen und Ergänzungen siehe Fritz Fellner: Der Dreibund. München, Wien 1960.
[42] May 1951, S. 281–283.
[43] Pribram, S. 30–32.
[44] Die große Politik, Bd. 3, S. 281–283; Pribram, S. 33–34.
[45] Siehe z. B. Uebersberger, S. 107.
[46] May 1951, S. 272.
[47] Tapié, S. 336.
[48] Georges Michon: L'Alliance Franco-Russe 1891–1917. Paris 1927, S. 92. Siehe auch E. M. Rosenthal: Diplomatitscheskaja istorija russko-franzusskowo sojusa w natschale XX weka. Moskau 1960.
[49] Hallgarten, Bd. 1, S. 374–376.
[50] Friedrich Engel-Jánosi: Einige neue Dokumente zum Tode des Kronprinzen Rudolf. In: Mitteilungen des Österreichischen Staatsarchives Bd. 17/18 (1964/65), S. 319–320.
[51] May 1951, S. 386–387.
[52] Walter Markov: Akteure der Balkandiplomatie 1878 bis 1912. In: Jahrbuch für Geschichte der deutsch-slawischen Beziehungen, Bd. 2 (1958), S. 232.
[53] Fischer 1969, S. 81–82.
[54] Habsburgermonarchie, Bd. 2, S. 78.
[55] Diószegi, S. 306.
[56] Solomon Wank: Aehrenthal's programme for the constitutional transformation of the Habsburg Monarchy. Three Secret Memoires. In: The Slavonic and East European Review 1963, S. 522–536.
[57] Matsch, S. 91.
[58] ÖUA, Bd. 2, S. 444.
[59] Ebd., Bd. 3, S. 670.
[60] Uebersberger, S. 60–67.
[61] Oscar Regele: Feldmarschall Conrad. Wien, München 1953, S. 67.
[62] Siehe Robert Kann: Erzherzog Franz Ferdinand. Studien. Wien 1976 (Veröffentlichungen des Österreichischen Ost- und Südosteuropa-Instituts Bd. 10).
[63] Hierzu siehe Robert Kann: Kaiser Franz Joseph und der Ausbruch des Weltkrieges. Wien 1971.
[64] Karl Freiherr von Bardolff: Soldat im alten Österreich. Jena 1938, S. 177.

[65] Hantsch 1963, Bd. 2, S. 828.
[66] Kann, Bd. 2, S. 303–304.
[67] ÖUA, Bd. 8, S. 248.
[68] Conrad, Bd. 4, S. 17–18, 35.
[69] Hierzu siehe Fritz Fellner: Die „Mission Hoyos". In: Les Grandes Puissances et la Serbie à la veille de la Première Guerre Mondiale. Belgrad 1976, S. 387–410; Georg Schmid: Der Ballhausplatz 1848–1919. In: Österreichische Osthefte I/1981, S. 28, 32–33, 35.
[70] ÖUA, Bd. 8, S. 370–371.
[71] Fischer 1969, Kapitel 22.
[72] Auflösung, S. 34.

Kapitel: **Krieg und Zerfall**

[1] Zum Charakter des Ersten Weltkrieges siehe besonders Barbara W. Tuchman: The Guns of August. New York 1962.
[2] Tapié, S. 373–377; May 1951, S. 492.
[3] Plaschka, Bd. 1, S. 15.
[4] Rgbl., 1869 Nr. 66; Bernatzik, S. 503–504.
[5] Redlich 1925, S. 83–84; Plaschka, Bd. 1, S. 24–25, 28–29.
[6] OL-Igazságügymin., Registernr. 39.
[7] Redlich 1925, S. 85–87, 94.
[8] OL-Igazságügymin., Registernr. 22, Grundzahl 4; Redlich 1925, S. 125.
[9] Redlich 1925, S. 114, 117–118, 120–121; siehe auch Habsburgermonarchie, Bd. 2, S. 305.
[10] Redlich 1925, S. 132.
[11] Hantsch 1963, Bd. 2, S. 674–675; May 1966, Bd. 1, S. 181. Der Beschluß des Gemeinsamen Ministerrates vom 8. August ist enthalten in Protokolle, S. 166.
[12] Zeman 1971, S. 11–12.
[13] Hantsch 1963, Bd. 2, S. 705.
[14] Protokolle, S. 216–232.
[15] Die Vereinbarung ist abgedruckt z. B. in Ottokar Czernin: Im Weltkriege. Berlin, Wien 1919, Anhang, S. 377–380.
[16] May 1966, Bd. 1, S. 194.
[17] Ebd., S. 125–126.
[18] OL-Igazságügymin., Registernr. 172.
[19] Hierzu siehe Maurice Paléologue: La Russie des Tsars pendant la grande guerre. Paris 1922, Bd. 2, Kapitel 6, 7 und 11.
[20] May 1966, Bd. 1, S. 257–258.
[21] Krieg, Bd. 5, S. 246.
[22] Deutschland, Bd. 2, S. 523–524.
[23] OL-Igazságügymin., Registernr. 383.
[24] Ebd., Registernr. 452.
[25] Ebd., Registernr. 421.
[26] Ebd.
[27] Zeman 1961, S. 126.

[28] Ebd., S. 128.
[29] May 1966, Bd. 2, S. 645–646; Helmut Rumpler: Das Völkermanifest Kaiser Karls vom 16. Oktober 1918. Letzter Versuch zur Rettung des Habsburgerreiches. Wien 1966, S. 11–13.
[30] Der Text findet sich in Beziehungen, II. Serie, Bd. 6/1, S. 167.
[31] Fest, S. 20–21.
[32] May 1966, Bd. 1, S. 251–252.
[33] Fest, S. 21–22.
[34] Außer Fest geben einen umfassenden Überblick über die englischen Kriegsziele V. A. Rothwell: British War Aims and Peace Diplomacy 1914–1918. Oxford 1971, sowie Zeman 1971.
[35] Zu den französischen Kriegszielen vgl. Pierre Renouvin: Die Kriegsziele der französischen Regierung 1914–1918. In: Geschichte in Wissenschaft und Unterricht, März 1966.
[36] Beziehungen, II. Serie, Bd. 6/1, S. 305.
[37] Ebd., S. 194.
[38] Jacques Droz: Österreich-Ungarn im Spiegel der öffentlichen Meinung Europas. In: Friedrich Engel-Jánosi, Helmut Rumpler (Hrsg.): Probleme der Franzisko-Josephinischen Zeit 1848–1916. München, Wien 1967 (Schriftenreihe des Österreichischen Ost- und Südosteuropa-Instituts Bd. 1), hier S. 109.
[39] May 1966, Bd. 1, S. 262–263.
[40] Tomáš G. Masaryk: A világforradalom [Die Weltrevolution]. Prag 1928, S. 161.
[41] Mamatey, S. 41.
[42] Fischer 1962, S. 370.
[43] Zeman 1961, S. 113.
[44] May 1966, Bd. 1, S. 254.
[45] Winston Churchill: The World Crisis. Bd. 3, S. 214.
[46] House, Bd. 3, S. 324–328.
[47] Der Text ist abgedruckt in Zeman 1971, S. 263–265.
[48] Zitiert nach Mamatey, S. 184.
[49] House, Bd. 3, S. 345.
[50] Fest, S. 186–190.
[51] Plaschka, Bd. 2, Anhang, S. 353–354; eine umfassendere Darstellung befindet sich in Plaschka, Kapitel „Durchbruch der Nationen".
[52] May 1966, Bd. 2, S. 244–245.
[53] Papers Relating to the Foreign Relations of the United States: The World War, 1918. Washington 1933, Suppl. 1, Bd. 1, S. 808–809.
[54] Ebd., S. 809–810.
[55] Zeman 1971, S. 358–359; May 1966, Bd. 2, S. 754–758; Mamatey, S. 302, 309.
[56] Hierzu siehe Józef Buszko: Die polnischen Politiker über die Ereignisse des Jahres 1918 in Österreich-Ungarn. In: Auflösung, S. 179–185.
[57] Eine zeitgenössische Kritik der Entente erfolgte durch Keynes: The economic consequences of the peace. London 1919; ders.: A revision of the treaty. New York 1922.
[58] Hierzu siehe Henryk Batowski: Nationale Konflikte bei der Entstehung der Nachfolgestaaten. In: Auflösung, S. 338–349.

ORTSREGISTER

PERSONENREGISTER

160

Printed in Hungary 1990
Druckerei Franklin, Budapest

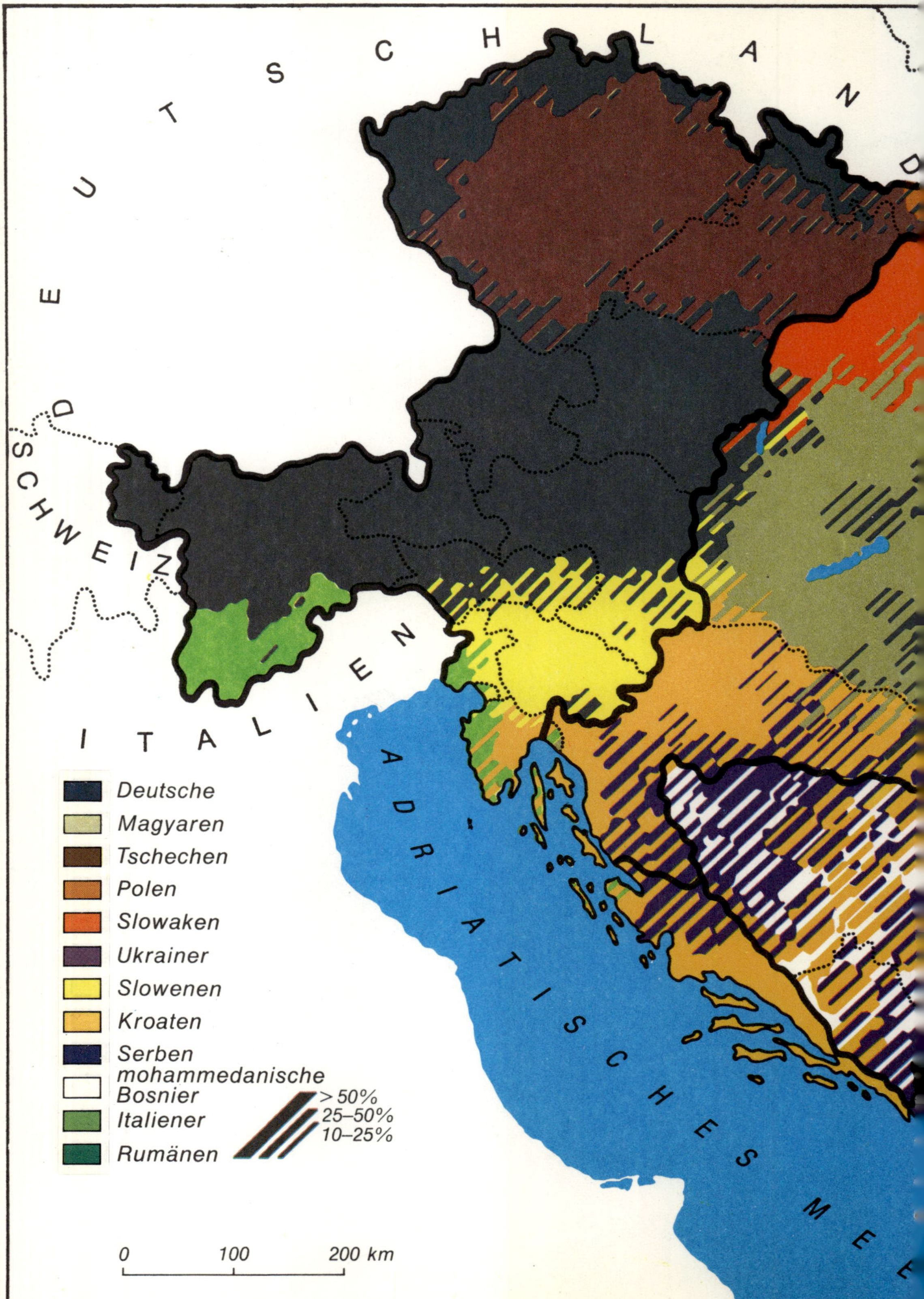
D E U T S C H L A N D
SCHWEIZ
ITALIEN
ADRIATISCHES MEE
Deutsche
Magyaren
Tschechen
Polen
Slowaken
Ukrainer
Slowenen
Kroaten
Serben
mohammedanische Bosnier
Italiener
Rumänen
> 50%
25–50%
10–25%
0
100
200 km